中国文明的历史
[二]
春秋战国

[日]贝塚茂树——编著　张蠡——翻译

四川人民出版社

本书执笔者

贝塚茂树　春秋和战国

伊藤道治　尊王攘夷的旗帜　问鼎轻重　贤人宰相的出现
　　　　　贵族社会的崩溃、孔子的出现　卧薪尝胆
　　　　　时代转动

大岛利一　进入战国、领土国家时代　开明君主的出现
　　　　　产业革命　工商业的发展　商业城市的诞生
　　　　　百家争鸣　劳作者的哲学　旁观者的哲学

内藤戊申　商鞅变法　胡服骑射　合纵连横　屈原的悲哀
　　　　　秦赵、燕齐的攻防　游侠横行　统一的临近

执笔者介绍

伊藤道治　大正十四年（1925年），生于名古屋市。昭和二十四年（1949年），京都大学文学部史学科（东洋史专业）毕业。曾任神户大学教授，现任关西外国语大学教授、国际文化研究所所长。著书有《中国古代国家的统治结构》《古代殷帝国》（共著）等。

大岛利一　明治四十二年（1909年），生于茨城县。昭和九年（1934年），京都大学文学部史学科（东洋史专业）毕业。现在是奈良女子大学名誉教授。著书有《古代殷帝国》（共著）等。

内藤戊申　明治四十一年（1908年），生于京都市。昭和六年（1931年），京都大学文学部史学科（东洋史专业）毕业。任爱知大学教授。平成元年（1989年）去世。著书有《古代殷帝国》（共著）等。

目　录

第一章　春秋和战国 / 1

春秋战国的时代划分 / 1　衰退的时代 / 3　祭祀飨宴文化 / 4
雄辩的时代 / 5　西周王朝的幻影 / 6　五霸的时代 / 8
中央集权的萌芽和文化的新风向 / 10　广域国家的建立 / 13
孔子的历史地位 / 14　诸子百家的绽放 / 16

第二章　尊王攘夷的旗帜 / 19

周王室的权威 / 19　封建制的主权 / 20　郑国的兴衰 / 20
齐的建国 / 22　登上历史的舞台 / 22　结瓜时节 / 23
管鲍之交 / 23　富国之路 / 24　肉食之人 / 25
霸主之路 / 27　存亡继绝 / 28　召陵之盟 / 29　成就霸业 / 30
宋的发展 / 32　宋襄之仁 / 32　晋的兴起 / 33　骊姬乱国 / 35
晋文公 / 35　城濮之战 / 37　晋文霸业 / 38　晋的军制 / 39

第三章　问鼎轻重 / 40

楚的兴起 / 40　晋的立场 / 41　郑的苦恼 / 42　赵盾弑君 / 43
庄王登场 / 44　问鼎轻重 / 45　邲之战 / 46　春秋五霸 / 47
南方文化 / 49　武士的信义 / 50　赵氏孤儿 / 51　征伐北狄 / 52
郤克之怒 / 53　田埂 / 54　大国和小国 / 55　吴的建国 / 55
晋的国威 / 56　贵族左右国家 / 57　宋之会盟 / 57　执牛耳 / 58
国家群的形成 / 59

1

第四章　贤人宰相的出现 / 60

外交官的必要 / 60　为德乎，为利乎 / 61　子产的家世 / 61
保卫国家者何人 / 63　书生大谈政治 / 63　新的政治观 / 64
政治家的责任 / 65　礼的意义 / 66　天道远，人道迩 / 66
颁布成文法 / 67　改革政治 / 68　女祸 / 69　人的权威 / 71
晏婴的家世 / 71　势力的均衡 / 72

第五章　贵族社会的崩溃、孔子的出现 / 73

晏婴使晋 / 73　封建制度的崩溃 / 75　渴望土地 / 76
贵族制度的没落 / 77　三桓专权 / 78　阳虎制鲁 / 79
家臣抬头的原因 / 80　孔子诞生 / 81　孔子走上仕途 / 82
孔子去鲁 / 83　孔子的观点 / 84　游说之士 / 85
孔子的局限 / 86

第六章　卧薪尝胆 / 87

打破和平 / 87　大夫争权 / 88　陈氏专权 / 89
平王是霸主吗 / 89　平王误国 / 90　吴的内情 / 91
伍子胥登场 / 92　专诸之死 / 92　伍子胥鞭尸 / 93
和申包胥之约 / 94　关于越国 / 95　越和楚 / 96　卧薪 / 96
会稽之耻 / 97　尝胆 / 98　吴的北进 / 98　属镂之剑 / 99
黄池之会 / 99　吴的灭亡 / 100　勾践的霸业 / 101
范蠡离开越国 / 101　南方的文化 / 103

第七章　时代转动 / 106

孙子兵法 / 106　战车是主力 / 107　走向步兵战 / 109
战者何人 / 110　以地域为单位的军队 / 112　耕战之士 / 113
春秋时代的县 / 113　吴子兵法 / 115　何为春秋时代 / 116

第八章　进入战国、领土国家时代 / 117

精美的金属车饰 / 117　马车作为陪葬品 / 118　错金工艺 / 119
对战国社会的兴趣 / 120　从春秋到战国 / 121　最初的变革期 / 123
郡县制度的产生 / 124　晋的公室和六卿 / 125　智伯的残暴 / 126
晋阳之战 / 127　张孟谈的计谋 / 128　豫让复仇 / 129
战国时代的开始 / 130

第九章　开明君主的出现 / 131

名君和贤臣 / 131　酒宴和约定 / 132　君若仁 / 132
弓箭娴熟之法 / 133　法家吴子 / 134　勤勉才是增产的王道 / 135
谷价的调节 / 136　河伯娶妻 / 137

第十章　产业革命——铁器的普及和农业的发展 / 143

以铁耕乎 / 143　铁器的出现 / 146　农具的进步 / 148
有关名剑的神话传说 / 149　各国的土木工程 / 151

第十一章　工商业的发展 / 154

铁的工具 / 154　官营手工业 / 155　段氏制铁业 / 156
民间大手工业者的出现 / 156　农民的家族工业 / 157
采桑女 / 157　孟母教子 / 159　独立的手工业者 / 160
矛和盾 / 160　商人登场 / 161　商人拯救危机 / 162
商业之神 / 163　奇货可居 / 164　地方特产 / 164
关卡和关税 / 165　青铜制的通行证 / 165

第十二章　商业城市的诞生 / 167

从贝币到铜币 / 167　四种金属货币 / 168
商业都市的货币铸造 / 169　黄金货币 / 171　三千金的美女 / 171

农民的哀叹 / 172　高利贷资本横行 / 173　烧毁债券契据 / 174
宋人拾契 / 175　人口的增加 / 176　五十步笑百步 / 176
都市人口 / 178　都市的规模 / 179

第十三章　百家争鸣 / 182

渴望人才 / 182　最早的教育家母亲 / 184　稷下学士 / 185
奴隶出身的诙谐之士 / 186　不鸣不飞 / 187　仰天大笑 / 188
酒之饮法 / 188　道家的人们 / 190　阴阳五行说 / 191
跛脚的兵法家 / 192　自由才是思想之母 / 193

第十四章　劳作者的哲学——墨子和许行 / 194

杨和墨 / 194　黑色的白犬 / 195　关于一毛的问答 / 195
刺青男子 / 196　兼爱 / 197　尚贤 / 198　废除贵族制 / 199
"非战"的主张 / 200　防御部队 / 202　比试兵法 / 204
筑城技术专家集团 / 205　严格的纪律 / 206　许行其人 / 206
神农教导 / 207　市场物价 / 207　农民思想家 / 209

第十五章　旁观者的哲学——老子和庄子 / 210

凤兮凤兮 / 210　渡口问答 / 211　挑竹笼的老人 / 212
犹如龙一般的人物 / 213　老子的后继之人 / 217
亡国的贤者 / 218　樗和牛 / 218　泥中之龟 / 219　清贫 / 220
庄周梦蝶 / 220

第十六章　商鞅变法 / 222

穆公的西戎制霸 / 222
殽之战 / 225　送戎王女乐 / 227

孝公任用商鞅 / 229
　　商鞅离开卫国 / 229　商鞅入秦 / 230　商鞅立木为信 / 231

商鞅变法 / 232
　　第一次变法 / 232　第二次改革 / 235　商鞅的军功 / 238
　　商鞅的末日 / 240

第十七章　胡服骑射 / 242

马陵之战——孙膑的奇谋 / 242
　　庞涓断孙膑之足 / 243　庞涓死于此树之下 / 245

赵武灵王 / 248

胡服骑射 / 251
　　胡服骑射 / 254　武灵王末日 / 256

第十八章　合纵连横 / 258

苏秦的故事 / 258
　　苏秦的发愤 / 258　七国的领土和军备 / 262　苏秦的为人 / 264
　　和燕王夫人私通 / 267　苏秦确有其人吗 / 268

张仪的连横 / 270
　　张仪的发愤 / 270　张仪为秦相 / 273　成为魏相 / 274
　　欺骗楚怀王 / 277　游士陈轸 / 277　张仪完成连横 / 282

第十九章　屈原的悲哀 / 284

怀王的失政 / 284
　　公元前四世纪末之后的形势 / 284　怀王被囚 / 285

屈原 / 289
　　屈原的事迹 / 290　　端午节 / 293

楚的文化 / 294
　　楚辞 / 294　　新出土的楚文物 / 295

第二十章　秦赵、燕齐的攻防 / 299

　　公元前三世纪前半期的形势 / 299

完璧的使者 / 300
　　和氏璧 / 300　　怒发冲冠 / 302　　秦王击缶 / 304

刎颈之交 / 307
　　廉颇和蔺相如 / 307　　阏与之战 / 308　　赵括之母 / 311

乐毅的活跃 / 313
　　即墨大夫 / 313　　合纵伐齐 / 315　　先从隗始 / 315
　　乐毅降齐七十城 / 316

第二十一章　游侠横行 / 319

　　四君子时代 / 319　　鸡鸣狗盗之辈 / 320　　食客根性 / 321
　　孟尝君的成长经历 / 323　　孟尝君的态度 / 323
　　孟尝君勒索秦、齐 / 324

信陵君 / 325
　　平原君 / 325　　赵王田猎耳 / 327　　盗虎符 / 328　　春申君 / 329

第二十二章　统一的临近 / 331

远交近攻 / 331
　　范雎为秦相 / 331　　张禄先生的复仇 / 333

结语 / 334
旧秩序的变革 / 334　汉民族的对外发展 / 334
文化中心的转移 / 335

后记 / 336

关系年表 / 337

解　说 / 343
出土文字史料 / 346　与都城相关的考古学发现 / 352

出版后记 / 356

第一章　春秋和战国

春秋战国的时代划分

春秋战国的时代划分是基于著名的历史书籍《春秋》(据传是孔子编纂的鲁国编年史。对此进行增补注释的有《公羊传》《左氏传》《穀梁传》，合称"春秋三传"）和《战国策》而确定的。

在公元前五六世纪左右的中国，史官被称为"太史"，他们祖祖辈辈，世代相袭，按照时间顺序对政府时事进行正式记录。当时都城在曲阜（山东曲阜）的鲁国史官们留下了一些记录，据传儒教的创始人孔子对此进行修订和编纂，所成之书即为《春秋》。从公元前722年到公元前481年，《春秋》所记录的大约二百四十年，在奉孔子为师祖的儒者们看来，完全是一派末世的景象。公元前770年，统治重心主要为今陕西省的西周，其都城（西安）被西北方戎狄践踏，遂逃到今河南洛阳建立了东周王朝。周室东迁后的时代，诸侯国困于接连不断的内忧外患，秩序尽失，臣弑君、子弑父之风盛行，是一个无法整顿的混沌时代。儒家学者坚信，孔子正是因为对当时社会的道德沦丧、臣子们有违道义的行为感到愤懑不平，才试图复兴理想的西周制度，重建大义名分，于是就有了《春秋》的问世。

正如"春秋笔法"（孔子在《春秋》中对历史事实加以严厉的批判，使善恶分明。这种微言大义的表达方式称为"春秋笔法"）的涵义所示，一般认为孔子以劝善惩恶之心，给鲁国的大事记添加了严正的批判。

春秋时代开始于西周灭亡五十年后的公元前722年，但也可以笼统地将春秋时代认作东周前期。[①]

而战国时代是指从公元前481年春秋结束到公元前221年秦始皇统一为止的东周后期。但是关于这个时代的起始时间，以往的儒家历史学者提出了多种学说。最近的学说认为始于公元前453年，即春秋时代中原最大的强国晋国被其韩、魏、赵三大豪族瓜分的那一年。自古以来在中国比较有力的学说则认为是公元前403年，年代要更靠后一些，即三个豪族作为诸侯被周王室认可的那一年。在此先搁置儒家历史观的争议，大致可以认为战国时代是指春秋以后的东周后期。

"战国"这一词来自西汉末、公元前后最终编纂而成的《战国策》（以苏秦、张仪等人的合纵连横争辩为中心，按照

---

① 这种分期仅为作者个人学术观点。——编者

国别编纂的战国时代史书)。

《战国策》的作者不详。其内容展现了从春秋时代就开始强盛的南方楚国，同中原兴起的韩、魏、赵、齐，加上边远地区的秦、燕这七个强国围绕霸权展开的激烈外交和战争。其间还以活跃在外交舞台上的诸多雄辩家之辩论为主线，收集了诸国间的对抗和政治家、游侠、刺客等群体的故事。

战国时代主要是七个国家的激烈对抗，是当时一流的外交家和被称为"纵横家"的雄辩家们激烈交锋、争辩主张的时代。因为《战国策》是他们的辩论集，不是《春秋》那样的年代记，所以其诞生年代无法确定。中国最早的历史学家司马迁把继春秋时代之后的战国时代定义为新兴七国中除去秦国的六国时代。据此，战国时代也用来指代东周后期。

衰退的时代

西周文化据传是由中国屈指可数的伟人周文王奠定的基础，再经其子周公旦之手成形。周公不仅是孔子无比崇拜的人物，其子孙还建立了孔子的祖国鲁国，所以孔子把周公创建的周文化作为理想，对其怀有超乎寻常的憧憬。中国的历史学家们多是儒学家，儒家创始人孔子的理想人物周公也就自然成了他们的理想人物。然而不幸的是，对于以孔子为首的历史学家们来说，理想之国，即本应具有完善文物制度的西周及其文化（礼）在逐渐走向解体。春秋战国时代是周王朝建成的理想文化和制度日趋解体、令人悲伤的时代。总之，春秋战国时代一直以来被儒家当作是一个文化衰退期。

诚然如他们所言，春秋战国时代正值西周文化走向解体的过程。可是如果仔细分析一下，就会发现两者间存在显著的分歧，甚至常常是尖锐的对立。首先让我们试着在政治层面来找一找具体的事例。

祭祀飨宴文化

西周王朝的政治特点是祭政一体（政事在神灵和祖先的意志下执行，政事和祭祀被认为不可分割。古代很多国家都曾是这样的）。当时，各地分散着小的邦国，周室一族和功臣被分封到这些邦国，所以周和这些邦国的关系就好比本家和分户的关系。分户有义务参加本家主持的祖先祭礼。周王室作为本家在举办宗庙祭祀时，会召集分户的诸侯们，并给每人分派适当的任务，与他们密切保持联系，进而确认诸侯对宗室的忠诚。这种以祖先祭祀为媒介，统合政治的方式就是祭政一体，用现代的说法就是神权政治（theocracy。皇帝或者王由神赋予权力，代替神统治国家的思想）。

到了春秋时代，随着周王室和诸侯的血缘关系变得淡薄，诸侯逐渐丧失了对宗庙祭祀的信仰，这也成了一种无可奈何的趋势。但是，正如"国之大事，在祀与戎"，说到国家大事，还是祭祀和战事，这种西周时代的风习还根深蒂固地残存着。比如，即使东周王朝已失去了实质性的中央集权统治能力，列国依然承认周王室是本家，也就是宗主的地位，东周王朝仍在理论上保持着支配全部土地的传统权威。

虽然春秋列国相互之间展开着白热化的权益斗争，但是对抗的诸国还会围绕宗庙祭祀汇聚一堂，也就是举行会盟。在集会时，有一项习俗是诸国大臣们各自主张本国所拥有的传统权利。在进行这种主张时，会遵循一些古代的惯例作为依据，在周王朝祭祀中，各国的职务和排序以及各国建国等典故来由都可以成为很有分量的论据。通晓这种宗教仪式、礼仪制度的人们被奉为思想界的权威，被誉为头等外交官。各国代表们搜罗所有记忆，滔滔不绝地陈述历史故事。

祭祀大典顺利结束后会举行盛大的酒宴。那些谙熟典故来历、古典造诣精深、素养丰厚的人作为杰出的外交官，在酒宴上也备受赞赏。他们从背诵的《诗经》（据传是孔子编纂的中国最早的诗歌总集，包括北方举行祭祀宴会的诗歌和地方民谣等，是儒教经典之一）中选取与当时场景相符的诗句在席上吟诵，以此象征性地说明自己的立场。春秋时代的文化可以说是飨宴文化。

雄辩的时代

进入战国时代，情况大变。在这个时代里，以周王室为尊的观念完全淡化了，宗庙祭祀等传统信仰彻底丧失。诸侯虽然与春秋时代一样举行列国会盟，但是在席上只剩下露骨地主张各自的权益了。因为列国会盟已经失去了宗教性意义，所以如何以本国的经济、军事实力为后盾，申述己方的利害得失就成为被重视的头等大事。诸侯在相互起誓的时候有歃血为盟的习惯，这时，先歃血者居上位，于是连在盟誓的先后顺序问题上也开始逐渐产生争端。这些都是完全为实力所左右的，所以可以说一个以实力进行较量的时代来临了。

祭祀附带的宴会到战国时代也消失了，会盟成为辩论交锋的场所。从春秋时代的宴会外交到战国时代的实力外交，情况发生了巨大的改变。如此一来，历史、礼仪等传统素养不再受重视，反而是那些熟谙各国利害关系、经济、军事等眼前局势的游说家、雄辩家开始被需要，被重视。苏秦、张仪（苏秦主张六国合纵对抗秦国，而张仪为秦倡导分裂六国同盟的连横）等纵横家华丽登场，准备好在历史的舞台上大放异彩。

如上所述，春秋和战国这两个时代在方方面面都有很大差异。无可置疑的是，这是西周祭政一体的传统文化逐步走向衰落、最终彻底瓦解的时代。就像前文提到的那样，儒家历史学者不久前还把这个阶段性的解体认作衰退和堕落，加以批判。从中国传统的史学观角度来看诚然如此，但如果仔细分析历史事实，我们就会发现这种史学观犯了一个很大的错误。

西周王朝的幻影

儒家历史学者们认为西周是中国历史上最伟大的王朝，但这不过是惑于他们自己刻意制造的假象。

因为周王朝本身没有确切的编年史记录，其真实情况不为人所知，所以这不过是在一些不确切的史料基础之上形成的印象而已。从公元前841年共和行政时期开始，中国的历史年代能稍微明确，但直至公元前722年到公元前481年《春秋》所述时期，中国的历史年代才有了连续记载，虽然政治和文化的变迁还不够明确。通过《春秋》这部史书，我们依稀可窥见以鲁国为首,通常被称为"十二列国"(春秋时代主要的十二强国是:鲁、齐、晋、秦、楚、宋、卫、陈、蔡、曹、郑、燕。"十二列国"这一名称见于《战国策》,《史记》里有《十二诸侯年表》)的春秋诸侯国的活动。在此之前,纵然有《诗经》和《书经》等古籍流传,但因缺乏年代学(chronology)的记录,其历史基本不详,所以即使谈西周文化,也很难从历史上弄清内容。史料极其匮乏的西周历史,从史料角度来说几乎是黑暗时代。

西周一开始在现在的陕西西安附近定都。之后不久,到了武王时期,西周消灭了东方的殷王朝,为了统治殷原有的领土,出于军事政治之目的而在洛邑(河南洛阳)建都,因为这里是统治黄河下游广阔平原最合适的地方。同时,因为周边还有许多其他民族,担心会遭到入侵的周,在重要区域分封了齐、鲁或郑、卫等城邦,也就是新移民地都市,以作王朝的藩屏(垣墙、屏障等意思,是从周围守护周王室的各个国家)。周民族人口很少,到目前为止,还没弄清他们拥有怎样的种族结构,估计他们主要统治生活在平原的农民。同时还有其他民族作为治外之民滞留在山区,平原、丘陵上还到处横亘着广阔的、未开发的荒野。新移民地都市就是逐步将这样的荒野开垦成农田的吧。

周室一族和功臣被分封到这些地方,周王室授予他们公、侯、伯、子、男的爵位并允许世袭,这就是所谓的周的封建制度的内容。总之,他们率领少数直属军团,一边同当地的土著民族融合,一边独自开拓领土。

西周到了后期，诸侯叛离、异族入侵等时常发生。最终到了公元前771年，游牧民族犬戎（当时分布于中国西北方的未开化游牧民族，从西周鼎盛时期就屡次入侵）趁着西周王位继承问题的内讧，从北方入侵，侵占了西周都城，杀死了周幽王。周室跟随幽王之子平王向东逃跑，迁都洛邑，这就是东周。但是周王室已经丧失了统制诸侯的能力，诸侯间的对立变得十分明显。就这样一边与周边的异族融合，一边不断加强统治的移民地都市，又经过彼此反复分裂合并，大致形成十二列国。这十二国之间对抗的历史，就是春秋的历史。

五霸的时代

过去认为，从十二列国鼎立、内战接连不断这点来看，春秋时代是一个乱世；从周王朝的立场来看，是一个国威逐渐衰退的时代。这种观点的视野有些过于狭窄。如果把视角换到整个中华民族上，这就是一个殷商灭亡后分散在中国各地的周的移民都市群，一边同化河北平原上定居的其他民族、一边开拓未开发领域的时代。

换言之，通过这些新都市国家群，扩大了中华民族的居住范围，扩展了中华民族的文化区域。这样来看的话，春秋时代就绝不是一个衰退的时代，反而是中华民族及其文化发轫的时代。

春秋的特点之一是五霸（为保周王室，成为诸侯盟主的五位有权势之人，齐桓公、晋文公、楚庄王、吴王夫差、越王勾践。还有一种说法是去掉吴王、越王，加上宋襄公、秦穆公）。

战国时代银镶嵌的铜壶

在移民地城市国家群这一点上，春秋时代和战国时代没什么不同，但是霸者的出现如实地反映了春秋时代的一种制约。

正如前面所提到的，春秋时代，周围有很多未开化民族多次入侵中原地区，特别是北方的夷狄（根据所处的方位，周边的未开化民族分别叫作东夷、北狄、西戎、南蛮，其中的夷和狄是很强悍的游牧民族，经常入侵中原地区北部）势力壮大，从山岳地带凶猛入侵平原地区，极尽掠夺之能事。与此相对，彻底衰弱的周王朝基本没有实力率领诸侯与之对抗。所以，齐国著名的宰相管仲辅佐齐桓公平定王室内乱，齐和北方的都市国家群结盟，作为盟主击退了夷狄。继齐桓公之后做盟主的是晋文公。

另一方面，在南方，以现在的武汉地区为中心的楚国强大起来，合并了位于河南南部的弱小国家，进而又获得中原地区的大都市国家郑、蔡等国臣服，联合这些都市国家群，成为其盟主，开始向北方发展。于是南北对立开始了。春秋时代也可以认为是以齐、晋为盟主的北方中原都市国家群和拥戴楚国的南方都市国家群之间对抗的时代。

就像希腊的城邦国家一样，都市国家祭政一体的宗教性政治氛围浓厚，所以每个都市国家拥有共同的祖先，每个都市国家都是一个祭祀集团，其重要任务就是要保卫供奉祖先的宗庙。当一个都市国家向中原发展时，不能消灭其他臣服的都市国家。之所以要这样，是因为受到强烈的宗教观念的支配，种族的祭祀必须由那个种族的孩子们来执行。如果那个国家灭亡了，就失去了保卫宗庙的人，据说会遭到得不到祭祀的祖神的报应。所以即便是想统治臣服的国家，也不能废止该国的宗庙，除了把祭祀委托给该国人、允许该国的继续存在，别无他法。如此这般，大的都市国家虽然想灭了他国将其并入自己国家的疆域，但因为首先就牵扯到宗教问题，所以无法完全让小国隶属于自己，最多只能发展成都市国家联盟或集合体这种形态。

中央集权的萌芽和文化的新风向

到了春秋时代的后半期，宗教观念丧失，消灭他国已经没有什么障碍，小的都市国家接连不断地被吞并，确立了战国七雄（战国时代的七个强国，是指西方的秦国和与之相对抗的齐、楚、燕、韩、魏、赵六国）。这七个国家已经不是都市国家的联合体，实质上是完整的统一国家，具备领土国家的性质。在七国统一的进程中，它们不再允许新征服的地区以国家形式继续存在，而是派遣官吏去治理地方，于是中央集权体系由此诞生。这是形式简单的郡县制度，其萌芽可以追溯到春秋中期，形成完备的国家制度则要到战国时代。

周的封建制度对各个地方不是直接统治，而是间接统治。经过春秋时代，祭政一体这种传统的都市国家政治解体，进入战国时代后形成郡县制度。从这一点来看，这个时代打下了一方根基，使得这个国家之后向着王朝国家发展。这也是与过渡期相符的现象。

下面从文化方面来看两个时代的特色。西周后半期文化发展显著，社会形态和初期相比发生了相当大的变化，作为大土地所有者的旧贵族衰落，诞生了以工商业为中心的新兴贵族。这种倾向在之后春秋初期的小都市国家群里也开始显现，其中打头阵的是郑、卫两国。据说郑国拥有权势的是商人阶层，卫国则是手工业者。伴随这种转变，两国音乐等也发生了改变，与儒教认定为正统的古典音乐相对，盛行被蔑视为郑、卫之音的新体歌谣音乐（与周的分支鲁国传承的庄重古典的音乐不同，新兴阶级中广泛流行音调高、浮华的歌谣和音乐）。从这个意义上讲，在创造春秋初期文化中发挥了先导作用的是离洛阳最近、以新兴工商业者为支柱的郑、卫两个都市国家。进一步发展了这种倾向的是位于东边的齐国。现在也是如此，山东省因为气候干燥，所以制盐业兴盛。在古代，盐既是生活必需品，也是贵重物品，制盐业是一个极为重要的产业。齐桓公着眼于此，加之宰相管仲的大力推广，以制盐为主导，大力开发经济，进而又着手发展制铁业。

制铁在周朝初期虽然也有一些发展，但到春秋中期为止，主要的武器和用具都是青铜制品。桓公率先发展制铁业，并将其主要用于农具生产，而非武器制造。之前的农具，除了青铜的镰刀、犁等，基本都是石制和木制，如今情况已大大不同。铁质农具的出现刺激了治水、灌溉技术的进步，大规模的灌溉成为可能，并与农具改良一起促进农业技术取得了飞跃性的发展。自不用说，奠定这个基础的是新兴的工商业者。春秋时代，中国的土地所有制与日本的领主庄园类似，地方上以农村共同体为主，实行的是封闭的领主土地所有制，所以这绝不是效率很高的生产体制。但是，进入战国时代后，农业技术的进步使得领主所有转变为地主所有，新兴地主积极进行土地改良，生产力有了显著提高。王朝国家不是在领主经济，而是在

战国时代的玉器（璜），河南辉县出土

地主经济之上形成的，战国时代奠定了地主经济的基础，接下来王朝国家的诞生已经可以预见了。

随着工商业的发展，拥有庞大人口的大都市林立。特别是七国的都城全都成了大规模的都会，齐国的首都临淄在其鼎盛时期达到七万户，单成年男子就有二十一万，人口超过五十万。直到后来的唐代，都很少有能超过这种程度的大都市。所以，从城市规模这点来看，战国时代已经达到了一个高峰。

广域国家的建立

从地理方面来看，春秋到战国，黄河流域的广阔原野由于运河等的开凿，基本都已被开拓为耕地。中国古代文化最初发源于黄河流域，其完成不是在西周时代，而是在黄河流域被开发的春秋到战国时代。随着黄河流域的不断开发，中原的势力逐渐向周边扩展，加深了和其他民族的对立。他们在北方开始了与匈奴等居住在草原地带的骑马民族（其特征是善骑马、富于机动性。这种产生于中亚的风习传给了中国北方的民族之后，这些民族突然变得具有侵略性）的纷争，并在形势逐渐逼于北境时，修筑了长城来阻止骑马民族的不定期入侵。汉族的居住区以长城为北部边界，也是在这个时期确定的。在南边，因南方的其他民族没有入侵中原地区，所以与北方不同，没有通过冲突进行同化的过程，开发与同化是在和平的背景下展开的。长江中游的武汉地区、上游四川省的一部分，乃至江南地区的开发也是在春秋到战国时期进行的，其先驱是在武汉一带确立霸权的楚，以及在被称为"中国粮仓"的长江下游三角地区（长江的泥沙沉淀形成）建国的吴、越（吴以今天的苏州为都城，越以稍南一点的浙江绍兴为都城）。西周时代这些地方虽然也建立了移民地都市，但正式的开发实际是在春秋时代，因为这些地方诞生了楚、吴、越这样的当地都市国家。中国的自然条件堪称宝库，这些国家以此为根基扩张势力，首先是楚向中原挺进，随后越灭吴，将领土向北扩张，迁都到山东琅琊，成为春秋最后的霸者。

如前所述，贵族制在春秋时代开始解体，被官僚制代替，那么春秋到战国这段时期的政治体制是如何变迁的呢？可以说，春秋时代还是由从前的贵族执掌政权，君主就如同日本的天皇一样，是祭祀的主持者，不能干涉世俗政务。因此实权掌握在世袭"卿"这一大臣职位的有权势的贵族之手。在春秋初期这种贵族来自同姓本家，但到了后期很多异姓贵族也成为有权势者。

孔子的历史地位

生活在春秋末期的孔子生于鲁国，他的祖先是从宋国逃亡到鲁国的贵族。孔子的父亲虽然身份卑微，但是因为勇武，效力于鲁国贵族，拥有与武士大将相当的地位。当时像孔家这样的新兴之家，作为贵族的家臣而形成了一个阶层。孔子虽出身于这样的阶级，但崇拜周公，想复兴周公创立的周制以拯救乱世，所以可以看成是一个站在复古立场上的革新主义者。他倾注了异常的热情，希望打倒残暴的鲁国贵族，重新夺回实权奉还君主，在君主的领导下建立民主社会，再现古代都市国家的传统。但是，这个运动最终以失败告终。他无奈抛家弃国开始了漂泊，希望能在别的国家实现自己的理想，但最终都失败了。幡然悔悟回到鲁国后，他决定把社会改革的梦想全部寄托在对弟子的培养之上，通过弟子之手将梦想付诸实现，于是他开办了学校。

孔子的弟子大部分都属于新兴的士阶级，他付出了很大的努力掌握当时贵族阶层的修养书籍《诗》《书》以及礼的学问，想让这些修养在新兴阶级的人格塑造中发挥作用。他的弟子，那些新兴的士阶级不久成了僭主（英语是 tyrant，下层出身的、利用民众的力量和武力替代从前的贵族阶级登上政权宝座者。这种倾向在战国时代的各国都很明显）的家臣，是战国七雄国家建立过程中不可或缺的存在。七国的君臣关系就是由这种私人的主仆关系构成的。由于主仆关系中，士阶级已经达到相当的数量，如果就这样任由其发展，可能就形成了日本德川时代那样的封建国家。因为孔子的弟子分散在各国，被各国君主邀请讲学，担任最高官吏，相当于政治顾问的地位，所以政治影响非常大。不久孔子教团培养的弟子们登场，可以说正是这些人的存在，催生了具备中央集权性质的新官僚群体。通过他们的努力，秦汉等中央集权王朝没有成为封建国家，而是成了官僚制国家；没有成为武力本位的国家，而成了文治国家。这决定了中国历史的方向。孔子本身未必以此意图去教育弟子，只是在中央集权国家形成的过程中，孔子的思想被采纳了。

诸子百家的绽放

　　中国的文化遗产是伟大的，通过改朝换代，诸多王朝兴起然后又走向灭亡，但是孔子的思想学说却连绵不绝地传给了后世，直到现在孔家还是中国第一世家。只是，儒教学说在孔子死后，发生了些许变化。如果将孔子的学说作为原始儒教，那么到了战国时代，以此为基础，他的弟子中衍生出了诸多异说，分裂出了各种学派。

　　最初引进并推行儒教文化的是由被誉为贤君的文侯统治的中原文化国魏国。文侯是个开明君主，他广招孔子的高足子夏等众多学者，大力振兴学术和艺术。在其统治之下，孔子一门或成为文侯的老师，或成为最高顾问，以儒教的理想制定法典，构建起新的集权国家的原型。在魏国东面的齐国都城临淄，孔子学派的成就得以进一步拓展，齐宣王比文侯更积极地推进文化政策。他在号称人口超过五十万的临淄城稷门附近，建成气派的公馆，从全国聘请学者，创建了一个文化区域。这些居住于此的人们被叫作"稷下学士"，他们之中许多属于孔门学派，除此以外，还有道家、法家、名家等其他学派的思想家，所谓"诸子百家"（从春秋末年持续到汉初，尤其是战国时期涌现的诸多学派。"子"是"老师"的意思）的黄金时代精彩绽放了。

　　战国时代是最能进行自由思辨的时代，是思想家辈出、主张各自思想的百家争鸣（战国时代诸子百家的学者们竞相轰轰烈烈地传播思想学说的局面，一般指思想学术的自由）的时

战国时代楚国的大鼓，河南信阳出土

代。那么被称为"诸子百家"的这些思想家们为什么会突然出现在战国时代呢？

从公元前453年七国形成对抗开始，到秦始皇统一天下为止，其间大约长达二百三十年，国力相当的七个强国相互争斗，这在中国历史上实在是很罕见的事。其他时期中国虽然也有分裂，但历时这么长时间的基本没有。持续了约一百四十年的五胡十六国（304—439年，在西晋灭亡后，来自北方的五个民族南下，造成中国北部十六个小国兴亡交替的时代）对立兴亡迭起，各国政情始终不稳定。战国七雄正因为各自的国内政治相当稳定，才会持续了两个半世纪的对抗。在分裂对抗的时代里，富国强兵之策是优先于任何事情的。

为了压制他国，各国不管国籍和出身，争先恐后地聘请杰出的政治、经济、军事、外交人才，在他们的指导下实施大胆的制度改革，强化政策和战略体制。敌对强国间的人才争夺战极其激烈，一旦在人才争夺战中失败，任何一个强国都有可能很快陷于劣势。

另一方面，学者和思想家们大胆提出各种独创的改革方案，在一个国家不被采纳就跑到另一个国家，游说家们自由地各处周游。战国时代和后来的统一国家不同，没有统一的思想，充满自由的风气。在这种开放的潮流背景之下，不断出现创新而风格迥异的学说。中国的思想不久后受到传来的佛教思想的影响，发生了很大的变化，但是除了佛教，中国所有思想的原型都是在这个时代形成的。

百家争鸣的另一个原因，是以前在政治和文化方面起领导作用的旧贵族阶级的没落，助长了下层人才向上流动的倾向，不管家世和身份，有实力者因才能而得到提拔，身份等级制度逐渐走向崩溃。阻碍社会进步的身份等级制度瓦解，任何人都有可能得到与才能相符的地位。正是以此为基础，华丽绚烂的学问思想之花才得以绽放。

战国时代的九流百家（九流指儒、墨、道、法、农、阴阳、名、纵横、杂九家学派。因为这些学派又被细分成诸多派别，所以取众多之意称为"百家"）的思想被秦始皇统一，之后出现汉王朝，进而以儒教为中心将思想进行了整合。然而，即使是思想统一以后，这诸多思想仍是中国思想界的暗流，给中国思想界带来了深远的影响。春秋战国时代在思想史上也是中国文化基础形成的时代。

第二章　尊王攘夷的旗帜

周王室的权威

公元前770年被犬戎压倒的周王朝向东迁都洛邑，这里作为统治东部地区的东都而备受重视。由此西周王朝的故地陕西被拱手让与他族，中国历史的中心转移到了黄河下游地区，直到后来秦国势力的崛起。以洛邑为都的周王朝在郑和虢两国的保护之下，依然在相当大程度上保住了王朝的权威。

郑侯和虢侯是王室的卿士，握有政治大权。其中郑国实力更强，特别是庄公时（公元前743—前701年在位），其势力非常强大，乃至周桓王（公元前719—前697年在位）害怕王室的威严受到侵犯，试图给虢侯更多的权力。不仅如此，周王室甚至想用郑附近的王室土地交换周附近的郑的土地。

封建制的主权

据说郑国并不接受这个方案,但更重要的是这个事件让周王室丧失权威。此前,鲁隐公八年(公元前715年,当时的年代用鲁公在位年数来表示),鲁国和郑国之间交换过土地,都是为了祭祀之类的,特别是交换那种由天子赐予的土地(郑国被赐予叫作防的土地,规定用于祭祀泰山,但郑国说要祭祀周公,便擅自换了鲁国的许地)。诸侯之间随意交换土地是对天子权威的无视,但是天子为自己的方便,和诸侯交换土地,这就等同于天子自降身份,位列诸侯。虽说周王室被赶出西面的镐京,迁都洛邑,不过其权威还是被认可的,只是这种权威已经逐渐削弱了。

郑庄公对周室的这种态度很生气,最终拒绝觐见王室。为此,天子在鲁桓公五年(公元前707年)率领虢、蔡、卫、陈等国军队亲自征讨郑国,但是反而遭遇大败,周桓王还被郑国将军祝聃射中肩部负伤,因此周王的权威越发被轻视。

郑国的兴衰

与周王室的衰弱相反,郑国越发壮大。为救受到北方戎族入侵的齐国,郑国派遣太子忽为将军,大败戎而成功救齐,从而在诸侯中崭露头角。1923年从河南省新郑出土的众多青铜器中,有一件名为"王子婴次炉"的器皿。这个王子婴次可能就是庄公的儿子子仪(郑庄公死后,厉公因内乱暂时逃亡,子仪继任郑侯。其时郑国内外存在两个郑侯),他后来在鲁庄公元年（公元前693年）到鲁庄公十四年（公元前680年）担任郑侯。从他自称"王子"来看，估计当时庄公打败周王室之军，又讨伐了戎，其声威正处于鼎盛时期。

但郑国在庄公死后，围绕继位问题发生内乱，并且牵扯到宋、鲁、卫、蔡、陈等诸国的利害关系，一时间中原成为战场，郑国国力也因此日渐削弱。以洛邑为都的周王室自不待言，参与这场战争的诸国，都拥有传承自西周时代的古老传统，却因卷入战乱，国力不断衰败。在这期间，地方的诸国不断向周边拓展以增强国力，陆续登上了历史的舞台，这其中一马当先的是齐国。

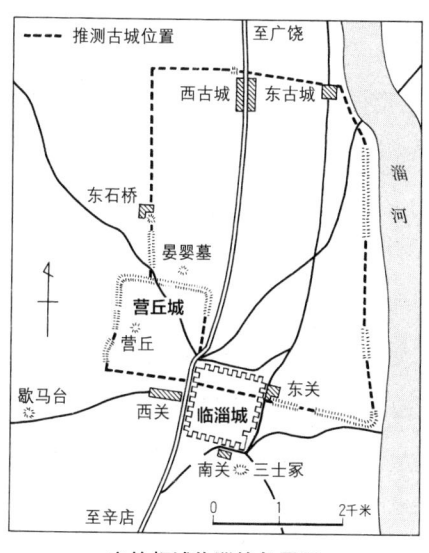

齐的都城临淄的复原图

齐的建国

齐国是太公望吕尚被分封到营丘所建的国家，营丘就是现在山东临淄（据说在战国时代城内有七万户人家）。临淄城北边有个古老而巨大的城郭，城郭分为大城和位于西南角的小城，据出土文物可知，其年代大体上介于春秋中期到汉代之间。不过，大城内的东北部还发现了西周时代的文物，可能这里从西周时代开始就是齐国的都城。另外必须注意的是，小城里有一个叫作"营丘"的地基，为此小城也叫"营丘"，很容易被理解成太公望分封之地，但考古调查的结果已表明，这个小城是战国时代后建的。

登上历史的舞台

太公望之后又经过了十世十二王，到第十四代齐襄公（公元前697—前686年在位）的时候，齐国的历史总算多少详细了一些。襄公欺压和齐国同为姜姓的纪国（山东寿光之南，和鲁国有姻戚关系），最终在鲁庄公四年（公元前690年），吞并了纪国。一直以来被纪国视为保护国的鲁国，对于纪国的处境无能为力，从此颜面尽失。襄公又趁着郑庄公死后的内乱，杀了郑国国君，还和鲁桓公（公元前711—前694年在位）的夫人私通，并让人杀了知道此事的桓公。这位桓公夫人叫文姜，是襄公的妹妹，据说在她嫁入鲁国之前，兄妹之间就有不正当关系。虽说从周到春秋这段时间，还遵守着儒家所说的礼，但是在男女关系方面风气相当自由，《左传》中经常有轻佻的女性登场。这先暂且不论，到了这个时代，齐国已完全拥有对周边国家施压的实力。

结瓜时节

但是齐国发生了内乱，鲁庄公八年（公元前686年），襄公被杀。襄公曾经把堂弟无知享用的俸禄和服饰标准降为下等，导致无知的愤恨。偶然一次襄公让连称和管至父二人戍守葵丘（临淄郊外西北部的一个地方，和后来桓公完成霸业的葵丘大会之地不同），当时正好是结瓜的季节，所以就约定第二年结瓜时节换防。可是一年后完全没有来换防的迹象，两人便向襄公请求换防，襄公却没批准。愤怒的两人就联合怨恨襄公的无知发动叛乱，最后杀了襄公，立无知为侯，但是无知不久后也被杀，齐国王位空虚。

管鲍之交

因为襄公和自己的妹妹鲁桓公夫人私通，又因为当时刑法荒唐无稽，襄公的弟弟们很怕祸及自身。公子纠逃亡到母亲的国家鲁国，由管仲和召忽二人佑护。公子小白在鲍叔的保护下逃到莒国（少昊的子孙被周武王分封而建的国家，被楚所灭）。无知一死，两人争先恐后地回国争夺诸侯之位。因为小白年轻时就和齐国正卿高傒关系密切，有此内应，先一步回国继了位。公子纠被杀，召忽殉死，管仲则投降于小白。公子小白就是齐桓公。鲍叔认可管仲的才能，极力劝说小白立其为相，自己甘居管仲之下。后世所说的"管鲍之交"就是指这两人的交往，年轻时管仲经常给鲍叔添麻烦，但两人却维持了终生不变的友情，所以被认为是朋友相交的典范。

富国之路

管仲辅佐桓公，使齐国成为春秋时代最初的霸者，其政策是怎样的呢？管仲有《管子》一书（"衣食足而知礼节"[①]这句名言取自《管子·牧民篇》的"仓廪实而知礼节，衣食足而知荣辱"，指民生稳定应放在首位），一直流传至今，当然这不是管仲自己的著作，是后人假托其名而著的。《国语》中提到的管仲政策，也不可全信。不过我们可以认为其中反映了管仲时代齐国的政治方向。这些记载表明，以前具有都市国家性质的临淄在完善自身行政组织的同时，在都市近郊的农村也设立了行政组织，使都市和农村都在国家的完全统治之下。除了行政组织，都市和近郊还实行以五家为基本单位的军政制度，之后又创建了什伍制、保甲制等全民皆兵的制度。齐国还根据土地的肥沃程度课税，均衡国民的负担，保证物资流通，维持物价稳定，使得农业以外的制盐和渔业等产业也繁荣起来。通过这些举措，齐国的经济实力变得雄厚，军事实力得到加强，成为战国时代富国强兵政策的先驱。当然新的行政军事组织是否延伸到郊区这一点，就像笔者在"时代转动"一章中阐明的那样，是有疑问的，但是新的政策不论执行了多少，都是使齐国成为五霸之首的原因。

[①] "衣食足而知礼节"为日语一句惯用语，日语原文是"衣食足りて礼節を知る"。——编者

肉食之人

当时在东边的鲁国一时变得强盛。公子纠与齐桓公争夺王位时,鲁国是其后援,鲁军曾在乾时(山东省博兴县南、临淄西北的时水的支流,因干旱时就会枯竭,所以就加了个乾〔干〕字,叫作乾时)一地阻碍桓公归国,结果反而大败,辅佐公子纠的管仲也被桓公的军队俘虏。桓公即位后的第二年(鲁庄公十年,公元前684年),为报乾时之战的仇进攻鲁国,鲁庄公立刻决定亲自出征。

这时一个叫曹刿的人请求觐见庄公。

有个同乡说:"贵族自会谋划此事,你又何必参与呢?"(肉食者谋之,又何间焉?)①试图劝他放弃。

曹刿回答说:"贵族浅陋无知,不能深谋远虑。"(肉食者鄙,未能远谋。)最终还是去觐见了。

庄公知道此人非比寻常,就让他和自己同乘一车出征。两军在鲁国的长勺(现今何地不详。周公受封到鲁地时,随同有殷民六族,其中有一支是长勺氏,可能是这个氏族的居住地)对峙。庄公想马上擂起进攻的战鼓,曹刿制止了他的做法。其间齐军三次擂鼓攻击。对峙了一会儿后,曹刿发令说:"可以击鼓进军了。"(可矣。)

鲁军同时转入反击,齐军大败而逃。庄公立马要下令追

---

① 本书所有出自《左传》《史记》等古典文献的史料,文言文原均为译者还原。在日文原版书中没有文言文原文,仅有现代日文翻译。日本作者对古典文献有多处并未直接、完整引用,也有几处意译,较为随意,故文言文并不能与现代文内容完全对等。后文出现相同情况,不再一一说明。——编者

击，又被曹刿制止。曹刿下车查看齐军的车辙痕迹，又上了战车，登上车前横木查看齐军撤退的情况，说："可以追击了。"（可矣。）

这场战役鲁军大获全胜，把齐国军队赶出了国门。

此战之后，庄公询问制止擂鼓和追击的理由，据传曹刿回答说："擂阵鼓一次能够振作士兵们的勇气，擂三次鼓反而会耗尽勇气。等齐军擂三次鼓后我们才擂第一次鼓，由于士气的不同才大胜了。之所以不马上追击，是为了查看齐军是否在伪装败退。我看他们车轮的痕迹混乱，眺望敌人的撤退状况，他们的旗帜已经倒下，知道他们不是故意败退，所以才下令追击他们。"（夫战，勇气也。一鼓作气，再而衰，三而竭。彼竭我盈，故克之。夫大国，难测也，惧有伏焉。吾视其辙乱，望其旗靡，故逐之。）

曹刿的这个故事是否属实这一点并非没有疑问，但有趣的是，我们可以从这个故事中看到，像曹刿这样无名的下级士人开始得势。刚才讲到的管仲也不具备可以做宰相的家世，却成了宰相。可见当时的时代正逐渐由重家世向重人才方向过渡。

打败了齐国的鲁国趁势入侵宋国，于是宋联合齐国军队进攻鲁国，在鲁国都城曲阜附近一个叫郎的地方驻扎下来。

鲁国的大夫公子偃对庄公说："宋军军容不整，我军有机可乘。先打败宋，齐军必然撤回。"（宋师不整，可败也。宋败，齐必还。）

可是庄公没有听从。于是偃率领手下的士兵把虎皮蒙身上，从城南门突袭宋军。庄公也不能坐视不管，领兵跟着进攻，最后在乘丘打败宋军。齐军见势撤回。

霸主之路

齐桓公因两度败于鲁国，所以听取管仲的意见，试图通过外交来压制诸侯。由于在上一年的战役中败于鲁国，宋国于鲁庄公十二年（公元前682年）发生内乱。宋闵公被杀，公子游即位，可是最终也被杀。宋国又立了公子御说，这就是宋桓公。齐桓公以平定宋国内乱为由，和宋、陈、蔡、邾各国的大夫在北杏（山东聊城东，东阿北）会盟，并就宋桓公继位问题斡旋于列国之间。这时之所以不是和诸侯而是和大夫会盟，是因为列国并不认可齐桓公的声望高出诸侯太多。先和大夫会盟，是齐桓公逐渐提高国际信誉的第一步。这次会盟使宋、陈、蔡、邾等国形成了一个以齐为中心的势力圈。

鲁国没有参加这次北杏会盟，齐桓公决定以此为由讨伐鲁国，先是进攻了鲁的属国遂（据说是上古圣人舜的子孙的国家，位于山东肥城和宁阳之间）。鲁国虽施以救援但失败了，遂国被灭，鲁国感到了齐国的威胁。同年，鲁庄公和齐桓公在齐的柯地（河南省内黄县北）举行议和会盟。鲁庄公畏惧出席这次会盟，但是曹沫[①]力劝他参加。到了和桓公会谈之时，曹沫突然走上前去抓住桓公的衣袖，另一只手将一柄短剑抵在其胸口，逼其承诺归还从鲁国抢占的土地。之后桓公试图毁约，但是管仲进谏说违背约定，会失信于天下，比起得到一两块遂

[①] 有学者认为，曹沫与曹刿为同一人。——编者

邑这种土地是一种损失，于是桓公按约定归还了鲁国土地。果然，桓公的声望更高了。

但是本来就和鲁国对立的宋，对齐国和鲁国的议和很生气，于是背叛了前一年的北杏之盟。庄公十四年（公元前680年），齐桓公和陈、曹的军队共同讨伐了宋国。齐桓公向周天子釐王请兵，周王遂派单伯率兵参战，使宋屈服。那年冬天，在周王派遣的单伯的见证下，齐和宋、卫、郑的诸侯在卫国的鄄（河南省濮阳县东）会盟。庄公十五年（公元前679年）春，齐和宋、陈、卫、郑的诸侯再次在鄄会盟，诸侯都尊齐桓公为盟主。于是齐桓公成了实质性的霸主。

之后，齐桓公解决了诸侯间的争斗和内乱等，进一步表明了作为盟主的实力。那时在周王室内部，惠王和与之对立的拥戴王子颓的一派之间发生内乱，更有卫和燕帮助王子颓这种情况发生。惠王逃到郑，在郑厉公和虢公的帮助下收复都城，杀了以王子颓为首的一派，解决了危局。惠王在庄公二十七年（公元前667年）派召伯廖去齐国承认桓公的霸主地位，作为交换，请齐讨伐帮助过王子颓的卫国。至此，桓公确立起名副其实的霸主地位。

存亡继绝

如上所述，齐桓公就这样逐步地成就了在中原和东方的霸业。在此期间，周边的世界中，被中原诸国视为"蛮族"的国家势力逐渐向中原扩展开来，其中之一是生活在河北北部到辽西一带的山戎一族，他们南下并一直侵扰齐国。庄公三十年

（公元前664年），被山戎攻入的燕国向齐国告急，齐桓公亲赴救援，让失去故国的燕国国君住到别的地方重新复兴国家，履行了作为盟主的义务。

还有居住在山西北部的被称为"狄"的部族也南下，于闵公二年（公元前660年）入侵卫国，难以抵挡攻势的卫国最终弃都而逃。宋在黄河接应卫国人，让他们趁黑夜渡过黄河。幸存男女共七百三十人，加上从共、腾城邑（地方城市）调来的民众共五千人，这些人被暂时安置在曹。齐桓公让公子带三百辆车、三千名士兵戍守曹地，与此同时，他率领诸侯在楚丘（位于河南省滑县东，卫在僖公三十一年〔公元前629年〕又迁到帝丘〔濮阳县〕）筑建城墙，立文公，重建了卫国。他同时还让遭受狄攻击而灭亡的邢国（周公之子被分封而建立的国家，本来在河北邢台，后来在夷仪〔山东聊城〕复兴）重新建国。

就这样，让灭亡的国家复国，进一步提高了桓公霸主的名声，这就是所谓的桓公的存亡继绝。

召陵之盟

另一方面，从南方来的其他势力开始北上，这里指的是楚国，关于北进将在下一章中具体阐述。受到压力的郑、蔡等国在齐等中原诸国同盟和楚之间摇摆，重复着服从与背叛。

僖公三年（公元前657年），齐桓公在阳谷（山东聊城南）同诸侯会盟，发誓伐楚，并于第二年讨伐楚国，最后在召陵和楚大夫屈完立誓。其间管仲和楚王之间展开的问答很有名。据说，管仲质问楚国违反古制，不向周进贡用于祭祀的苞茅

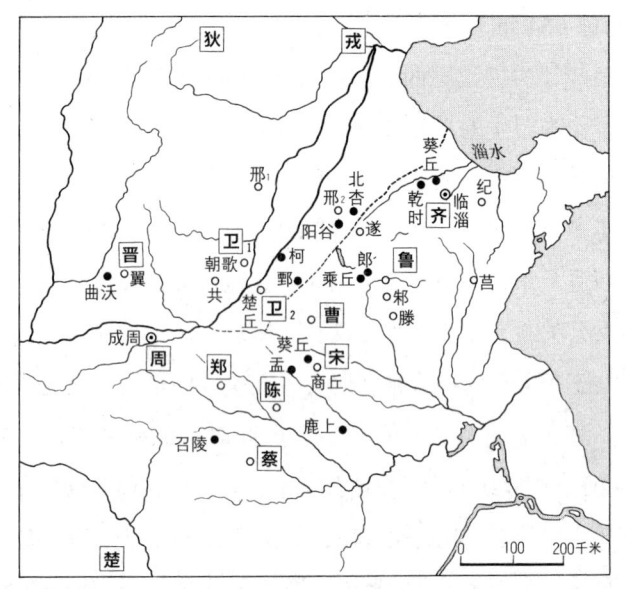

召陵会盟时的形势图

（白茅，用于过滤祭酒）和昔日周昭王南征时阵亡的原因。对此责问，楚王承认没有进贡的过失，约定以后进贡，但回答昭王南征不返一事与楚国无关，请向汉水问责吧。[①]就这样齐桓公遏止了楚的北上。

成就霸业

齐桓公于僖公九年（公元前651年）将诸侯召集到葵丘（河南东部商丘西北，不同于临淄附近的葵丘）举行会盟，桓公霸业达到了顶峰。周王派大臣周公孔送去了祭祀周文王和武

[①] 《史记·周本纪》记载："昭王南巡狩不返，卒于江上。"——编者

王时供奉的肉，并且转告说因为桓公年事已高，晋升一级，免除其下阶跪拜之礼。但是桓公还是非常谦恭地下阶拜谢后再登堂受赏。

这次会盟，桓公成为盟主，盟誓的内容在《孟子》里是这样记载的："一、严守家族道德。二、尊重贤才，表彰有德行的人。三、敬老爱幼。四、在国内维持家世的高下和官职的秩序。① 五、诸国间互通粮食有无。②"（初命曰诛不孝，无易树子，无以妾为妻。再命曰尊贤育才，以彰有德。三命曰敬老慈幼，无忘宾旅。四命曰士无世官，官事无摄，取士必得，无专杀大夫。五命曰无曲防，无遏籴，无有封而不告。）

桓公受天子之命成为霸主，替天子率领诸侯抵御戎、狄或楚国等的入侵，保护中原。在最后的葵丘会盟上，诸侯不论在国与国之间还是在国内方面，都试图努力维护当时所谓的封建制度。桓公作为春秋五霸之首，和后来的霸主们夸耀并维持自己的势力不同，他的目的是维持中国整体的秩序，这也是后世公认桓公是五霸之首的原因所在。但是桓公在葵丘会盟时已开始显露衰老疲惫的迹象，管仲一死，桓公往年的光彩一去不返，于僖公十七年（公元前643年）去世，在位四十三年。因为桓公生前好女色，宠幸的妇人甚众，所以在其死后，公子之间发生了争夺继位权的纷争，最终即位的是宋襄公支持的孝

---

① 此句日文解释理解有误。依据《孟子》原文，第四条誓言的意思是："士人不世袭官职，官职不兼任，选用士人要得当，不擅自杀戮大夫。"
② 此句日文解释不完整。依据《孟子》原文，第五条誓言的意思是："不遍筑堤防，不禁止邻国采购粮食，不要有封赏而不通报。"

公。据说因内乱，桓公的遗骸被搁置六十五天之久，尸体腐烂所生的蛆虫都爬到了门外。和他作为霸主统一中原的生前辉煌相比，其死后结局很是悲惨。

宋的发展

桓公死后，齐国因内乱不再具备争夺霸主的实力，试图取代齐国称霸的是宋襄公（公元前650—前637年在位）。襄公还是太子时，本来想让同父异母的哥哥目夷继位，但目夷坚辞不受，所以襄公继位，让具有仁者美誉的目夷担任左师（左军的将领）参与政治。之后宋很安定，国际信誉提升，甚至受到齐桓公的托付做齐孝公（公元前642—前633年在位）的后盾。襄公率领曹、卫、邾的诸国军队平定齐国内乱，齐孝公才得以继位。

宋襄之仁

因这次成功而踌躇满志的襄公摆出一副霸主的姿态，和曹、邾举行了会盟，结果他又是扣押腾宣公，又是用鄫君做祭祀供品（此处不是指杀了鄫君做祭品，据说是把鼻子打出血，用的是鼻血）等，做了很多粗暴野蛮的行为。僖公二十一年（公元前639年），襄公让宋、齐、楚的大夫在鹿上聚会，决定在秋天举行诸侯会谈。但是秋天在盂（河南东部商丘西，睢县）会盟时，楚国扣押了襄公并讨伐宋国，襄公在当年的冬天才被释放回国。襄公因这种屈辱大为暴怒，并且对郑国的投降十分光火，于是入侵了郑国。楚为救郑出兵，和宋军在泓水对峙，楚军渡河进攻。

目夷说："敌军众多，趁着他们没有全部渡过泓水，请攻击他们。"（彼众我寡，及其未既济也，请击之。）

襄公没有采纳，其间楚军全部渡河，但尚未摆好阵势。目夷建议攻击，襄公依然没听从，等到楚军摆好了阵势才开始攻击。宋军因寡不敌众而大败，襄公自己也负了伤。人们责怪襄公的做法，可是襄公却说："敌军还没摆好阵势，趁机攻打，这不是君子所为。"（君子不困人于阨，不鼓不成列。）

襄公因这次负伤于第二年五月死去，终未能成为霸主。从他的行为来看，也不是桓公那等伟人。这暂且不论，黄河下游诸国的同盟势力就这样败给了南方楚国，时代正发生新的变化。这个时期立足山西的晋国脱颖而出，晋文公继齐桓公之后成就了霸业。

晋的兴起

周成王把自己的弟弟叔虞分封到唐（现在的山西省南部翼城县附近），其子燮把国家称为"晋"。晋从现在的山西省翼城县附近开始一步步征服周边，扩大势力范围。从燮开始的一段历史不详，到了第九代穆侯的时候，历史才变得清晰。穆侯之子文侯时，周室东迁，文侯帮助平王稳定周室立下了功劳。但是到了下一任昭侯的时候，文侯的弟弟成师被分封到了曲沃（山西省曲沃县。现在的曲沃县城西南有一座古城，曲沃西边的新绛县侯马镇〔已改为侯马市〕也发现了一座古城。后者是春秋战国时代的，前者是战国、汉代的）。

战国时代虢国的铜镜，出土于河南省三门峡市上村岭虢国墓地[①]

这个曲沃是比都城翼还大的城市，加之成师有德行，百姓很拥戴他，因此曲沃的势力逐渐强大起来，甚至超过了本家翼。到了成师之孙武公时，曲沃一支开始频繁进攻本家晋。周王让虢仲征讨武公，但是庄公十六年（公元前678年），武公灭了晋侯缗（公元前704—前678年在位），把所有的宝物都献给了周釐王。釐王对这既成事实毫无办法，只好承认武公为晋侯。

这等于是正式承认了旁支服从正支这种封建制度的解体，所以周王的权威进一步衰落。武公之子献公（公元前676—前651年在位）的时候，从曾祖父成师、祖父庄伯分出的一族势力逐渐变得强大，这对献公来说是一个麻烦，所以献公离间这

[①] 日文原书此处为河南省虢县出土，中国行政区划并无虢县，出土地址为编者查证。且此鸟兽纹铜镜所处时期为西周末年至春秋初期，并非战国时代。

伙人，让他们相互残杀，最终成功地把政权揽回自己手中，并扩张都城翼，将其改称为绛。之后，献公于鲁闵公元年（公元前661年）将势力向外拓展，灭了耿、霍、魏（都是和周同族的姬姓小国），把耿封给了大夫赵夙，把魏封给了毕万。第二年献公又灭了北方的狄，僖公五年（公元前655年）又灭了虢和虞。此前的历史是以齐、宋、楚为中心，在中原地区，主要是黄河下游展开的，此后晋开始登上了历史舞台。

骊姬乱国

献公在讨伐西方部族骊戎时，纳戎王的女儿骊姬和她的妹妹为妾，骊姬生了奚齐。献公过于宠爱骊姬，想立奚齐为太子，逼得太子申生自杀，还赶走了重耳、夷吾两位公子。因此他死后，围绕王位继承问题发生了争斗，晋国国力衰退。继位的惠公（夷吾，公元前650—前637年在位）在成为晋君过程中接受过西方秦国的帮助，但他继位后却做出很多背叛秦国的行为，所以被秦俘虏了。虽然不久惠公就被遣返回国，但晋国已衰落，遭到了北方狄的入侵。不仅如此，惠公及其子怀公（公元前637年在位）还逐渐失去晋国民众的信任，民众中更多的人要求献公之子——流亡中的重耳归国。

晋文公

重耳因被献公驱逐而流亡，在诸国漂泊了十九年，但是其间赵衰、狐偃等五位贤士一直服侍帮助他，与他一起历访齐、楚、秦等大部分国家。惠公一死，僖公二十四年（公元

晋的崛起

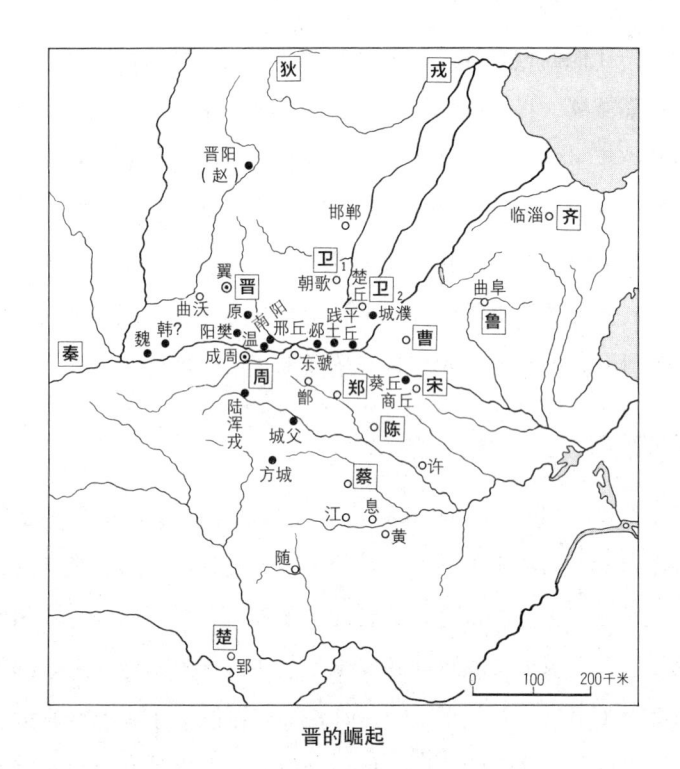

前636年），重耳借助秦穆公（公元前659—前621年在位）的援军回到晋国，杀了惠公之子怀公继任晋侯，世称晋文公（公元前636—前628年在位）。

因文公任用贤能，整顿财政，将公田分给士，治理军政，使百姓受惠，所以晋国安泰，奠定了霸业的基础。碰巧在周王室内部，王子带反叛周襄王，引狄军攻打襄王，襄王出逃郑国，向鲁、秦、晋求救。当时不断得势的秦国打算以此为机会向中原发展，因此秦穆公亲自率兵出征。

另一方面，晋国狐偃建议说："要成为诸侯的盟主，勤王是最好的方法。能得到诸侯的信任，也是大义之道。"（求诸侯莫如勤王，诸侯信之，且大义也。）

晋文公让秦穆公放心交托勤王之事，并让秦撤军，然后亲自率军东进，从郑迎回襄王，平定周都，杀了王子带，平定了王室内乱。襄王赏其功，把阳樊、温、原（这个地区在春秋时代称南阳）等地赏赐给文公。这个地区原来是卫国的领地，但卫被狄赶到黄河以南后，此地一直在狄的统治之下。晋可能是在这次战役中扫除了狄的势力，所以被赐予了这片地区。由此晋打开了向中原发展的前沿阵地，在接下来解决诸国之间争端的过程中逐渐扬名。

城濮之战

那时，南方楚的势力向北延伸，中原诸国受其压迫，有的和楚同盟，有的费尽心思设法与楚抗衡。僖公二十七年（公元前633年）楚攻宋，包围了其都城，宋向晋告急。晋文公在流亡时，曾受到宋公的热情款待，便把这看作是一次救其危难报其恩德的机会，同时也将其看作是一次讨伐强敌成为霸主的机会，于是重编三军，于僖公二十八年（公元前632年）讨伐与楚为伍的曹、卫。楚军意欲施以援救，和文公率领的晋、齐、宋、秦联军在城濮展开会战。晋军首先击溃跟随楚国的陈、蔡的军队，接着打败楚的右军；晋的主力部队则佯装后撤，诱出楚的左军，然后从侧面奇袭并将其击溃。这次会战以晋的大胜结束，遏制了楚的北进。

城濮之战是春秋前半期最重要的战役，给中原政局带来了重大的影响。因为楚国从齐桓公末年逐步发展势力，鲁、卫、郑、陈、蔡等都被收入楚的麾下，齐、宋等也苦于其侵略，中原诸国眼看就要屈服于被视为"蛮族"的楚。晋文公率领的联军大胜，避免了这个危机，使得中原诸国和其文化得以维持。

晋文霸业

晋文公归途中，在践土（位于河南省原阳县西南的旧原武县城西南，现在的黄河北岸）建王宫，请天子出席，举行了献捷仪式，把所俘虏的楚国步兵千人和军马四百匹献给了周王。天子给文公颁发了策命文书，承认其霸主地位，给予他大辂之服（车马的漂亮装饰、旗子和乘车者的美丽服饰）、朱漆弓、勇士三百等，命令他今后服从王命，安抚四方诸侯，惩治不忠于王室的有罪之人。这次策命的情形在《左传》中有详细记载，和西周后半期的金文中保存的仪式内容基本一致，到这个时候，周王朝所行之礼还被原样承袭着。这个仪式之后，文公让王子虎见证，在王宫的庭院与诸侯订立盟约。

其誓言内容是："诸侯协力辅佐王室，不能互相残害。违背此誓约的，神灵会惩罚他，灭其国家，祸及子孙后代。"（皆奖王室，无相害也。有渝此盟，明神殛之，俾队其师，无克祚国，及而玄孙，无有老幼。）

这样，晋文公就成了春秋第二位霸主。

后世谈及齐桓、晋文，便将其视作春秋时代的代表人物大加称颂。此二人都以周天子为中心，以稳定中原世界为己任，实际上他们也是如此践行的。但是如果比较葵丘会盟和践土会盟的誓约，可以说前者更具体，而后者更形式化一些。而且据说晋文公之所以特意安排天子前往践土，就是没把天子放在眼里。实际会盟的誓约内容趋于形式化、空洞化也正好表明天子的地位徒有形式。西周时代周王室很有实力的时候，没有特意强调过勤王，倒是丧失实力后，反而要强调天子地位的名义。齐桓公时已经有了这种端倪，到了晋文公时，则表现得更加明显了。

晋的军制

不管其目的是什么，总之，掌握了中原霸权的晋文公，除了三军之外，又创建了叫作"三行"的步兵，为了防范北狄，总共编成了六军。以前规定天子的军队是六军，诸侯大国三军，小国一军，至此，晋事实上建立了六军，这点也表明周天子地位式微，被诸侯取代了。另外需要注意的是，参加了这次战役的楚国拥有相当数量的步兵。当时中国的战争，大体上是以车战为主的，大夫和士的贵族进行车战训练是其重要任务。在之后的鞍马战中，战车虽然也是极其活跃的，但步兵的比重却逐渐加大了。

成为霸主的晋文公在五年后的僖公三十二年（公元前628年）去世了。之后的历史呈现出截然不同的状况，南方楚国开始与北方中原势力抗衡，双方进入持续对立的状态。

第三章　问鼎轻重

楚的兴起

　　鲁桓公六年（公元前706年），位于现在湖北随县（已改为随州市）的随国受到楚的入侵。这个随国据说是姬姓，属于周室一族。据楚大夫斗伯比所说，在汉水东岸一带，随是最大的国家，领导着周边的小国，离间随和小国就是进攻随的方法。除此以外的事几乎不得而知。桓公八年（公元前704年），楚在沈鹿（春秋时代楚的地方，现在湖北钟祥东）和南方诸侯举行了会盟，因随、黄两国没有参加，楚对其进行了讨伐，最终随屈服于楚。之后，楚逐渐把今湖北各地收入囊中，形成很大的势力范围。第二十代成王（公元前671—前626年在位）时，楚第一次向鲁国派遣了使者，从这个时期开始，楚国不仅在外交方面和北方诸国的交涉表面化，而且意欲凭实力北进。

当时中原的齐桓公以实力遏止了楚。但是桓公死后，齐国发生内乱，齐的七位公子逃到楚，据说楚把这七人当作上大夫优待。这表明楚当时已经在某种程度向中原式的国家转变，请进中原贵族则显示楚意欲进一步推进中原化。也是从这个时候开始，楚和中原诸侯之间频繁进行通婚。

之后，楚又打败宋向中原发展，但其北进计划被晋文公阻止了。但是，文公死后，楚穆王（公元前625—前614年在位）灭了江（周之国，位于现在河南息县西南）、六（圣天子舜之臣皋陶子孙之国，位于现在安徽六安北）和蔡等历史悠久的国家，开始第三次北上。这之后的一段时期，春秋的历史就在晋、楚争霸中展开了。

晋的立场

晋文公死后，襄公（公元前627—前621年）继位，试图继承文公的霸业，但是其国势渐衰。灵公（公元前620—前607年在位）、成公（公元前606—前600年在位）时期，楚的国势逐步超过晋。这期间负责晋国国政的是赵盾。这个人是文公流亡时跟随左右的赵衰的儿子，他一心想使晋维持住霸主的地位，其政策是以和平为宗旨，统一中原地区。鲁文公七年（公元前620年），赵盾把齐、晋、宋、卫、郑、陈、许、曹聚集于郑的扈（庄公二十二年〔公元前672年〕，鲁庄公和齐侯曾在此会面）进行盟誓。以前卫曾经背叛晋，晋讨伐卫并夺其土地，这回卫臣服于晋，所以会盟时赵盾便决定将土地返还给卫。这些也表明了赵盾的方针政策。鲁文公十三年（公元前614年），邾国的文公（公元前665—前614年在位）死后，齐和晋围绕立嗣问题发生争执。邾人想立齐国夫人所生之子为嗣，与此相对，晋动员诸侯的军队试图立晋国夫人之子为嗣。邾人条理分明地陈述了立齐国夫人所生之子的理由，赵盾支持了他们的想法，最终撤回了晋的主张。这时，诸侯在新城（春秋时代宋之地，位于河南商丘西南）举行了一次会盟。《左传》说这次会盟的召开是由于追随楚国的陈、宋、郑等臣服了晋。但是，晋的外交方针是比较保守的，实际状况是其间楚向中原诸国施压，诸国害怕楚的北进。

郑的苦恼

鲁文公十七年（公元前610年），在宋内乱之际，晋作为盟主率领诸侯平定了内乱，归途中，于扈地再次与诸侯会谈。当时因郑侯没有参加，晋怀疑郑私通楚。对此，郑的大夫子家给赵盾写了一封信为郑的立场辩护。信中说，陈、蔡等中原中部的诸国每每要屈服于楚之时，郑都设法调停让他们留在了晋一方，郑对晋是忠诚的。但是，郑夹在晋、楚两个大国之间，要满足来自双方的各种要求，非常为难。因此，如果晋再责怪郑，郑国就只好跟随楚了。这次矛盾最终以互换人质讲和为结局，晋也无法强硬推行本国的方针。这不仅是因为楚的实力增强，也因为晋也有弱点。晋一方面为了讨伐违反盟约的宋、齐而动员诸侯，另一方面又因接受来自宋和齐的贿赂不了了之，导致失信于郑；而且郑也看穿了即便是违背了晋，晋也不想有什么大的举动。其结果就是宣公元年（公元前608年），郑最终与楚同盟,和楚军一起入侵了陈、宋。

于是,晋的赵盾为了救陈、宋,和宋、陈、卫、曹的诸侯会聚于棐林(位于河南新郑东,春秋时郑之地,靠近北林的地方),讨伐郑。楚也为了救郑而出兵,在北林(河南郑州东南,春秋时郑之地,也有说法认为此地和棐林是同一个地方)遭遇晋军,俘虏了晋的大将解扬,晋无奈只好撤兵。其年冬,晋和宋再次伐郑,还是没有取得胜利。

不仅如此,宣公二年(公元前 607 年),郑受命于楚,讨伐宋,在大棘(河南省柘城县西北,太康县东北,春秋时宋之地)打败宋军,生擒宋的主将华元,获得战车四百六十乘,俘虏二百五十人,斩首百人。这次,应该说南方势力压倒了北方。

赵盾弑君

晋灵公荒淫无道,对赵盾的进谏置若罔闻。

灵公反而试图杀死赵盾,因此赵盾意欲逃亡国外。赵盾的堂侄赵穿闻讯赶来,率兵攻打灵公并杀了他。这个事件在《春秋》里记载为"赵盾弑其君",是史官董狐所做的记录。

赵盾看了后说:"弑君的是赵穿,不是我。"(不然。)

董狐回答说:"身为一国宰相,让主君被杀就等同于是宰相亲自杀的。"(子为正卿,亡不越竟,反不讨贼,非子而谁?)

赵盾点头默认。关于这件事,孔子评论说:"董狐是好史官,赵盾甘愿蒙受恶名是好大夫。"(董狐,古之良史也,书法不隐。赵宣子,古之良大夫也,为法受恶。)

晋灵公和赵盾
灵公纵犬欲杀赵盾，反而被赵盾的堂侄所杀（汉代画像石）

庄王登场

与此相对，楚又是什么状况呢？在楚国，穆王把郑等变为盟国，势力扩展到黄河南岸，但是在位十二年后去世，楚庄王（公元前613—前591年在位）继位。

庄王是鲁文公十四年（公元前613年）继位的，当时国内大夫之间相争，而且文公十六年（公元前611年），楚国又遭遇大饥荒，加之受到南面蛮族和西北部庸国（据说从殷代就有的国家，位于湖北省西北部竹山县东南）等的入侵，一时饱受内忧外患侵扰。但是庄王虽然年轻却是位明君，举楚全国之力灭了庸国，渡过了这个危机，又起用人才完善内政，国势蒸蒸日上。结果就是刚才讲到的，楚于宣公元年（公元前608年）的北林之战中打败了晋。

问鼎轻重

庄王于宣公三年（公元前606年）讨伐了位于河南南部的陆浑戎（位于河南省西部伊河中游嵩县一带的部族，原本是生活在现在甘肃省西北部小戎的一支，僖公二十二年〔公元前638年〕受秦和晋的邀请，移居到南部），顺道进兵到洛水河畔，在周王室的国境边举行了盛大的阅兵式。周定王派大夫王孙满前去慰劳庄王，庄王向王孙满询问周室承继的九个宝鼎的大小轻重。对此，据说王孙满的回答是："鼎的轻重不是由大小决定的，是由持有鼎的天子的德行决定的。如果有德行，虽为小鼎也很重。"（在德不在鼎。德之修明，虽小，重也。）这段话虽说在《左传》里有记载，但这部分可能是公元前四世纪以后杜撰的。对王孙满的话，庄王又是如何回应的并没有记载。总之，这部分可能是为了表现庄王的意气高昂才加进去的。

宣公四年（公元前605年），楚国若敖氏叛乱，庄王好不容易平定了叛乱，安定了国家，同时讨伐了在晋楚之间反复摇摆的陈、宋、郑等国。为了稳固国家的后方，庄公又征讨了位于安徽省的群舒，甚至还去到滑汭，与吴、越盟誓而归。巩固了后方的江淮流域，楚国再一次向北发展。

庄王连年讨伐郑、陈等国，其间又常与它们会盟。这表明郑等国家被楚攻打就降伏，之后又马上向晋倒戈。《左传》"宣公十一年"记载了郑大夫子良的话："晋和楚都滥用武力，顺从进攻而来的一方就好。两方都靠不住，我方也没必要守信。"(晋、楚不务德而兵争,与其来者可也。晋、楚无信,我焉得有信。)

晋楚两国是如何争夺中间诸国的情况,由此可窥一斑。

邲之战

同一年楚庄王和郑、陈在辰陵(河南省淮阳县西,春秋时陈之地)盟誓,本以为这次总算让郑归顺了楚,哪曾想郑又追随了晋。恼怒的庄王于宣公十二年(公元前597年)围攻郑国都城。虽然郑国上下也抱着必死的决心拼命防御,但在历经三个多月的围城之后,楚还是攻下了郑的都城。楚军从皇门向中央广场涌来,郑侯裸袒上身牵着羊出来迎接,这是当时诸侯战败投降的规定仪式。之后郑请求讲和,所以庄王撤兵,允许恢复和平。但是听说了此事的晋派大军前往救援,途中却得到郑已经投降了楚国的消息。大将荀林父打算返回,中军副将先縠却反对说:"要是撤军失去霸主的颜面,还不如去死。"(由我失霸,不如死。)

然后先縠就率领部下渡黄河而去,晋军对此也不能坐视不理,最终全部南下。然而,晋军将领有的主战有的主和,军队内部意见不一,晋楚两军一度达成和议,可是主战派无视荀林父的命令挑起战端,最终两军之间展开激战。但是由于晋军内部意见的分歧,还没做好准备,楚庄王就亲自率军袭击晋军,导致晋的中军和下军全线溃退,士兵们争先恐后地乘船北渡黄河。后来者试图攀在船舷上登船,船上的人不让其登船,就斩断了他们的手,据说船上满是被斩断的手指。晋军完全陷入混乱。

这场战役的情况在《左传》里有详细的记录："日暮时分，楚在邲（春秋时郑之地。一种说法在河南省郑州市的东面，另一种说法是在武陟县东南，黄河北岸〔当时的黄河南岸〕，后一说法可能更准确）摆好军阵，运输队也到了。晋军未能布好军阵，争船渡河逃窜，喧嚣之声，彻夜不绝。"（及昏，楚师军于邲，晋之余师不能军，宵济，亦终夜有声。）这一战役被称为"邲之战"，是春秋时非常有名的大会战之一。

庄王进驻衡雍，在此祭祀黄河之神，并祭拜了祖先，向祖先告捷后归来。如此，楚国的威势大大凌驾于中原诸侯之上。在此之后庄王联齐抗晋，又联鲁伐宋，鲁、宋、郑、陈等中原诸国都屈从于楚国，而晋则失去了威望。楚庄王就这样成就了霸业。

春秋五霸

讲述春秋时代的历史通常是以霸主为中心的，前面讲到的齐桓公、晋文公是典型的代表人物。谈到春秋五霸，按一般的说法，这五个人是指齐桓公、晋文公、楚庄王、吴王夫差、越王勾践，也有一种说法是去掉吴王、越王，在齐桓、晋文之后加上秦穆公、宋襄公、楚庄王。至于将春秋霸主限定为五人，是战国时代以五行说（金、木、水、火、土五元素构成了人类生活必须遵循的五方面根本法则，世间万物依此有序运转。五霸也分别依从这五个法则）为依据而定的，实际上并没有限定霸主人数的必要。吴、越在历史的大舞台上活跃，是接

春秋五霸

近春秋末期的时候了，虽说同属春秋，但时代已发生了质的转变。倒不如认为，楚庄王的出现，是春秋时代的一个转折点，这种转折就是，尽管楚凭实力已经成就了霸业，但却不再像齐桓、晋文那样，召集诸侯举行会盟。也就是说，霸者本来理应将召集诸侯、维持以周王室为中心的中国文化作为目标，但这种领导中国的想法却没有出现在楚庄王身上。出现这种状况的原因之一，是周王室完全丧失了权威，另一个原因是以前被视为"蛮族"的楚成为历史的主导力量，已经无法在既往的意识下进行国家间结盟。正如前面提到的，事实上楚竭力吸收中原文化，意欲中原化，但是在历史上，当两种不同的文化产生接触，不太可能只有一方受到影响，特别是双方实力相当时，更是如此。这样一来，中原，以至中国的历史都因楚的出现发生了巨大转变。

南方文化

直到最近，东周特别是战国时代的遗迹才被大量发现，湖南长沙、湖北江陵或河南信阳等楚墓中出土的物品和北方中原的器物非常不同。比如，漆器随葬品非常丰富，这和漆是当地的特产有很大的关系。还有墓中的竹简（纸发明以前，文字写在竹片上，宽数厘米、长20～55厘米的竹片上一行写十个字左右，用皮绳串缀。"韦编三绝"就是说皮绳因多次翻阅而断裂）上写着随葬品的目录，其字形和北方也多少有些差异。被称为"镇墓兽"（放在墓里的木制涂漆怪兽，瞪眼、吐长舌、有角，有的身上有鳞纹。它的作用是守护坟墓，防止恶灵进入）的木雕彩绘怪兽等，是中原看不到的，这显示了南方文化的宗教观和中原相当不同。这一点还表现在，长沙发现的绢帛上记

战国时代墓中的怪兽，湖南长沙出土

录的神话或十二月神体系等，和中国的古典传统（这里指的是北方文化）截然不同。还有，著名的歌谣集《楚辞》所反映的精神世界和北方诗歌总集《诗经》也迥异。据此也不得不说，楚虽然逐渐中原化，但是直到战国末期，自身的文化印记仍很强烈。南北对立不仅仅存在于政治方面，也存在于文化方面。

武士的信义

楚庄王在邲之战后于宣公十五年（公元前594年）伐宋，宋派使者向晋求援。

晋的伯宗进谏说："现在天运在楚，晋不可能敌得过。"（天方授楚，未可与争；虽晋之强，能违天乎。）

伯宗制止了出兵，所以晋派解扬使宋，想让他传话给宋："晋派出全部军队，就快到了。"（晋师悉起，将至矣。）

但是解扬在路过郑时被郑人抓住交给了楚军。庄王劝他若能传话"晋让宋投降"就给他很多馈赠，劝了他三次他才答应，于是楚军将解扬押解在楼车上向城内的宋人喊话。可是解扬原话传达了晋侯的命令，楚王大怒，说要杀了不讲信义之人。但是解扬陈述，作为臣下的信义就是履行君命。最终庄王赦免了解扬，放他回国。那个时候晋军其实并没出动。这则故事不过是众多战争故事中的一个插曲而已，但是日本也流传着一个相似的故事。

那是武田胜赖包围德川家康的外城长筱城时的故事。[①] 从

[①] 指的是1575年的长筱之战，日本战国时代著名战役，织田信长和德川家康的联军以绝对优势击败了武田胜赖的军队。——编者

长筱城派到冈崎传令的鸟居强右卫门胜商，从家康处得令再次返回长筱的途中，被武田的军队捉住。胜赖逼他传话说援军不会来了，胜商装作答应胜赖，却大声喊话说："家康、信长的援军明天就到，要坚守城池。"这次事件是以胜商被杀、武田军大败而告终的。虽然解扬的故事和长筱之战的结果相反，但两则故事给人以相似之感，乱世中的武将身上都有一些共通的东西吧。

赵氏孤儿

由于楚庄王的霸业，一个全新的时代展开了，北边以晋为中心的势力和南边以楚为中心的势力之间开始了新的对抗。

一时间势头不振的晋国，在成公死后，由景公（公元前599—前581年在位）继位。不久长期执掌国政的赵盾去世，其子赵朔接任。奸臣屠岸贾任司寇之职，重提弑杀灵公旧事，将赵氏一族全部屠杀。只有刚出生的赵朔之子赵武在两位忠臣的保护下得以逃脱，之后复兴赵氏家族杀了屠岸贾。这个故事以"赵氏孤儿"之名被元曲采用，现在也成为京剧的演出剧目。不仅如此，这个故事后来还于1731年被法国传教士马若瑟（Joseph Henry de Prémare〔1666—1736年〕，法国耶稣会士，1698—1736年定居中国）译成法文，收录在《中华帝国全志》①里。1755年法国启蒙思想家、剧作家伏尔泰以法文

---

① 原书名为 Description de l'Empire de la Chine，法耶稣会士杜哈德（De Holde）编纂，1735年在巴黎刊行。这是一本居住在中国的传教士的报告集，在当时是研究中国的最权威的书籍，有英、德、俄译本。

译本为蓝本，创作了一部名为《中国孤儿》的戏剧，并亲自出演。忠臣的故事引起了欧洲人的兴趣。

征伐北狄

这一期间晋也并不是一味地受制于楚国的势力而退缩，实际上这个时期，晋的主要力量集中在北方。今山西省、河北省的北部山地很早就有叫作"狄"的部族居住，他们不断地南下，灭了卫、邢等国，但由于受到齐桓公和晋文公的征伐，暂时撤退了。文公死后，他们又再次南下，骚扰齐和晋。晋襄公亲自出征，在箕（春秋时晋之地，现在的山西省太原市南边、太谷县的东边）打败狄军，俘虏狄的一族白狄的酋长。但是晋付出了大将先轸战死的代价，由此可知战事非常激烈。

白狄的本族赤狄随后强盛起来，入侵齐、晋，因此晋在其他狄族部落和赤狄之间采用了离间计，结果众狄归附晋，孤立了赤狄。但是由于赤狄的势力很大，所以晋把景公的姐姐嫁给了其首领潞氏婴儿。宣公十五年（公元前594年），一个叫作酆舒的人出任潞的宰相，他非常专横，杀了婴儿的夫人还伤了婴儿的眼睛。晋侯听从伯宗的意见，派荀林父为将出兵，在曲梁（春秋时晋之地）打败赤狄的军队，攻下潞的都城，俘虏了婴儿。酆舒逃到卫，被卫人俘获遣送到晋，在晋被杀。

宣公十六年（公元前593年），晋紧接着讨伐并消灭了赤狄的甲氏、留吁、铎辰三支部落。成公三年（公元前588年），晋、卫联军又灭了赤狄的一支廧咎如。至此，以赤狄为首的山地部族基本被全部消灭，山西全境都成为晋的势力范围。

由此，晋的实力变得强盛，历史又再次以晋为中心开始转动起来。

郤克之怒

继续追溯历史事件。宣公十七年（公元前592年）春，晋景公派大夫郤克出使齐国，目的是劝齐今后也出席诸侯的会盟。齐顷公（公元前598—前582年在位）把宫女聚集在殿堂上，让她们躲在帐后看腿脚有残疾的郤克的洋相。宫女们看见郤克吃力地爬楼梯的样子笑出声来，郤克大怒，马上离开宫殿而去。

他在心里发誓说："不报此辱，再不过黄河。下次来时必报此仇。"（所不此报，无能涉河。）

郤克留下副使等待齐国的答复，自己向晋侯请求出兵，但被晋侯以不能因私怨动用国家军队为由拒绝了。

数年后，在成公二年（公元前589年）春，齐国进犯鲁国边境，试图援助鲁国的卫国也战败，于是两国派使臣去晋国求援。这时期正好郤克是晋的执政。郤克向晋侯要了八百乘之军，亲自率领中军，晋、鲁、卫、曹的联合军队于六月在鞌地（春秋时齐之地，现在山东省济南市南郊。据说这次战役中，晋军绕了鞌东边的华不注山三圈来追赶败走的齐军）和齐军对阵。齐侯没有给马披甲就径直攻过来。

这是一场非常激烈的战役。郤克也受了箭伤，血流满鞋，但他一直没有停止击鼓。就在他终于想下令撤退时，驾车的解张说："我也被箭射穿了手肘，都没时间拔出来，而是折断箭杆继续驾车。左边的车轮都被我的血染成了黑红色,我并没有说不行了之类的话。"(自始合,而矢贯余手及肘,余折以御。左轮朱殷,岂敢言病?吾子忍之。)并鼓励他说:"军队的眼睛和耳朵都维系在我们的战旗和战鼓声上,只要将领坚持努力就会成功。既然穿上盔甲,手执弓箭,本来就抱定了必死的决心。只要没死就振作起来吧!"(师之耳目,在吾旗鼓,进退从之。此车一人殿之,可以集事。若之何其以病败君之大事也?擐甲执兵,固即死也;病未及死,吾子勉之!)

解张左手执辔绳,腾出右手接过鼓槌亲自擂鼓,因此无法驭马,马乘势狂奔冲向敌阵。全军在这样的感召下不顾一切地往前冲,最终齐军全线溃败,晋军获得大胜。这时的齐顷公差一点就被活捉,右边(又叫车右,乘位在战车右边,主要任务是协助左侧的主将同时负责射箭,中间是驾车者)的逢丑父立刻充当替身,巧妙地让他逃走。从这一点也可以看出当时的战役有多激烈。联军乘势挺进齐都城临淄附近的马陉(春秋时齐之地),齐终于求和。

田埂

议和之际,晋国提出的条件是将齐国的田埂全部改成东西走向,把齐国的宝物纪甗送到晋,归还抢占的鲁和卫的土地。第一个条件是为了方便位于西面的晋军的战车进攻,结果只达成了第二和第三项。

在这场战役之后,晋侯遣使者去周进献战争中的俘虏。《左传》里记述,天子拒绝接见使者,并且说如果遵照王命讨伐夷狄还情有可原，但与王室关系深厚的叔侄两国之间互相攻打还向王室奉献战果，真是岂有此理。这场战役很大程度上源于郤克的私人恩怨，可以认为，人们正是为了谴责这点才借周王之语为这场战役作结。不管怎样，这反映出了大夫的权力正在不断增强。

大国和小国

另一方面，楚国当时因为与齐有同盟关系，为了救齐，率领郑、蔡、许的兵力进攻卫、鲁。两国不敌楚国，所以和楚国缔结了和约。楚国利用这个机会，不仅拉上齐、鲁、宋、卫、郑、陈、蔡、许、曹、邾、薛、鄫等中原诸国，还叫上西面的秦，在蜀地（在山东泰安东部，沿汶水一带）举行会盟。与此相对，成公五年（公元前586年），晋伐郑，与齐、鲁、宋、卫、郑、曹、邾、杞等诸侯在虫牢（也叫桐牢，河南封丘的北部）会盟。仔细分辨这两个分别以楚、晋为中心的同盟的参加国，我们会发现基本上是重复的。从这点可以看出，楚、晋两国是如何竭力拉拢中原诸国进自己阵营的，同时从另一个方面也可以看出，诸国是如何苦于这两国压迫的。

吴的建国

这个时期，南方出现了一支新的势力，那就是以今江苏省南部为中心兴起的吴。据传吴国与周本为同族，吴最初的太伯是周文王的伯父。据说太伯的父亲太王，因小儿子季历的儿子昌（也就是文王）是圣人，所以想将来把周的王位传给昌，于是就考虑让位于季历。知道了父亲心思的太伯就自己逃到了南方蛮族之地，文身并剪短头发以显示自己再不回周的决心，后来征服了蛮族建立了吴。但是，这个传说并不能就此相信。更可信的版本是，以苏州一带为中心的一个南方蛮族的酋长，通过不断征服周边强大起来，最后终于在春秋鲁成公（公元前590—前573年在位）时期出现在历史中。

从楚国逃亡到晋的申公巫臣，因为自己的族人被楚的令尹（宰相）子重等人所杀，财产也被抢分，十分恼怒，为报此怨，盯上了新兴的吴。巫臣获得晋景公的许可，亲自赴吴，训练吴兵车战和射箭的方法。他还让自己的儿子狐庸作为吴国外交使节，挑唆吴王寿梦屡次进犯楚，从侧面帮助晋。

晋的国威

成公十二年（公元前579年），宋大夫华元巧妙说服晋、楚两国，使两国盟誓从此互不侵犯，彼此救助灾患，共同讨伐不服从之国。也就是说，双方达成了一种休战协定。

在前一年，晋国厉公（公元前580—前574年在位）即位。由于休战，晋国对南方的顾虑减少，厉公马上开始关注西方，决定讨伐在陕西强大起来的秦国。于是他率领齐、鲁、宋等诸侯朝见周王，借此出兵。

另一方面，楚国也没有打算长久遵守这一纸条约，成公十五年（公元前576年），楚又进犯郑、卫，打破了和平。于是楚晋两国围绕着郑又再度兵戎相见，于次年在鄢陵（原本是鄢国，为郑武公所灭，改名鄢陵。位于现在河南省许昌市东的鄢陵县西北部地区）对峙，展开激烈交战。这次战役与前次的邲之战相反，以晋军的大胜而告终，楚王被晋将魏锜的箭射中眼部，乘夜色逃遁。

贵族左右国家

晋厉公虽然在外炫耀了国威，但在内政方面，为了防止大夫等贵族得势，左右政治，消灭了当时最有势力的郤氏。怀疑厉公方针的栾氏和中行氏对自身的处境感到不安，反过来袭击厉公并杀了他。厉公试图让晋的政治走向中央集权化，但由于贵族势力过强，实行这项方针还为时尚早。

之后继位的悼公（公元前573—前558年在位）整顿了内政后立刻救宋伐楚，又降郑讨陈等，向东方和南方出兵。不仅如此，他还在北部和戎族联手，更在西面联合秦制造事端。

虽然厉公、悼公时晋的势力是最为向外扩张的，但上文提到的栾氏等贵族势力也越发强盛。悼公死后，平公（公元前557—前532年在位）继位，发生了贵族间的权力之争，栾氏叛乱，范氏等贵族联合与之对抗。最终栾氏被灭，取而代之的范氏极尽专横。如此这般，晋的势力渐趋不振。

宋之会盟

诸国内部发生叛乱，而且夹在晋、楚之间为保自己国家疲于奔命，因此在中原诸国间寻求和平的时机已经到来了，这一点之后我们还会提到。宋的宰相向戌看到这个契机，就利用楚的令尹子木和晋的赵孟关系亲密这一点，推动两国和平，得到双方的认可。于是，襄公二十七年（公元前546年），晋、楚、宋、鲁、郑、蔡、陈、许、曹、卫的大夫在宋的都城会盟，约定保持和平。这次会盟，楚主张由晋、楚率领各自归顺的小国会晤，起誓先由楚国执牛耳，最终晋向楚做了很大的让步。

大国试图划定势力范围，并在此基础之上维持和平。因此小国最终在实力面前毫无办法，只好被迫向两个大国朝贡，承认自己的从属地位。由于这个和平协定的订立，在之后的十多年间，中原基本维持了和平。

综上，在"尊王攘夷的旗帜""问鼎轻重"这两章中，我们陈述了春秋时代大约三分之二时期内的政治局势，而且也提到各国内部逐渐发生了由贵族挑起的新政变。在下面的章节中，我们想以这样的社会变动为中心展开陈述；在此之前，插入介绍一下当时列国间举行的集会，按中国的说法，也就是会盟。

执牛耳

会盟就是以霸主和大国为中心举行的诸侯结盟的仪式。举行这个仪式时，割下祭品牛的左耳，用其血写盟书（也叫"载书"，"载"就是盟誓的语言，将此语言写在竹简上叫"盟"，杀祭品取其血，把祭品放到坑里，上放载书埋之，对神发誓），也就是条约。然后作为主持者的盟主歃血，之后参加的诸侯依次歃血，朗读盟书，向神发誓遵守约定。成为盟主叫作"执牛耳"（祭品牛的左耳），日语里的"牛耳る"就是从这个词来的。

最有名的是前面提到的齐桓、晋文举行的会盟，还有宋的议和会议——弭兵会盟。但是桓公和文公举行的会盟同宋的会盟之间有很大的差异。其一，前者为诸侯亲自参加会盟，彼此间是平等的关系；而后者则是诸国的大夫参会，且大国小国的差别明显。再有，前者尚且尊奉周王室，以维护中原社会为目的；而后者的会盟中已不见周王室踪迹，且主要是为了建立攻守同盟、签订和平条约。

国家群的形成

弭兵会盟之时，小国苦于大国的征敛需索，往往将独立性弃之不顾，但是另一方面又通过依附于大国保住其命脉，这样就形成了国家群。这样的国家群内部也举行会盟。这里我们可以以晋悼公在鲁襄公十一年（公元前562年）举行的会盟为例，其内容包括针对逃亡罪犯达成协定，禁止独占国家间的农业、山川物产，发誓相互援助等。这个时期虽然还将"协助周王室"作为条款加入盟约，但最主要的内容却是关于犯罪和经济方面的。这是与春秋前期会盟的不同之处，人们开始意识到这些新问题。在富国强兵基础之上，七个大国对立的战国格局逐渐形成了。

第四章　贤人宰相的出现

外交官的必要

如上一章所述，饱经战乱的中原地区迎来了暂时的和平，而且晋、楚之间基于一种力量均衡达成了协议，导演这和平一幕的不是别人，正是宋人向戌。宋国（殷帝乙的庶子——纣王的哥哥微子启在周成王时被分封的国家。以商丘〔今河南商丘〕为都城，继承了殷的祭祀，是一个以殷的遗民为主的国家）虽然是殷的子孙被分封而形成的一个有来头的国家，但它夹在晋和楚，有时是晋和齐之间，处境尴尬，因此试图寻找避免战火的方法。如此调停于大国之间，宋国总算实现了势力均衡的状态。

郑国也饱受晋国和楚国的压迫，经济上需要缴纳沉重的贡赋，因此为了保存国家，就要避免自己国家沦为战场，尽量减轻负担。

为德乎，为利乎

鲁襄公二十四年（公元前549年），此时晋国由范匄执政，他命令诸侯国向晋国缴纳很重的贡赋，所以郑国等国非常为难。郑简公为了减轻赋税前往晋国求情。那时郑国名卿子产（？—公元前522年）给范匄带去了一封信，内容如下：

"自从您执政以来，四方诸侯从没听说过您有德行的政绩，我们所听到的只是贡赋增加。我对此感到很不解。君子治理国家，不要考虑征敛财物，而是应该用心获取好名声。如果诸侯的宝物都聚集到了晋国，诸侯的心就会离散；如果您自己聚敛财富，晋国人民的心就会离散。那样的话还如何能保家卫国呢？反而因宝物而受到损害。大象就因为有漂亮的象牙而被杀害，这是一个道理。"（子为晋国，四邻诸侯不闻令德，而闻重币。侨也惑之。侨闻君子长国家者，非无贿之患，而无令名之难。夫诸侯之贿，聚于公室，则诸侯贰；若吾子赖之，则晋国贰。诸侯贰，则晋国坏；晋国坏，则子之家坏。何没没也？将焉用贿？……象有齿以焚其身，贿也。）

读了这封信的范匄担心起来，于是减轻了贡赋。这正是外交官的手腕。如此被各诸侯国认可了才智的子产，正是这个时期出现的新兴政治家和思想家。

子产的家世

当时郑国是由穆公（公元前627—前606年在位）的子孙七家，即被称作"七穆"（穆公的儿子，为卿大夫的七个家族，罕氏、驷氏、国氏、良氏、游氏、丰氏、印氏，或指七个家族同辈出身的子西、子展、子产、伯有、子大叔、之石、伯石）的氏族门第之人为卿执掌政权，子产也出自这七个家族之一。出任相当于总理大臣的正卿之位的是其中的驷氏和良氏两家，子产的家世要低一级。政治是以驷氏和良氏为中心展开的，对此，公子、下级的大夫、士等都心怀不满，加之私人恩怨，气氛险恶。

鲁襄公十年（公元前563年），诸侯大军在晋的率领下入侵郑国。战事方酣之际，尉止、司臣、侯晋、堵女父、子师仆等士阶层的有势力之辈率领叛乱分子袭击西宫，杀了摄政子驷等有权势的大臣，将郑简公劫持到北宫负隅顽抗。

诸卿之家惊慌失措，党徒们多携家财四散逃窜。但是，这个关头，被杀的司马（军事大臣）子国之子子产听闻叛乱，

郑子产的画像（明版《集古像赞》）

立刻加强大门守备，安排家人把守要所，紧紧封闭府库粮仓。做好万全的防备之后，他率领十七台战车攻打北宫。这时，公孙虿也率兵来援，杀死、驱逐尉止等人，平定了叛乱。从这个事件可以看出子产是一个沉着冷静、做事无懈可击的人。

保卫国家者何人

这次叛乱之后，子孔执掌郑国政权。他吸取叛乱教训，制定起誓公文，规定身份低下的士不能随便入宫，参加朝廷议事的仅限卿身份的大臣，大夫以下的只能履行其官职。但大夫以下的人士拒绝接受，局势再次动荡了起来。于是子产建议烧掉盟书。

子孔生气地说："制定盟书是为了执政，因众人发怒就烧了它，这成了众人当政，界限不清，怎么能保卫国家呢？"（为书以定国，众怒而焚之，是众为政也，国不亦难乎？）

子产说服他说："众怒无法压制，强行贯彻个人意志也很难做到。您已为摄政，就消除大家的不满吧。如果压制众人，不满累积就会招致祸端。"（众怒难犯，专欲难成，合二难以安国，危之道也。不如焚书以安众，子得所欲，众亦得安，不亦可乎？专欲无成，犯众兴祸，子必从之。）（"众怒难犯""众怒不可蓄"都是出自《左传》，意思是不可招惹众怒。）

子孔最后听取建议，烧了起誓公文，事件得以平息。

书生大谈政治

类似的故事还有很多。郑国的地方上有叫作"乡校"（乡是地域划分单位，请参考"时代转动"一章。乡校是相对于中央的国学来说的，从乡的性质来看主要是针对地方贵族的教育，也包括贵族以外的一些人）的学校，人们经常闲聚于此，议论大臣施政的好坏。一个叫然明的人说这太危险了，建议把学校毁掉。

子产说："议论一下大臣施政的好坏，大家认为好的我们就听取，认为不好的我们就改正。听取人们的议论，把它当作治病的良药不好吗？即使依仗权势封人之口，也无法让人永远保持沉默，就如同凭力量堵住山川之水是白费力气。"（以议执政之善否，其所善者，吾则行之；其所恶者，吾则改之。是吾师也，若之何毁之？我闻忠善以损怨，不闻作威以防怨。岂不遽止？然犹防川：大决所犯，伤人必多，吾不克救也；不如小决使道，不如吾闻而药之也。）

然明感叹说："我知道了您确实是可以成就大事的。"（今而后知吾子之信可事也。）可知听取众人的意见对政治的意义之大。

新的政治观

子产尊重众人的意见，这和以往的政治观非常不同。以前的国家政治，拿郑国来说，就是由叫作"七穆"的国君分支家族围绕国君来实施的，莫不如说政治是以国君为本家的一族私有物。但是到了春秋的后半期，凭这种政治观已经无法统治国家。其原因之一，就像下一章中也陈述到的那样，下级士阶层的言论强大起来，而且国家的构成也不断发生变化。例如以前说到国家,就是以国君为首的贵族居住的国都而已,也就是都市国家。

但是到了这个时期,地方上也出现了很多都市,而且如果管理不好叫作"野"(所谓的"国"和现在的"国"的观念不同,意思是京城,"野"指地方。都、鄙、乡、遂等也是将国都和地方对比表达的词语。参照"时代转动"一章)的农村地区,也会国家不保。过去只要国都内安定,就不会起太大的风波,换句话说,只要主要贵族之间做好协调就万事大吉了。但是现在范围已经扩展了,再进一步发展就是战国的领土国家。伴随着这种变化,政治形态当然也必须发生改变。最早看透这个问题的就是子产。以前操控政治的群体和国家是一体的,在这个时代发生了分离,应该说国家从贵族集团中独立了出去。

政治家的责任

这种关于国家的思维方式也给对政治家责任的思考带来了新的理念。鲁昭公十六年(公元前526年),晋的韩起作为使者来到郑。在招待宴上,一个叫孔张的人出了个错。

之后有人说:"招待大国使者却犯了错误,我们会被鄙视,有失国之体面。有那样的人是您的耻辱。"(夫大国之人,不可不慎也。几为之笑而不陵我?我皆有礼,夫犹鄙我。国而无礼,何以求荣?孔张失位,吾子之耻也。)

子产愤然回答说:"国政治理混乱,命令不被遵守,使百姓疲惫不堪,招致诸侯入侵,这是我的耻辱。(孔张)不过是搞错自己的席位,说什么责任在执政者之类的话,真是荒唐。"(发命之不衷,出令之不信,刑之颇类,狱之放纷,会朝之不敬,使命之不听,取陵于大国,罢民而无功,罪及而弗知,侨之耻也。孔张,……侨焉得耻之?辟邪之人而皆及执政,是先王无刑罚也。子宁以他规我。)

子产认为,政治家治国是本分,不应该为一些私人之事担责。这种想法和之后的官僚政治是一脉相承的。

礼的意义

这则史料也提出了另一个问题,那就是对"礼"(本来是禁忌所衍生的宗教观念,到周朝时把"礼"作为统治原则,但是依然包含很强的宗教礼仪的成分)的思考。像席间位次问题也是礼,在宴会和仪式的时候这样的事情曾被争论不休。但是在子产看来,这都是小问题。倒不如说对子产来说,所谓的"礼"是统治世界的原则,是政治成立的客观秩序。这种观念后来变成了孔子的思想并开花结实。

天道远,人道迩

昭公十八年(公元前524年),中原地区遭大风袭击,宋、卫等地发生大火,郑的都城也未能幸免。然而,实际上前一年郑的占卜师通过占星,预言了这场火灾,曾劝子产消灾,却没被听从。这次大火之后,占卜师说火灾还会再发生,都城里人心动摇,甚至有人想要迁都。

子产说:"天道深奥,人道浅显。天道是人的智慧不可企及的,人怎会知道?只不过多言之人偶尔说中罢了。"(天道远,人道迩,非所及也,何以知之。灶焉知天道?是亦多言矣,岂不或信?)

子产并未理睬此事。那之后,郑国也没有再发生火灾。这就清楚地区分了超人力的世界和人力的世界,从这里可以看到人类理性主义的萌芽。("务民之义,敬鬼神而远之,可谓知也",这是《论语·雍也》中孔子的话,明显地意识到了政治和宗教的分化。)这种理性主义的思维另一方面则体现在抱有政治理想的子产的政策上。

颁布成文法

《左传》载昭公六年(公元前536年),"三月,郑人铸刑书"。郑人决定把刑法铸在青铜之鼎上,以此昭示百姓。这是中国最早的成文法(据《左传》记载,昭公二十九年〔公元前513年〕,晋国把刑法铸在铁鼎上,定公八年〔公元前502年〕郑把刑法写在竹简上),这个郑人就是子产。

和子产关系密切、也同为贤人的晋国叔向马上写信责备他说:"我看错你了。从前的圣贤先王不制定刑法,这是害怕百姓产生争夺之心。百姓要是知道了惩罚规则,就会把法律作依据,认为赢了就有所获,从而进行争执。这样一来就会统治不住,诉讼增多,贿赂猖獗,你死后郑国也就完了。"(始吾有虞于子,今则已矣。昔先王议事以制,不为刑辟,惧民之有争心也。……民知争端矣,将弃礼而征于书。……乱狱滋丰,贿赂并行,终子之世,郑其败乎!)

子产回信说："确实如您所说，但是我没法考虑将来的事，挽救当世是当务之急。"（若吾子之言，侨不才，不能及子孙，吾以救世也。）

这就是说要正视现实，并将其合理解决。诚然，这个时代的社会情况普遍比较混乱，但是之所以必须采用这样合理的法治主义，还有其他原因。

改革政治

襄公三十年（公元前543年），子产受执政子皮的委任成为宰相。无论在都城还是在地方，他都明确区别身份，按身份贵贱规定服饰。他还整理农田区划，组成五人组。他任用忠实谨慎之人，惩罚骄奢逞强之辈，并不顾及他们的贵族身份。他还在政事上起用冯简子、子大叔、公孙挥、裨谌（据说冯简子能决断大事；子大叔貌美俊秀彬彬有礼；公孙挥精通外国之事；裨谌善于谋事，特别是在野外谋划总能获得成功）等有能力的人才。这些政治改革当然遭到了反对。

甚至有人编歌谣说："征收田税，麻烦的五人组，谁要去杀子产，我们助他一臂之力。"（取我衣冠而褚之，取我田畴而伍之，孰杀子产，吾其与之。）

但是三年过后，歌谣变成："这么丰收的田地，是谁使它增加收入？重要的人呀（子产），祝你长寿，没人能继承你啊。"（我有田畴，子产殖之。子产而死，谁其嗣之？）

改革逐渐取得了成功。但是按照弭兵之盟的规定，郑等小国必须向两个大国朝贡，而且其贡赋越来越重，郑国必须想个办法确保财源。昭公四年（公元前538年），子产新设了丘赋税，就是按照叫作"丘"的行政区划单位确定缴纳税额。

人们责难说："他的父亲死在路上，他自己就是蝎子尾巴，这种人掌管国家，国家会怎样呢？"（其父死于路，己为虿尾，以令于国，国将若之何？）子产的父亲早在内乱中被杀。

子产说："只要是为了国家的利益，我死也无妨。我听说要想做好事，就不能改变法度。百姓不可放纵，法度不可改变。"（苟利社稷，死生以之。吾闻为善者不改其度，故能有济也。民不可逞，度不可改。）

为了执行新政，不能只是听取前人的意见，有时也有必要采取强硬的做法，而法度是其保证。这一点让人想起之后的官僚，特别是被称为"法家"（战国的吴起、商鞅等人都属于这一派的政治家，韩非子是其思想集大成者）的那些人。但是如果有法，政治家也被束缚在框框里，不能任性而为；再加上子产这个人，连孔子都称赞他有作为君子的"四德"，即行己恭、事人敬、养民惠、使民义，所以，郑国才国泰民安。这和之后的法家流派的官僚很不同。

女祸

在齐国，崔杼作为大臣治理国家。给他驾车的有一个叫东郭偃的人，东郭偃的姐姐是个美貌的孀妇。崔杼一见钟情，娶为妻子。可是麻烦的是齐庄公（公元前553—前548年在位）和这个女人通奸，一再到崔氏家，而且把崔杼的帽子随便赐给别人。崔杼怀恨在心，伺机报复庄公。碰巧一个名叫贾举的庄公内侍也怀恨庄公，两人就商定寻找机会。

襄公二十五年（公元前548年）夏天五月，莒国国君造访齐国。庄公在都城临淄郊外设飨招待，崔杼缺席。庄公第二天到崔氏家探病，又纠缠崔氏夫人不放。夫人进入起居室后，和崔杼悄悄从侧门溜出，庄公在外面拍着柱子唱歌唤夫人出来。贾举让庄公的随从等在外面，关上了院门，崔杼的家仆们一哄而起袭击了庄公，庄公想方设法求救，最后还是被杀了。公孙敖、申蒯等很多人都死在崔氏府邸，也有些人是后来赶来战死的。

那时贵族晏婴（？—公元前500年）的态度略有不同。他一直站在门前，手下人问他是不是也做了一死的决心，晏婴回答说："又不是只有我是臣下，他是我一个人的国君吗？我为什么要为他而死？"（独吾君也乎哉，吾死也？）

手下人问："那你逃亡国外吗？"（行乎？）

"是我的罪过吗？我为什么要逃亡？"（吾罪也乎哉，吾亡也？）

"回去吗？"（归乎？）

晏婴说："国君死了，没法回去。作为国君，应该主持国政；作为臣下，不是只领取国君的俸禄，而是要辅佐国君治理国家。所以如果国君为国家而死，臣下也死；为国家而逃亡，臣下也逃亡。即使是君主，如果是为自己的事而死，作为臣下何用负责。"（君死安归。君民者，岂以陵民，社稷是主；臣君者，岂为其口实，社稷是养。故君为社稷死，则死之；为社稷亡，则亡之。若为己死而为己亡，非其私昵，谁敢任之。）

随后门开了，他进去头枕着庄公尸体的大腿哭，三次顿足之后回去了。（原文为"枕尸股而哭""三踊而出"。"哭"是大声哭泣，"踊"是跳跃，都是表示剧烈哀悼心情的礼法。《礼记》《仪礼》等关于礼的书中有详细记载。）崔杼的家臣都劝他杀了晏婴，但是崔杼制止了。

他说："他在百姓中有威望，杀了他会失去民心。"（民之望也，舍之，得民。）

人的权威

这个故事记载在《左传》里，其中重要的一点是臣和君主的关系并没有被认定是无条件服从的关系，两者之所以结合在一起，正是因为有国家的存在。如果没有国家，君和臣彼此之间就是没有关系、没有责任的。再进一步深化这个理念的话，那就是作为臣，其责任只是针对国家的；还有，无论是基于什么样的关系，人与人之间都不应该形成隶属关系，从而确立了人的权威。这可以说是进一步发展了子产的思想。

晏婴的家世

为什么会出现这种思维方式的差异呢？可以说是两人出身不同的原因。子产出身于郑国的"七穆"之家，这个家族的出身虽然不能轻易成为总理大臣级别的正卿，但总归能成为大臣级别的卿。而与此不同，晏婴是出身于齐国乡间的贵族，很难担任卿，最多只能担任辅佐卿的职位。因此像这个时候，齐国由国氏、高氏、崔氏或者庆氏这样的世卿家族执掌政权,那么晏氏这种家族往往就处于被支配地位,由此便产生了上面所说的思维方式差异。但是,晏婴辅佐了灵公(公元前581—前554年在位)、庄公(公元前553—前548年在位)、景公(公元前547—前490年在位),一直做到正卿之位。这就是说,即使是齐国,也在逐渐由重门第向重人才转变。

势力的均衡

另一方面,这样的人物走上历史舞台还有别的理由,那就是诸国内部贵族间的势力均衡。比如,像存在"七穆"这样多个大贵族的国家,有时也会出现强有力的独裁一族,但更多情况下是相互牵制,呈现一种势均力敌的状态。这种情况下,这些贵族中才能杰出的人物就被当作决断者推任为宰相。而且当下层大夫、士的势力强大时,也需要这种人物去维持大贵族和下层阶级之间的均衡。齐国的大贵族较少,只有崔氏和庆氏等有限的几家,所以就从下一阶层拉出一个晏婴这样的人物。但是这些贤能之士活跃的时期,正处在国际上弭兵会盟后各方势力均衡的时代,各国疲于战争,国内大贵族政治失利,社会基础即将崩塌。这些贤能之士此时登场,开拓了一些新的思想,并执行了一些新的政策,为下一个时代到来做了铺垫。

第五章　贵族社会的崩溃、孔子的出现

晏婴使晋

昭公三年（公元前539年），齐国大臣晏婴出使晋国。那时晋的贤人，也是晋的政治顾问叔向宴请晏婴，与之畅谈。其间话题转向各自的国家。

对叔向的提问，晏婴这样回答："齐国已经是末世。国家已经是陈氏（祖先是陈厉公〔公元前706—前700年在位〕的儿子完。庄公二十二年〔公元前672年〕陈国发生内乱，完逃到齐国，为齐桓公效力，当时就有预言说他将来会夺取齐国）的了。公室抛弃百姓，使他们归附陈氏。陈氏使用比公室更大的量器，用大量器借给百姓粮食，却用公室的小量器回收。而且买木材、盐、鱼等，陈氏的都更便宜。在税收上，公室收取百姓收入的三分之二，百姓只有剩下的三分之一用来吃穿。

老年人挨饿受冻,可是公室谷仓里的米都生虫了。这样一来当然犯罪的多了,据说市场上鞋子便宜假足昂贵,这是因为砍脚的刑罚多,假足货源不足。百姓处于这样的疾苦中,有人稍加安抚,百姓就会把那人当父母一般拥戴,就如同水往低处流一样,大家都归附那个人。"(此季世也,吾弗知。齐其为陈氏矣。公弃其民,而归于陈氏。齐旧四量:豆、区、釜、钟。四升为豆,各自其四,以登于釜,釜十则钟。陈氏三量皆登一焉,钟乃大矣。以家量贷,而以公量收之。山木如市,弗加于山;鱼盐蜃蛤,弗加于海。民参其力,二入于公,而衣食其一。公聚朽蠹,而三老冻馁。国之诸市,屦贱踊贵。民人痛疾,而或燠休之,其爱之如父母,而归之如流水。)

叔向也说:"是的。我们的公室现在也到末世了。兵车没有战马,大臣也不整饬主管的军队,步兵队长没有像样的人。百姓疲病,道路上饿死的人随处可见,但宫室更加奢侈,为所欲为。所以百姓听到公室的命令,就像厌恶仇敌一样。从前公室的肱骨栾、郤、胥、原、狐、续、庆、伯,这八个大家族的后人已经沦为低下的吏役。政权由大夫之家执掌,国君却日复一日耽于享乐。所以公室的没落已是能预见的了,根本不可能长久。"(然。虽吾公室,今亦季世也。戎马不驾,卿无军行;公乘无人,卒列无长。庶民罢敝,而宫室滋侈。道殣相望,而女富溢尤。民闻公命,如逃寇仇。栾、郤、胥、原、狐、续、庆、伯,降在皂隶。政在家门,民无所依。君日不悛,以乐慆忧。公室之卑,其何日之有?谗鼎之铭曰:'昧旦丕显,后世犹息。'况日不悛，其能久乎？）

晏子说："那你打算怎么办呢？"（子将若何？）

叔向回答说："不是常说嘛，公室要没落时，首先是宗族像枝叶一样先落下来，之后就是公室的衰亡了。我的一宗有十一族，只有羊舌氏一支还在。我又没有儿子，公室又靠不住，能够得到善终就是万幸，还能指望怎么样呢？"（晋之公族尽矣。肸闻之，公室将卑，其宗族枝叶先落，则公从之。肸之宗十一族，唯羊舌氏在而已。肸又无子，公室无度，幸而得死，岂其获祀。）

以上对话都记载于《左传》中。

封建制度的崩溃

晏婴和叔向的对话是否真是这样展开，还是有些疑问的，但是对话很真实地反映了春秋后半期社会的变化。

就像在讲西周时代时所说的那样，周王朝为了统治中国，实施封建制度，把土地和百姓分封给诸侯，诸侯对其拥有支配和收税权力的同时，也有义务效忠于周王室。因此这个制度的基础是土地的赐予，这要由周王认可并赋予其权威。诸侯国内部也小规模地实施这种方法，诸侯把土地分封给贵族，贵族有义务统领地方并效忠于诸侯。但是如前所述，周王室在春秋初期任意交换封地，自己动摇了制度的根基；诸侯相互之间又都在努力扩张自身领土。在诸国内部，贵族间也在不断上演土地争夺，于是土地就逐渐集中到了少数大贵族手中。（据西周后期的金文记载，那个时代西安的宗周一带，土地集中在有势力的贵族手中。到了春秋时代，这种现象更普遍。）这样一来，其国家内部的封建制度的秩序就瓦解了，开始了彼此之间的相互争斗。

渴望土地

比如在晋国，大贵族先克夺走了蒯得的领地，于是蒯得联合对先克抱有不满的箕郑父、士穀等人攻杀了先克，挑起了内乱。再比如在郑国，不满于子孔的政治专断，子展、子西等杀了子孔，瓜分了其财产。

其中最为过分的是下面这件事。鲁襄公二十四年（公元前549年），由于洪水，位于成周的周王城被毁，齐国负责修缮。利用这个机会，齐大夫乌馀擅自把廪丘城邑（春秋时代齐的封邑，离鲁近，襄公二十六年〔公元前547年〕，鲁军曾攻打其外城）献给了晋的执政范匄，在范匄的援助下，占领了卫的羊角和鲁的高鲁（这三地是当时卫、齐、鲁的国境地带）两座城邑，划为自己的领地，进而又夺取了宋的城邑。范匄为满足己欲认可了此事。这个时期晋还是雄踞中原与楚抗衡、统帅诸国的盟主，所以如果真心想维持中原秩序，范匄就应该征讨乌馀，把城邑归还给各国。可是他岂止是默认了此事，自己还获得一城，丢尽了作为盟主的晋的颜面，中原的秩序、封建制度的崩溃也是当然的了。这个问题的解决，是在襄公二十七年（公元前546年），成为新执政的赵武（赵盾之孙、赵朔之子。《赵氏孤儿》就是说的赵武之事，他在程婴、公孙杵臼两位忠臣的帮助下逃过屠岸贾的魔爪，长大之后成为晋国的卿，辅佐悼公）把城邑归还了各自国家，抓捕了乌余。晋这才挽回了盟主的面子，诸侯再次亲顺晋国。

贵族制度的没落

土地像这样被随意交换，封建制度难以为继，在此基础之上建立的贵族政治也无法维持了。而且这个时代如果国家内部因争夺王位继承权而发生内乱，贵族之间也会发生争斗。这样自古以来以诸侯为中心组成国家的名门望族就逐渐减少了。以晋国为例，从前面叔向的话中可知，晋的贵族大都消亡了。春秋末期，历史上出现的晋国大族是韩、魏、赵、范、智（知）、中行这六氏，完全不同于以前了，从中即可窥见变动有多么剧烈。另外，晋的公室也逐渐失势，基本失去了政治权力。

在齐国，曾经世代为卿的高氏、国氏衰微后，崔氏、庆氏成为执政。出身于崔氏的崔杼杀了庄公，而崔氏被庆氏所灭，庆氏又被其家臣卢蒲癸等联合其他贵族所灭。最后从陈逃亡过来做了大夫的陈氏灭了齐惠公的子孙栾氏、高氏（这个高氏并非前文的高氏），掌握了政权。

以上只是其中一例而已，除了大族间的更替，附属于大夫家的士阶层实力增强，也有大族被士阶层所灭。前一章也曾提到过，大夫、士对郑的"七穆"不满，国政几乎崩坏。子产把他们的意见反映在政治上，也显示了随着贵族制度的衰落，这些低一级的新阶层已经拥有了左右政治的实力。

三桓专权

更典型地反映了这种社会变动的例子，是鲁国三桓的专横跋扈。公元前609年，鲁文公去世，大夫东门遂杀了太子恶和其同母弟视，立了庶子出身的宣公。那之后鲁国国政的实权就被东门氏掌握。这个东门氏是庄公（公元前693—前662年在位）所出的一族。可是在鲁国还有季孙氏、孟孙氏、叔孙氏等公族非常强盛。他们都是桓公（公元前711—前694年在位）之子所出的家族，被统称为"三桓"，他们对所有的事务都有发言权。于是宣公十八年（公元前591年），东门遂之子归父试图利用宣公的信任，消灭三桓，加强公室的权力。但是此事由于那年宣公死亡而告败，归父反而被季文子驱逐。之后鲁国的政治就由以季氏为首的三家执掌。

襄公十一年（公元前562年），鲁国由原来的两军团编制改为三军团，三家各掌控一军，他们试图把国家军队彻底变成三家各自的私人军队。当时规定，编入军队的百姓不服兵役，要向国家缴纳替代之税。季氏让百姓把那部分税交给季氏，或者向季氏交了税就能免除向国家交税，不这样做的人税就加倍，于是百姓都追随季氏。据说孟氏和叔孙氏则是把百姓的一半归为自家。

之后昭公五年（公元前537年），三军再次改为两军，进而分成四组，季氏统领两组，孟氏和叔孙氏各统领一组。代替兵役的租税都由三家征收，三家再从中拿出一部分缴纳给公室。军事、政治、经济全由三家任意操控，公室彻底失去了对国家的控制。

昭公二十五年（公元前517年），昭公试图起兵攻打三桓，反而被逐出国境，终生再未能回国。由此鲁国进入了一段虚位时期。

阳虎制鲁

但是季氏的权力受到家臣阳虎的威胁。

定公五年（公元前505年），季氏的家族首领季平子过世。平子在昭公逃亡国外的七年间统治鲁国，那时他身佩鲁国重宝玉颈饰，所以家臣阳虎想把这玉颈饰放入平子的棺木陪葬。但是保管它的另一个家臣仲梁怀认为，这个颈饰本是国君之物，不应该是大夫平子使用的，便拒绝交付。从这件事开始，季氏内部就分成以阳虎为首的一派和其反对派，从而起了争斗。阳虎幽禁了主人季桓子（平子之子），赶走仲梁怀，甚至把桓子带到都城南门，让他发誓放逐一族中有势力的公父文伯等人。

成功控制了季氏的阳虎还压制孟氏和叔孙氏，觊觎鲁国的大权。以前三桓的贵族寡头政治，至此变成了发迹之徒阳虎的个人独裁。

定公八年（公元前502年），阳虎试图拉拢三家的不满之徒杀掉三桓的家族首领们，使三桓为自己一派掌控。但是这个计划很快被孟氏识破，于是双方在都城展开了激烈的巷战。援军从孟氏的领地郕（也写作"成"，春秋时代鲁国的城市，之后属于孟氏，成为其根据地。位于山东宁阳东，曲阜西北偏北25公里左右。曾一度成为晋的领地）赶来，战事以阳虎的败北而告终。阳虎逃进公宫，换上便装，夺走象征鲁国公位的宝玉和大弓两种神器，从容逃往齐国。鲁国政治再次回到三桓之手。

家臣抬头的原因

　　季氏阳虎是一个极端的例子，但其他两家，比如孟氏的公敛处父、叔孙氏的侯犯等也都是专横的家臣。这些家臣们为什么会变得这么有势力呢？

　　大夫等贵族之家相互兼并土地，只有有实力的家族日趋强大，其领地也不断扩大。家族首领无法亲自管理这些土地，于是命令家臣分担工作治理领地，特别是当贵族住在都城时，掌管领地的家臣和其领地、百姓密切接触，作为领主的贵族就被架空了。阳虎发动叛乱时，教唆他的就是季氏重要领地费邑（春秋时鲁国的城市，成为季氏的私人领地，位于现在山东省费县附近〔有西南说和北说〕。春秋鲁国还有一个费邑，是费伯的私人领地）的地方官子洩。

　　而且周代以来宗法制的血缘结构解体，同族关系疏离，不论是国家还是大夫豪族的事务，为了应对这种变化都逐渐需要官僚机构。家臣作为操作实务的官僚，便拥有了实际权力。另外在国家层面，就像前面讲述的那样，郑国执行了成文法，晋国也颁布了成文法。如此一来，与以往的习惯法时代不同，就需要法律专家。我们在"尊王攘夷的旗帜"一章中提到过曹刿的话"肉食者鄙，未能远谋"，这就反映了站在务实者立场上的下层士人的想法。

但也不是所有家臣都和自己的大夫主人对立。战国时代的官僚有很多同主君建立了对其服从并忠诚于其个人的关系，这种倾向早在春秋末年就已经出现了。鲁哀公十四年（公元前481年），在宋国，大夫向魋专横欲杀景公。景公求助大夫皇野，皇野命令家人出兵。族中年长者和旧家臣反对，而新家臣赞成出兵，最终皇野还是攻打了向魋。由此自然可知，皇野的家臣有新旧两派，另外我们还能知道，旧家臣跟皇野家族的关系更密切，新家臣则跟皇野本人关系更加紧密。可以想见这就是下个时代官僚群体的原型。

孔子诞生

当贤人子产和晏婴任宰相活跃在外交、政治的舞台，鲁国国内三桓垄断政治之时，鲁国诞生了一个伟大的思想家孔子（公元前551年—前479年）。孔子名丘，其父是士阶层的叔梁纥。孔子年幼丧父，之后随母亲离开故乡陬（春秋时代鲁国的城市，是孔子诞生之地。有说是孔子父亲叔梁纥治理的城邑，此说不可靠），搬到了都城曲阜。孔子十五岁志于学，到了三十岁左右在学问上确立了自己的观点。他在这期间效力于三桓中的季氏，据说他负责征收租税时，因做法公平受到人们的欢迎；负责畜牧时，家畜繁殖兴旺。但是孔子本身对三桓的专政是持批判态度的，昭公欲遏制三桓失败后，孔子逃亡到齐国。昭公死后，孔子回国，据说这个时期已经形成了孔子学派。之后阳虎掌控鲁国政治，那时季氏的家臣公山不狃唆使阳虎废掉三桓的家族首领，就是这个公山不狃聘请孔子，让他效力于季氏。这次叛乱如前所述以失败告终，据说那是定公八年（公元前502年）的事。

孔子走上仕途

　　第二年孔子首次供职于鲁国，治理一个叫中都（春秋时代鲁国的城市，位于现在山东省汶上县西）的城市。这个时期孔子的名声已经响彻全国，不能再被放置不理了。孔子任职一年，将中都治理得很好，所以又接任了司空，相当于建设工商大臣的职位，他同时还作为外交官大显身手。

　　定公十年（公元前500年），鲁侯到访齐国，在夹谷（山东莱芜南）与齐景公（公元前547—前490年在位）会面。齐国想把携带武器的异族士兵放进会场恫吓鲁侯，但孔子制止了这种做法，把会议引向有利鲁的方向，让齐国归还了从鲁国抢占的土地汶阳（春秋时期鲁之地，位于汶河北岸，现在的山东宁阳）。据《史记》记载，晏婴当时也作为齐相列席了会议。

　　孔子这时已被任命为大司寇，也就是最高法院院长，并兼任着外交官。定公十三年（公元前497年），孔子为了加强君权，遏制三桓，试图弱化三家的中心领地，欲拆毁三家各自领地——季氏的费、叔孙氏的郈（春秋时代鲁国的城市，封给了叔孙氏，成了叔孙氏的中心领地。位于现在的山东东平东南，距曲阜西北70公里左右）、孟氏的郕的城墙。孔子推荐弟子子路做季氏的家臣头领，子路说服季氏领地过于强大不利于家族，使季氏应允此事。

孔子像（宋代马远之作）

孔子去鲁

第二年，叔孙氏率先拆毁了郈的城墙，接着季氏也欲拆毁费的城墙，可是掌管费的家臣头领公山不狃反对此事，和叔孙辄等同时率兵攻打曲阜。孔子和定公以及三家的家族首领们逃到季氏宅，经过一番苦战打败叛军，公山不狃逃到齐国。但是三家之人也看穿了孔子的用心开始警惕，孔子最终下台。之后孔子离开鲁国去了卫国，开始了他的流浪生涯。

孔子游历诸国，继续和诸侯贵族们来往，阐述自己的政治思想，目标就是打倒大贵族，确立君权。这种思想当然会招致诸国贵族的反感。因此孔子在各国都遭到贵族们的反对，没有获得官职。也是出于这个原因吧，他还屡遭危难。

就这样，孔子最后明白了不可能实现理想，于是就回国了。彼时定公已经过世，鲁国到了哀公的时代，孔子六十九岁。据说直到后来七十三岁离世，孔子一直致力教育弟子们，编纂《诗》《书》，整理礼乐。

孔子的观点

孔子思想的根本是"仁"，也有观点认为是"忠恕"（宋代大学者朱熹解释说："尽己之谓忠，推己之谓恕。"《论语》说："其恕乎！己所不欲，勿施于人。"），所谓"忠"就是以诚意与人交往，"恕"就是宽容。这样做的基础是把自己和他人作为同样的人，认同彼此的人格，这也是作为"社会人"的觉醒。

这是一个不分贵族和百姓的通用原则，在孔子看来，倒不如说，应该通过是否掌握了这个原则来区分不同的人。《论语·里仁》里说的"君子喻于义，小人喻于利"就是指的这一点。孔子认为，人可以通过教育和修养来接近这个"义"，也就是原则，这里包含着孔子作为教育者的根本思想，也是在提倡教养的必要性。后世所说的"读书人"的产生，在孔子成立的儒学团体中就已经有了萌芽。因此孔子所认为的掌握这个原则的君子，并不是单纯凭借特殊技术和知识从事工作的实务者。

这种对人的理解当然不是孔子突然就思考出来的，而是继承了上一章所说到的子产和晏婴等前人的思想才总结出来的。但无论是子产还是晏婴，因为出身贵族社会，所以都和一般的下层百姓之间有隔阂。可是孔子超越了这条界线，把是否掌握了原则作为评判人的标准,这是因为孔子属于凭实力新登场的士阶层。

游说之士

《论语·里仁》说:"君子怀德,小人怀土。"

百姓离开了故乡、故土就无法生活,而君子若要脱离这种狭隘意义上的社会去追求原则、设法实现原则,就必须去到广阔的世界进行自由的活动,这和战国时代众多思想家游说诸国是一样的。这一点在孔子身上也体现得很明显。

当然,形成这样的局面,是因为在孔子的时代或其以前,中国范围内已经铺垫好了某种共通的基础。子产、晏婴或是晋的叔向等前一章中所叙述的人物,由于那个时代带来的危机感,不论是对政治还是对人都会进行意见的交换。他们并不只是进行思想的交流,作为外交官、政治家要进行的交流才是他们的主要任务,在这过程中自然就产生了思想碰撞。吴的季札(公元前576—前484年在世,吴王寿梦的小儿子。他是一位贤人,他父亲欲把王位传给他,但他固辞不受。因被分封在延陵,人称延陵季子)在襄公二十九年(公元前544年)出使鲁国,接着又游历了诸国。据说他当时在鲁国谈诗,和晏婴、子产谈论政治,还论述了卫、晋的将来。那些话是否都是季札所言尚有疑问,但是这种故事的流传无疑反映了春秋后半期的某个时代特点,那就是中国已经形成了共通的文化基础。有了这种基础,才出现了孔子。

孔子的局限

但是孔子的教导也有局限性,即他的教导是追求做人的原则,因此便是以教养为主,这使得他培养出的人才与社会需要的实务型人才恰恰相反。战国时代的儒家算是不得志的,实务派的法家却大行其道,可以说间接原因是在这里。尽管如此,孔子教学不只面向贵族,还向士农工商乃至盗贼出身的人开放,让他们通过做学问打开为官之途,这便是之后被称为"诸子百家"的众多思想家团体活跃开来的先河。

第六章　卧薪尝胆

打破和平

昭公十一年（公元前531年），楚灵王（公元前540—前529年在位）邀请蔡灵公（公元前542—前531年在位）到申。灵公的家臣说楚王是无信之人，阻止他前去，但是灵公不听，前往申地赴约。灵王招待灵公，趁其酩酊大醉，逮住并杀了他，楚公子弃疾又率军围攻蔡国。晋作为一方盟主不能置之不管，于是召集诸侯的大夫向楚表明要帮助蔡国，但是楚看穿了晋的胆怯，灭蔡国置县，封弃疾为该地的公。关于这个县的问题之后再说。由于这个事件，和平条约被撕毁，中原重新陷入战乱。这时晋的态度让其丧失了作为盟主的声望，齐也轻视晋。昭公十三年（公元前529年），楚发生内乱，平王（公元前528—前516年在位）取代灵王即位。趁此之机，晋派大军到平丘（河南省封丘县，位于黄河拐弯处西北），召集诸侯，举行会盟，营造了一时气盛之感。但是之后齐国屡次讨伐东方小国，入侵鲁，宋也又开始讨伐邾等国并与小国举行会盟，晋都无力制止，作为盟主没能维持和平。就如同叔向对晏婴说的那样，这个时期晋的公室涣散。《左传》里也记载，子产看透当时晋的实际情况说："晋国的政治由多个大夫之家执掌（国家政论不统一），无论我们是有二心还是不认真，晋都没有精力讨伐。晋士气不振容易被乘虚而入，根本无法保持国家气势。"（晋政多门，贰偷之不暇，何暇讨？国不竞亦陵，何国之为？）也就是说大夫之间的争权造成国家秩序涣散。

大夫争权

果然，定公十三年（公元前497年），晋发生了大内乱。当时晋的大族如前述是韩、魏、赵、范、智、中行六氏。卫国曾向晋进贡五百户百姓，现住于邯郸。赵氏的一族之长赵鞅命令驻守邯郸的同族赵午把这五百户百姓迁移到自己的私人领地晋阳（山西省太原市，赵氏的大本营），可是由于邯郸的人们不同意，赵鞅就传唤赵午并杀了他。赵午之子赵稷占据邯郸反叛。这个赵午又是中行文子（荀寅）姐妹之子，也就是中行文子的外甥，荀寅和范吉射又是亲戚，荀、范二人利用此机会攻打赵鞅，把他赶到晋阳，夺取了政权。

但是，范氏内部也发生了分裂，范皋夷联合智、韩、魏三家，胁迫晋侯出兵攻打范吉射、荀寅，范、荀二人败走朝歌（河南古城，沿京汉线，大体在安阳市和新乡市之间。殷代建有离宫，西周时候卫国被分封在此）。这样晋六家中剩下智、赵、韩、魏四家。由于这次内乱中，齐、郑、宋等出于本国的利益分成两派出手干预，最后晋花了前后八年时间才收拾了残局。之后智氏在晋的势力最为强大，晋侯的地位完全有名无实。

陈氏专权

另一方面，当时齐国在北方和晋形成对立之势。可是齐国内部也有高氏、国氏、陈氏三家，其中陈氏逐渐得势。齐景公（公元前547—前490年在位）一死，陈氏就联合鲍氏，击败了高氏、国氏，最终掌握了政权，并随意废立君主。

中原诸国中，像这样内部混乱的有很多，而小国本身基本都依附于大国，各国都根据自己的利益伺机而动，也没有了盟主，局势彻底失去了控制。大国内部反复上演着大贵族的争斗，因此无法发挥国力，中原呈现一片混乱状态。这个时期，南方出现了一股新的势力。

平王是霸主吗

昭公十二年（公元前530年），楚灵王派军围徐（安徽省泗县东，靠近江苏省边界。自古就有的国家，周穆王时灭亡，后来复兴），又亲自出阵乾溪，予以后援，在阵中过年。可是乘着灵王不在，国内大夫薳氏等作乱，灵王没能返回都城便死去了。随后由统治蔡的弃疾即位，是为平王（公元前528—前516年在位）。平王让曾经被楚所灭的陈、蔡两侯子孙复国，又把从郑夺取的土地归还给郑。《史记》《左传》等把这个平王视为霸主，可实际情况正相反。

吴趁楚内乱，屡次攻进楚国。昭公十七年（公元前525年），吴又起兵犯楚，在长岸（安徽省芜湖市北，长江沿岸）与楚开战。当时楚从上游攻吴并打败吴，缴获吴王乘坐的名为"余皇"的大船。楚把船打捞上来置于阵中，在船周围挖了深沟，布阵防守。吴的公子光认为，失去先王传下来的宝贵大船是全军的过失，发誓决一死战。吴军袭击楚军，打败楚军并夺回了余皇。从这个故事中可知船对吴来说有多么重要，也可知吴的军队是以水军为主的。

楚和北方的晋、郑对峙，也只是加强防备，到底没能发动进攻，从这一点也可以看出把平王视为霸主是有待商榷的。

平王误国

平王让伍奢做太子建的太师，费无极为少师，可是费无极不为太子所喜欢，所以他便计划对太子不利。昭公十九年（公元前523年），楚国决定从秦国迎娶太子妃，由于那个女子是个大美人，费无极就建议将她立为王的夫人，另迎娶别人为太子妃。

费无极还劝平王在城父（离乾溪近）建造大城，把太子赶出都城，派到那儿。如此费还不满足，第二年又报告王说太子和伍奢怨恨平王，和诸侯联合意欲发动叛乱，所以平王叫来伍奢严加指责。伍奢劝谏，可是招致平王大怒而被幽禁，平王命负责军事的城父奋阳杀掉太子。太子和伍奢之子伍员逃到郑

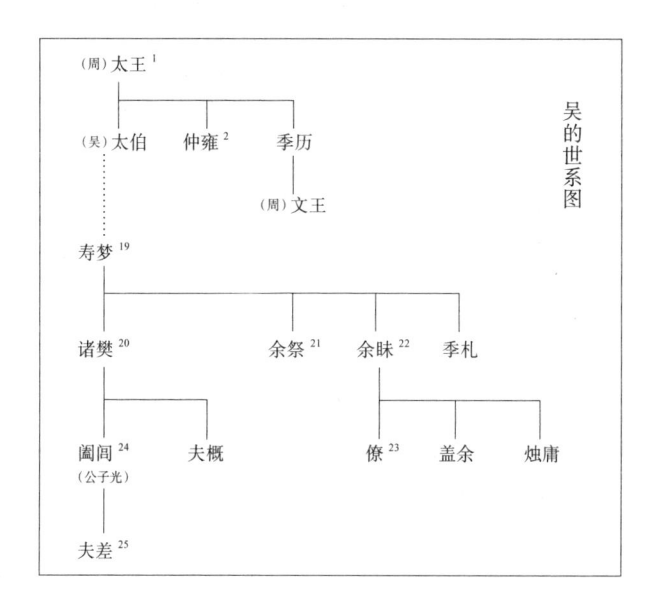

```
                 (周)太王 [1]
                    │
        ┌───────────┼───────────┐
     (吴)太伯     仲雍 [2]      季历
        ┊                        │
        ┊                     (周)文王
        ┊
      寿梦 [19]
        │
     ┌──┴──────┬────────┬──────┐
   诸樊 [20]  余祭 [21] 余眛 [22] 季札
     │                  │
  ┌──┴──┐        ┌──────┼──────┐
 阖闾 [24] 夫概  僚 [23] 盖余  烛庸
 (公子光)
     │
  夫差 [25]
```

吴的世系图

国，在此太子被杀，伍员又和太子的儿子胜一起逃到吴。平王杀了伍奢和伍员的哥哥伍尚。因此到了吴的伍员就频繁劝吴王进攻楚国。

吴的内情

吴从吴王寿梦（公元前585—前561年在位）时开始强大，经常和晋联手从侧面攻击楚。寿梦有四个儿子，最小的儿子是有名的贤人季札。寿梦想把王位传给季札，但季札固辞不受，所以即位的长子诸樊（公元前560—前548年在位）没把王位传给儿子而是传给了弟弟，意欲依次使王位传到季札那里。余眛（公元前543—前527年在位）想把王位传给季札，之后，季札仍不接受，于是余眛之子僚（公元前526—前515年在位）

即位。

另一方面,诸樊之子公子光将才出众,人物俊秀,作为将领多次打败楚国。而且他认为要是季札不即位,作为诸樊长男的自己应该即位,所以对僚的即位颇为不满。

伍子胥登场

逃出楚国的伍员到达吴国时,正是吴王僚在位时期。伍员字子胥,这个字号更有名一些。伍子胥到了吴国就看到了公子光的才能与抱负,并且知道了光在寻找刺客,于是就向光推荐了一个叫专诸的人。光意欲重用伍子胥,但是伍子胥却和胜一同住在乡下,等待光实现他的抱负。

昭公二十六年(公元前516年),楚平王去世,本应嫁给太子建,最终却成为平王夫人的秦女所生之子轸即位,这就是昭王(公元前516—前489年在位)。由于费无极利用职位专横跋扈的行为太多,楚国发生内乱,费被杀。

趁这场内乱,吴王僚任命两个弟弟为将,进攻楚国,包围潜邑(安徽省霍山县东),可是反而被楚军前后夹击,进退维谷,最后被包围起来。此时国民中威信很高的季札正好出使晋国。公子光趁此绝佳时机意欲杀害吴王僚。

专诸之死

光邀请吴王赴宴,嗅到危险的吴王从王宫到公子光宫殿的设宴地一路陈兵警戒,下令将可疑之人立杀无赦。光在地下密室藏兵,自己和亲信数人卸剑接待。

酒宴正酣之际，光称急病出屋，一瞬间吴王以及兵士都紧张起来。这时进来一个男子，士兵们吃惊相望，只见其徒手擎举一盘烤鱼，走近吴王的跟前做出献鱼的动作，突然吴王大叫一声掩胸倒下。当然几乎同时，男子的身体也被侍卫们的剑扎成了刺猬状。这个男子就是专诸，匕首被藏在烤鱼内。光的士兵从地下室一跃而出，最终击败了吴王僚的随从。

实现了抱负的公子光为王，称阖闾（公元前514—前496年在位）。阖闾让伍子胥担任行人（外交负责人）一职，参与政治，同时任用孙武为将，整顿军队。但是最近的研究对孙武这个人物的真实性提出很大的质疑，以往被认为是孙武所著的兵书《孙子》，据说实为战国时代前期的齐国孙膑所著。[①]

伍子胥鞭尸

伍子胥让吴王兵分三路，交替进攻楚国各处，使其疲于防备，再率大军进攻楚。定公二年（公元前508年），吴大破楚军于豫章（安徽省南部，长江北岸湖沼地带以北），又在巢邑（巢湖以东）打败楚军。如此楚国陷于被迫将国界后撤的境地。

定公四年（公元前506年），对楚国不信任的蔡（昭公十三年〔公元前529年〕，在楚的许可下复国）、唐两国邀吴攻楚。吴军在淮水入江处弃舟登陆，与楚军隔汉水对峙。楚的军

---

① 1972年，银雀山汉墓新出土了孙膑所著《孙膑兵法》，并不同于现世留存的《孙子兵法》，所以《孙子兵法》作者为孙膑这一结论已被推翻。文中有此观点是因为本书初版成书年代过早，附在书后的"解说"对此情况有补充说明。——编者

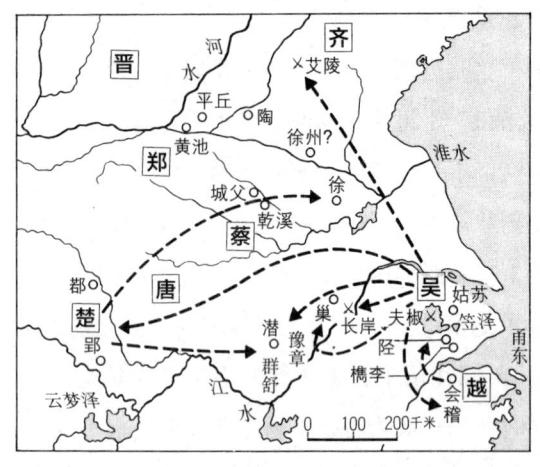

春秋后期南方形势图

中意见不统一，令尹子常突袭吴军反而被打败。吴追击楚军，将楚军逼到楚国都城郢。楚昭王使拖着着火木材的大象冲向吴军抵挡其攻势，最终出城逃到云梦泽（湖北省，长江和汉水汇合点偏西南，在长江沿岸一带，多沼泽）。吴军进入郢，按照各自相应的身份住进了楚的宫殿和贵族家中。伍子胥掘了楚平王的墓，拖出其尸骸鞭打三百下，报了父兄之仇。在中国掘墓是罪孽深重的行为，为人所恶，可知伍子胥是多么憎恨平王。

和申包胥之约

伍子胥原来在楚国的时候，有一位叫申包胥的好友。伍子胥从楚国逃走前，对申包胥说："我一定要颠覆楚国，报此仇。"（我必复楚国。）

包胥说："好！你若能颠覆楚国，我就一定能复兴楚国。"（勉之！子能复之，我必能兴之。）

吴军攻入郢，包胥受楚王之命赴秦国请求援军，因为楚昭王的母亲是秦的公主。但是秦哀公（公元前536—前501年在位）不答应，包胥就靠着秦宫室的墙，连续哭了七天。哀公被其诚意打动，决定发兵。

楚的残军和秦的援军夹击吴兵，大破吴军。越军又趁着吴军攻楚，攻入了吴国，吴王匆忙班师回国，和先回国意欲争夺王位的弟弟夫概产生冲突，最终取得胜利夺回了都城。夫概逃亡到楚。

楚昭王总算能回到都城郢，他奖赏申包胥，并把从吴逃亡而来的夫概分封到一个叫堂溪的地方。因为之后楚军又屡次败于吴军，楚人担心国家被灭，就把都城迁到鄀（也叫鄢郢，位于现在湖北宜城，汉水沿岸），改革政治，使国家得以安定下来。

关于越国

大禹建立了夏朝，据说他的直系子孙夏帝少康的庶子无余被分封到会稽，建立了越国。之后经过二十多世到了允常统治时期，越国入侵吴国，这在上文已经提及。都说吴是周的本族，而越却不同，但两国却常被并称为"吴越"，或被并称为"于越"等。可以想见当地自古以来语言相同，百姓都居住在长江下游三角洲地带并拥有相同的文化，其间形成吴和越两大势力。

《国语·越语》中，记载了伍子胥如是说："吴和越是仇敌关系，而且被众多河流环绕，百姓无处迁移。所以有吴就不能有越，有越就不能有吴，吴与越是不能并立的关系。"（夫吴之与越，仇雠敌战之国也。三江环之，民无所移。有吴则无越，有越则无吴，将不可改于是矣。）

为了通向北方中原，越必须灭掉吴国北上，同时吴为了解除其后顾之忧，也必须讨伐越国。

越和楚

越出现在春秋的历史上是在鲁宣公八年（公元前601年）。这一年因为群舒（居住在今安徽舒城、桐城、霍山一带的诸族，例如舒鸠、舒庸等）经常反叛，所以楚讨伐并灭了舒蓼。据说楚把直到安徽省东部的地区都纳为领土，确定国界，和吴、越盟誓。之后越常与楚联合攻打吴国，这是因为楚也效法吴晋联合使楚腹背受敌的做法，试图牵制吴。

对此恼怒的吴国在昭公三十二年（公元前510年）首次进攻越国。据传当时晋的史官占星说四十年内吴会被越打败。结果如上文所述，吴攻入楚的都城郢时，越攻入了吴。

卧薪

定公十四年（公元前496年），越王允常去世，勾践（公元前496—前465年在位）即位。吴王阖闾为报前几年之仇起兵攻打越国。越王勾践为防御敌军，在樵李（浙江嘉兴南）排兵布阵。越派出敢死队挑衅吴阵，吴军丝毫不为所动。

这时，越阵中有一队士兵出阵，每个人都把剑架在自己的脖子上。他们接近吴阵后说道："我们触犯了军令，在您马前失礼了，不敢逃避刑罚，下定决心受刑死在阵前。"（二君有治，臣奸旗鼓。不敏于君之行前，不敢逃刑，敢归死。）说罢自刎而死。第二队、第三队也一样。吴兵目瞪口呆，于是越军乘机猛攻，吴军大败。阖闾脚受重伤，虽然急忙撤了军，还是死在了陉（位于嘉兴市南，檇李以北）。据说阖闾死前让太子夫差不要忘了杀死他的是勾践。

夫差（公元前495—前473年在位）每夜睡在柴草上，借此感受身体的疼痛，提醒自己杀父之仇。他还安排一个手下站在院子里，自己每次进出房屋时，让手下喊："你忘了越王杀了你父亲的仇吗？"（夫差，而忘越王之杀而父乎？）他每次都发誓复仇。他还任命从楚逃亡到吴的大夫伯嚭为宰相，整顿军备，训练士兵，以待时机。

会稽之耻

鲁哀公元年（公元前494年），吴王夫差率领精兵攻打越国，在夫椒（江苏省南部太湖中的岛）大败越国，并乘胜追击攻到越国的都城。越王勾践率五千兵据守会稽山，命大夫种通过吴的宰相伯嚭请和。吴王欲宽恕，但伍子胥劝谏说："越王是个能忍受困境之人，今天不灭了他将来后悔莫及。"

夫差不听，听从伯嚭之言，与越讲和了。据说这个时候勾践放弃王的颜面，自称吴王的臣下，甚至让妻子做吴王的婢女。就这样夫差解除了会稽山之围，原谅了勾践。

尝胆

勾践回国后，亲自耕种田地，夫人则去织布。他节衣缩食，礼遇贤人宾客，帮助穷人，追悼死者，与百姓共劳苦，努力获取天时地利与人和。他还时常把苦胆放在身边，无论坐卧、饮食都要尝一下，感受苦涩的滋味，从而不忘会稽之耻，激起复仇之念。

勾践想把政治交给范蠡，但范蠡认为大夫种在政治上更出色，自己遂前往吴国做人质。毕竟让吴王夫差最忌惮的越臣范蠡亲自效力于吴，比什么都更能显示越对吴的归顺之心。

伍子胥多次向夫差进谏，傲慢的夫差并不接受。宰相伯嚭又多次从越收取贿赂，压下了伍子胥的进言。而且夫差从过去的复仇之念中解脱出来，极则必反，生出骄奢之心，便意欲重新建造宫殿。范蠡知道这个情况就通知勾践，让他从越送来良材二百根、美女五十人。这些美女中就有东施效颦故事（西施病痛的样子很美丽，所以村里有个女子效仿，却让人不忍目睹。借指模仿别人不可行）里的绝世美女西施。就这样在夫差沉溺于宠爱西施的期间，越王积蓄了国力，赢得了时间。范蠡在伯嚭的斡旋下，两年后获准回国。

吴的北进

但是夫差也并非一味地玩乐。他趁降伏越之势，于哀公六年（公元前489年）伐陈，七年与鲁结盟，第二年又伐鲁，接着于十年（公元前485年）和鲁联手伐齐，翌年意欲和鲁再次伐齐。这个时候勾践亲赴吴国，夫差自不待言，他甚至给吴的下级官吏都赠送了礼物。吴国上下大为欢喜，只有伍子胥看穿了这是越在挑动吴国，想让吴国疲于战事，遂进谏说，越才是应该讨伐之敌，越对于吴国来说就是身上的疾病，要是不根除此病，吴将灭亡。但是夫差没有听从。随后夫差伐齐，在艾陵（山东泰安南）大破齐军。据说班师回朝的夫差还对伍子胥说，他的担心和事实正相反，越国干不了什么。

属镂之剑

就这样夫差逐渐厌倦了伍子胥，派遣其出使齐国。这时候伍子胥已经对吴的将来绝望了，所以就携其子赴齐，将儿子委托给齐国大夫鲍氏后又返回吴国。夫差知道这件事后，认为伍子胥之所以反对对齐作战，是因为想和齐联手反吴，就派人给伍子胥送去一把叫"属镂"的宝剑，让他用这把名剑自杀。

伍子胥对来人说："请在我的墓上种上梓木，让其成为好的木材，吴国早晚要灭亡，可以用来做王的棺木。再把我的眼睛挖下来挂在吴的东门，这样就可以看到越国来攻灭吴了。"（必树吾墓上以梓，令可以为器；而抉吾眼县吴东门之上，以观越寇之入灭吴也。）说罢刎颈自杀。夫差听了使者的话大为光火，就把伍子胥的尸体装到皮袋里让人丢进了长江。

黄池之会

哀公十三年（公元前482年），志在做霸主的夫差于这一年在黄池（河南省封丘县南，与现在的开封市隔黄河相望）会见了诸侯，其时夫差同晋定公（公元前511—前475年在位）就谁任盟主之位发生了争执。

吴人说："从和周室的关系来说，我们拥有古老的家世。"（于周室，我为长。）

晋人说："在姬姓中，代代都是晋为霸主。"（于姬室，我为伯。）

双方争执不下，晋赵鞅大怒，欲伐吴。派去吴军刺探的人回来说："地位高贵之人气色不会差，吴王脸色却很差。估计是他的国家被打败了，要么就是他的太子亡故，请稍微等等。"（肉食者无墨。今吴王有墨，国胜乎？大子死乎？且夷德轻，不忍久，请少待之。）

实际上正如其所言，吴国面临空前的危难。

在夫差率精兵赴黄池之际，越王勾践袭击吴国，攻入都城，吴太子友被杀，而此时军中才刚刚获得报告。夫差把盟主之位让与定公，风平浪静地结束了会盟回国。但是由于屡次对外征讨，军队疲惫，王又经常在外，而且留守的太子还死了，所以吴国国内不稳，夫差给越国相送厚礼，才暂且获得了和平。

吴的灭亡

但是越王勾践不满足于此。哀公十七年（公元前478年），勾践进攻吴国，吴在笠泽（太湖东侧的平望湖）布阵防御。勾践除了主力三军外，在左右两翼布下诱敌之兵，夜间让左右擂鼓进军。趁吴军分成两路阻挡来兵之际，勾践率领主力部队过河，直袭吴军大本营并歼灭了吴军。这次战败后，吴国受到很大打击，从此一蹶不振。

哀公二十年（公元前475年），越军进入吴国，包围了其都城，并打败各地的吴军，围困了吴国三年，最终于哀公二十二年（公元前473年）灭了吴国。勾践怜悯劲敌夫差，欲将其逐到甬东（位于浙江省东海岸的舟山岛），赐其百户，使其残度余生。但是夫差说："我已经上了年纪，不能侍奉君王了。"（孤老矣，焉能事君？）遂自尽。据说夫差最后后悔不听伍子胥之言，信用伯嚭。勾践认为伯嚭是不忠之臣而杀了他，虽然勾践为了灭吴，曾充分利用过伯嚭。

勾践的霸业

灭了吴的勾践，也和曾经的吴一样向北进发并渡过长江、淮河入侵卫国，在徐州和齐、晋等诸侯举行会盟。据说周元王允许勾践称伯，而且诸侯也尊称勾践为霸主。但是，灭吴之后的越国情况并不十分清楚，就连徐州会盟中，勾践有没有作为盟主来试图维持中原秩序也不甚明了。

范蠡离开越国

帮助勾践的范蠡在吴国被灭之后，离开越国去了齐国从商。

他还给大夫种写信说："飞鸟没了，良弓就要被收藏起来；狡兔捕杀尽了，猎犬就会被杀了烹食。越王这个人只可与之共患难，不可与之共和平，你为何还不离越王而去？"（蜚鸟尽，良弓藏；狡兔死，走狗烹。越王为人长颈鸟喙，可与共患难，不可与共乐，子何不去？）

种看了这封信后称病闭门不出。于是有人谗害他，说他试图作乱，越王大怒，赐其宝剑，令其自杀。

而范蠡在齐国自称"鸱夷子皮"，又去了陶自称"朱公"。陶地可谓是四通八达的交易中心，据说范蠡在此经商，十九年间三次赚得千金（"千金之子不死于市""千金之子坐不垂堂"等说法中，千金指代大财主，意思是有钱人家的孩子在外可以用钱避祸，在家则不会坐在靠近门口处，怕被屋瓦掉下来砸着），其中两次都把钱尽数分给了穷苦之人。

但是这个故事有诸多疑点，也有人质疑范蠡这个人物本身的真实性。估计是若干人的故事都被挪到范蠡这个人物身上了。

岂止这点，与吴、越相关的有名的故事也有很多疑点。就比如"卧薪尝胆"这则故事，《左传》里没有记载，西施的故事也是后世才出现的。有关吴的北进，《左传》和《史记》里的《吴太伯世家》《伍子胥列传》叙述有很大出入，而且《史记》里也有重复之处。本书主要依据的《左传》也并非没有疑点，这就是古代史的难点所在。

如上所述，范蠡是存在很多疑点的人物，但这个人物曾出现在日本小学歌谣里。南北朝（日本的南北朝为1336年至1392年）初期，后醍醐天皇被流放到隐岐，一个叫儿岛高德的武士仰慕天皇，意欲在途中迎接天皇，但未能实现，于是就把诗刻在美作国院庄行宫庭院里的樱花树上,以示自己的忠诚。诗的其中一句是"天莫空勾践,时非无范蠡",而范蠡曾帮助勾践一雪会稽之耻,这是在把天皇比作勾践,把自己比作范蠡,向天皇表明自己也决意效仿此道,辅佐天皇。这个故事记载在《太平记》里,可见吴、越的故事很早就为日本所熟知。不过这个儿岛高德人物本身的真实性也是存疑的。儿岛高德的诗句成了小学歌谣,这也是曾经的皇国历史观之误。

其后有关越国的史实基本不详,到了勾践六世孙无疆(公元前342—前333年在位)伐楚大败,被楚威王(公元前339—前329年在位)所灭,这个时候已经是战国时代了。

南方的文化

如上所述,春秋时代后半期,长江下游地区的两个国家吴、越急速崛起,威胁楚和中原国家,然后两国互相不断激战,最后趋于灭亡。这两个国家拥有怎样的文化,给之后的中国文化留下怎样的影响,我们还不太清楚。

新石器时代后期,江苏省有青莲岗文化,南边的浙江省有良渚文化。这些新石器文化和殷、周的文化存在怎样的关系是今后的一个大课题。而且进入历史时代后,这个地区还存在"湖熟文化"(湖熟是江苏省南京市东南25公里附近的一个地方。因湖熟文化最初是在这里发现的,所以以其地名命名),其文化特性也未被充分研究。

有一个铸造于战国时代的"者汈钟",其铸造人者汈,据说是勾践四世孙越王翳的太子诸咎。翳王在位的第三十三年,把位于会稽的都城迁到曾经是吴都城所在地的姑苏，翳王在位的第三十六年被太子诸咎所杀。诸咎即位称"之侯"。这个钟是翳王十九年铸造的，可知为诸咎还是太子的时候的铸造之物。这些事仅凭这个钟的铭文是无法得知的，后来到了司马氏晋代时发现了战国时代魏国大事记《竹书纪年》，这些事是和此书记载的史实相对照之下才知道的。

这个钟的铭文里把越写作戉。殷代的甲骨文里也有叫戉的国名，所以有人认为殷代的戉就是之后的越，不过此事还不是十分确定。但是，由最近的考古调查可知，到了殷末周初这段时间，中原的势力已经影响到这个地区了。离江苏省很近的安徽省嘉山县（今明光市），发现了殷代晚期的遗迹；江苏省丹徒县（今镇江市丹徒区）、仪征县（已改市），还有浙江省屯溪（屯溪应属安徽省——编者）发现了西周前期的遗迹。

看这些遗迹，特别是看西周时代的遗迹，就会发现这些地方既有和中原所制相同的青铜器，同时还有中原没有的当地独有之物。另外，屯溪发现了数量众多的釉陶，从这点可以推论此地的制陶技术比中原还发达，而且这种釉陶技术影响了中原地区。但是这些到了西周中期就结束了，之后出现了刚才提到的湖熟文化。

但是再之后的文化情况反而不清楚了。比如最近，湖北省江陵县望山发掘的一个楚墓中出土了一把精美的青铜剑。这把剑的铭文用一种叫作"鸟书"（据说是夏王朝时代的文字，这种字体在楚、越等地主要用于武器铭文。其装饰风格独特，笔画由鸟形替代）的独特字体写着"越王鸠浅自作用剑"，也就是越王勾践亲自造了自用宝剑的意思。这种字体是吴、越南方独特的字体，其青铜剑的铸造技术也十分优秀，可知这个地方有相当了不起的文化。但是因为吴、越本身的遗迹未被充分调查，所以其文化特性无从知晓。

总之，国家这样急速兴起和衰亡的原因，还有其文化本质，这些方面究竟该如何研究、理解和阐释都是很大的课题。

第七章　时代转动

孙子兵法

孙子名武，齐国人。他是作为兵法家为官的第一人。而且据说他把自己的兵法整理成计、作战、谋攻、形、势、虚实、军争、九变、行军、地形、九地、火攻、用间十三篇，这就是我们现在所能看到的《孙子》一书。但是春秋时代没有把自己的学说总结成书的习惯（春秋时代的书主要以竹简为主，从孔子的韦编三绝就可知道。但是还没有为了表明自己的思想而写就的书）。因此，这本书与其说是孙子自己写的，倒不如说是其弟子或继承其流派的兵法家在战国后期写就的，这样考虑似乎更为妥当。

《史记·孙子吴起列传》记载，孙子拜见吴王阖闾，阖闾说他的十三篇自己都读过了，现在请他演示一下实际指挥军队的情形。孙子请人挑出宫中美女一百八十人，分成两队，派王的宠姬二人分别担任队长，令每个人拿上戟（给戈的头部安上矛，可以刺杀和横击两用，有2米左右的木柄。这种武器样式开始于西周时期，战国时代普遍起来）。随后，孙子教她们，如果喊"前"就看胸前方，喊"左"就看左手，喊"右"就看右手，喊"后"就看背后。然而一发号施令，因为是头一遭，女子们都笑作一团，杂然无章。反复发了几次号令后，女子们仍然笑个不停。于是孙子说，不服从命令是队长之罪，不顾阖闾间阻拦将两位宠姬斩首。他重新选了两个队长再次发号施令，这次则行动整齐，纹丝不乱。

这个故事是关于孙武的唯一记载，出自《史记·孙子吴起列传》。记载吴历史的《吴太伯世家》里没有出现这则故事，只单单出现了将军孙武其人。而《左传》里没有一处出现孙武，所以孙武这个人物或许并非真实存在，只是个虚构的人物。可能是战国兵法家孙膑越来越出名，后人便以他的祖先之名杜撰出了这么一个人物吧。

此话暂且不提，这个故事当然是虚构的，不过仍有一点需要注意，这则故事中提到的士兵队列的变动方式，是基于步兵密集队形的变动方式设计的。

战车是主力

殷、周时代到春秋时代的战法据说是以车战为主，步兵为辅。而且军队是以车骑的数量来计算的。万乘是天子之师，千乘是诸侯之师，其中包括战车、马匹、乘车人，以及随行步兵。诸侯以及士、大夫等贵族都乘战车作战。对贵族来说，驾驭马车、于车上搭弓射箭都是基本要求，而且擅长射御也是作为贵族男性的必修技能（射御以外，祭祀、宴会时应遵守的礼法，或者宴饮时善于作诗表达自己的想法也是需要掌握的技能）。

因此一旦作战，诸侯等将领的所乘之车是全军的中心，这一点从"问鼎轻重"一章中所述的齐晋"鞌之战"的故事里可以得到清楚的了解。但是使用战车作战，一旦出现混战局面，战车便很难自由移动，所以中途几乎无法重新调整队伍，再加上自然条件也使行动受到制约，所以战斗天数比较短。号称"春秋四大会战"中的城濮之战、邲之战、鞌之战只进行了一天，鄢陵之战也不过两天就决出了胜败。鄢陵之战第一天战斗结束后，夜里晋军匆忙进行车队整备的情形在《左传》里有描述。这种在车战中使用的战车是由两匹或四匹马牵引，车上乘有御者、车将和车右。御者居中，车将在左。武器使用弓和戈（戟）。首先在车上射箭，接近后用戈把对手拉近跟前，或把对手打落车下俘虏。除此以外，为了侦察敌军阵营，还配备了楼车，这在鄢陵之战的故事里都有记载。

实际上又有多少战车被使用呢？城濮之战中晋出动了七百乘，鞌之战中晋出动了八百乘，这都是大会战。除此以外，比如宣公二年（公元前607年）郑伐宋，郑缴获了宋的战车四百六十乘，可见当时有相当数量的战车参战。接近春秋末年，哀公十一年（公元前484年）的艾陵之战，吴缴获齐兵车八百乘、甲首三千（戴着头盔的首级之义，即斩获了三千名独当一面的杰出战士的首级）。另外，据称鲁国可以出动兵车八百乘。但是到了战国时代，国家变得强大，战争规模也扩大了，各国的兵车却大概只有一千乘，和春秋时相比没有太大的差异。这又该怎么理解呢？

走向步兵战

战国时代的战争主力是步兵，战车的重要性减弱了。因此，战国时代是以步兵的数量来体现军力的。据说楚有一百多万兵力，魏有七十万。但不可能到了战国时代才突然出现了这么多步兵，那么春秋时代有步兵吗？

战国时代的《孟子》《韩非子》等著作中记载，周代的军制为每辆战车配甲士十人；《诗经·鲁颂·閟宫》里又有"公车千乘……公徒三万"的说法，计算下来也就是一辆车配三十人，不知道实际是不是这样的比率。但是僖公二十八年（公元前632年）的城濮之战中，晋的七百乘战车是主力。与此相对，楚军中大夫若敖氏（楚第十四代王若敖熊仪的庶子斗伯比一脉。一族之中出了很多令尹，很有实力，拥有的私家兵也很多，因内乱而灭亡）家有六百步兵参战，而且这次战役中，晋俘虏了楚国步兵一千人，由此可知实际上有相当数量的步兵参战。鄢陵之战时也一样，在补充车兵的同时也补充了步兵。

这些步兵可能是附属于战车队的。但是在中原的郑、晋，很早以前步兵就独立了。比如隐公四年（公元前719年），记载了宋、陈等军打败了郑国步兵，襄公元年（公元前572年）、昭公二十年（公元前522年）也出现了郑的步兵。这可能是因为郑在河南省南部，位于淮水上游，河流、沼泽比较多，比起车队，步兵更方便吧。

而晋为了和住在山西山区的戎狄作战，需要步兵。为此，僖公二十八年（公元前632年），晋文公除了以往的三军外，还创建了三行。三军以战车为中心，而三行是步兵。还有昭公元年（公元前541年），晋在和狄的交战中自毁战车，编成步兵队。由此可知，山民狄也是步兵队。在"贵族社会的崩溃、孔子的出现"一章中提到的晋叔向之语"步兵队长没有像样的人"，也显示出晋已经有了步兵队。

另一方面，吴、越等南方军队也在使用步兵，《国语·吴语》就记载了一种步兵的密集队形：一队一百人，一共一万人。这在吴也是后期出现的，想来早期还是以靠船自由行动、登陆作战的轻装步兵（拥有简单的装备，能自由行动的小股军队，而《国语》中的密集步兵是重装备军队，进行集团战斗）为主。因为江淮三角地带也基本不可能使用战车。

所以前面提到的孙武的故事以吴王阖闾的时代为背景并非是没有原因的。吴本来就善于步兵战，那么把史上首位兵法家孙武训练步兵安排在吴国更说得通吧。晋、郑以外的中原诸国步兵之所以快速普及起来，想来也是因为南方吴、越势力的发展。比如昭公十九年（公元前523年），楚国创建水军，这是为了针对吴国，当然步兵是其主力。

战者何人

那么这样的军队是由哪些人编制而成的呢？据《左传》

等记载，这些军队是由被称为"国人"的群体编成的。所谓的国人就是居住在国都以及近郊，即被称为"乡"的地区里的人们，由诸侯的公室、大夫、士贵族等人构成。估计由这些人组建的军队是以各个族为单位的。比如前面提到的楚的若敖氏家有步兵六百，这个若敖氏就是楚国的大贵族。这个时期的军制状况无论哪个国家都不详，可能各国的军队都是这样以族为单位编成的。所以像《周礼》（也叫《周官》，是为了统一治理天下而规划理想行政组织的书。据传是周公制定的，实际上此书战国时代才成了现在的样子）中所载的井然有序的军队组织应该是不存在的。

乡遂制和军制		
乡（《周礼·地官司徒·大司徒》）	遂（《周礼·地官司徒·遂人》）	军（《周礼·地官司徒·小司徒》）
五家为比	五家为邻	五人为伍
五比为闾	五邻为里	五伍为两
四闾为族	四里为酂	四两为卒
五族为党	五酂为鄙	五卒为旅
五党为州	五鄙为县	五旅为师
五州为乡	五县为遂	五师为军

在《周礼》中，一军由一万二千五百人构成，军之将领为卿，其下有二千五百人的师、五百人的旅、一百人的卒、二十五人的两、五人的伍，都是以五的倍数构成的。估计以二十五人为两，是考虑了一辆战车的配置。但即便是春秋时代，随着强国的出现，像这样以族为单位，也就是数量上参差

不齐的单位组成的军队中，也已经因为指挥不便开始出现了别的组织形式。

以地域为单位的军队

例如僖公十五年（公元前645年），史书记载了晋国创建了州兵。这个州应该是由两千五百户构成的地域单位；所谓的兵，有军的意思，也有武器的意思，古时的"兵"常作"武器"解。也就是说，在州这级地域单位上创建了配备兵器的组织。晋国同年划分出叫作"爰田"（爰就是变更的意思，爰田就是将国家收入的田租做一下变更，给予有功绩的战士。不清楚是奖给田地本身还是仅奖赏田租）的新田，把这作为给战士的奖赏。由此可见，晋较早开始把军制和地域组织相结合。只是这里所说的"州"，是国都被称为"乡"的地域中的一部分，表明晋的兵制还是以贵族为中心的，只是以地域为单位进行了重新编制。因此可以推测，爰田也在国都近郊。晋自文公以来，几乎整个春秋时期都很强大，大概是因为像这样提前一步让军制适应地域组织，较早地创建起军国性质的组织。

还有齐国，据《国语·齐语》和《管子·小匡》等记载，以国人的乡为地域组织创建了三军，据说中军由齐公指挥，上下两军由被称为"上乡"的大贵族的家族首领国子、高子指挥。如"尊王攘夷的旗帜"一章中所见，据说这是管仲的政策，是桓公称霸的原动力。这也是以贵族为中心的。

成公元年（公元前590年），有记载鲁国创建了丘甲。这之后，襄公十一年（公元前562年），鲁国创建了三军，可是三桓把其私有化了。那时，向季氏缴纳邑之役，也就是以邑为单位的赋税的人，不用向公室交纳赋税。这个丘也好，邑也罢，都是《周礼·小司徒》中的地域划分的单位。它和乡不同，是位于更外围的被叫作"野"或"鄙"的地域的划分单位，也就是农民居住地域的单位。当然，鲁国的这个单位和《周礼》是否一致还是个问题。

耕战之士

宣公十五年（公元前594年）在鲁国有了"初税亩"这样的记载。从前农民缴纳租税，是要耕作公田再将其所获作为税上缴，比如"井田法"（见《孟子·滕文公》，但不可能完全照此执行。不过《诗经》里也能见到公田、私田的说法，说明可能存在类似的制度）中，八家每户分得私田百亩作为自家用地，相应地，就要一起耕作公田百亩，也就是说所纳的是劳役地租。初税亩却变为针对农民所获课税，所纳的是实物地租。实行这种方法，是因为农民在经济方面的地位提高了，从这点可以看出，鲁国很早开始就给民众也加上了军事负担。而且春秋末年，齐国等近郊的农民也被编成军队，逐渐出现了兵源来自农民的军队，于是就有了战国时代的耕战之士。

春秋时代的县

国家要把农民直接编入军队组织，那么地方行政组织当然也要由国家直接掌握。战国时代逐渐取消了由各个贵族统领各地的统治形式，国家为了直接统治而设置了郡县制。但是实际上春秋时代就已经出现了县。

那时的县和之后的郡县制的县有所不同，食邑的性质更强一些。也就是大夫或功臣把封给自己的某个地域当作自己的采邑，有时称之为县。这和由中央派遣县令作为地方官去治理的县可以说性质完全不同。

可是，如果仅仅把县当作食邑，也会带来一些理解的难点。管理县的大夫有的带有很强的地方官色彩，这点在春秋时代越到后期其倾向越强烈。可以说，特别是新得的邑（有时指都市国家性质的国，或者指小都市，而十室之邑则指的是十户的小型聚落，有时它还被当作某种地方行政单位来使用）作为县时，其倾向更强。而且"县"这个词，在《周礼》中，主要是作为以野、鄙（也就是和国人的乡不同）和农民为主要对象的地方划分单位来使用。这表明了县可能有将国都和近郊以外的广大地域尽量纳入直接统治这样一层意思。

但是要说管理这种县的人选，那是由大贵族派遣的。例如昭公二十八年（公元前514年），晋发生了大夫之间的争斗，大族中的祁氏、羊舌氏被灭。祁氏的田（不单是耕地，还包括耕作的农民，还有农民居住的村〔邑〕。西周的金文里使用"田"这个词时也是相同的意思）被分成七个县，羊舌氏的田被分成三个县，管理这些县的大夫是从韩、赵、魏、智等大贵族中选出的人。而且这些大贵族的家族首领既执掌政治，又是军队之长，因此这样的县便借由族内关系和军政关系这两条线与中央联系起来。所以当地方上也要进行军队编成时，便不可能只形成纯粹的行政组织，无论如何也会牵扯到宗族关系。这个时代的县，进一步说在军队方面也是有局限性的，没有达到像战国时代那样由国家统治和组织的程度是有原因的。但是这个时代，正慢慢进行着由以宗族为单位向以地域为单位的转变。

吴子兵法

吴子，名起，卫人，喜好用兵，给后世留下了《吴子》这本兵书。此人生于公元前440年前后，是战国时代的人。作为法家的政治家他也很有名，这一点之后再述。在此仅先提兵法这一点。《吴子》现代版本由图国、料敌、治兵、论将、应变、励士六篇构成，但是内容方面与《孙子》相比，抽象性、思想性更强。正因为如此，此书反而很可能比《孙子》成书年代更晚，与其说是吴子自身之作，倒不如说是其弟子们写的，抑或是后人伪托的。《吴子》和《孙子》一样在日本被广为阅读，荻生徂徕（宽文六年〔1666年〕生于江户。主张古文辞研究，提倡先王之道、农本观念，是一位为德川幕藩体制的政治思想的形成作出贡献的儒者）所著的《孙子国字解》《吴子国字解》是公认的非常优秀的注释书。但是这两本书中，具体、实际的《孙子》作为兵书被研究得更多。源义家在后三年战争中，之所以从雁行之乱察觉到伏兵，据说就是因为跟大江匡房学过《孙子》。武田信玄的甲州流军学和从中分出的一个流派山鹿流等也都重视《孙子》。

因为《吴子》更具思想性，所以作为重视实际操作的兵法家们的案头书可能有些不太合适。但是吴子也就是吴起本身，是作为政治家而且是新型政治家的先驱活跃于战国之初的。

何为春秋时代

上文中我们对春秋这个时代进行了一次非常粗略的观察。在此姑且粗略总结一下。

一、众多分立的国家之间，逐渐出现大国和小国的差异，小国依附于大国。这是通过会盟的形式确立的以霸主为中心的联合，可以说是国家联合。在国家联合内部，大国进一步加强控制，就走上了领土国家形成的道路。

二、在国家内部，贵族社会开始解体，比贵族低一个阶层的士人开始参与政治，开启了官僚政治的序幕。

三、产生了新的人性观、政治观，出现了孔子这位最初的也是最伟大的思想家。这成为以学问为专长的人们和以教养为宗旨的人们出现的机缘。

四、军事组织、政治组织也出现了新的倾向，此前以贵族为主的组织发生了变化，新筹建的一些组织将农民也纳入其中。

这种种趋向全部在战国时代，以及结束战国时代的秦统一过程中初步明确下来，新的萌芽同时遍及整个中国，这就是春秋时代。

…

第八章　进入战国、领土国家时代

精美的金属车饰

　　现在北京的中国历史博物馆①里，陈列着两千多年前精美的青铜马头形饰品。这是1950年冬，中国科学院考古研究所②在发掘河南辉县固围村战国一号墓时，从南墓道口的木室里出土的。木室里放着两驾木制的小型车，这个饰品是装在东侧车辕上的。木室有被后世毁坏的痕迹，车饰也不全了。

　　中国古代的车只有一根辕，其末端安装到车轴的中央，以此来拉动车子。辕的前边带一个叫作"衡"的横木，衡下置軛。一般一辆车配两个軛，由两匹马拉，也有配四个軛由四匹马拉的。（马在古代史上发挥的作用极大。马和牛不同，比起

---

① "中国历史博物馆"名称存在于1960—1969年、1983—2003年。2003年，中国历史博物馆与中国革命博物馆合并重组为中国国家博物馆。
② 1977年中国社会科学院成立后，考古研究所变更为其所属研究机构。

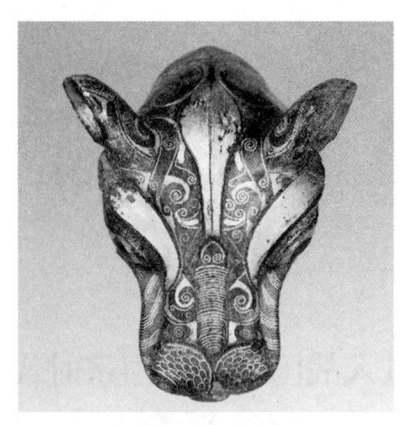

错金银马首形青铜軎
河南辉县战国墓出土

做食物和劳力，在作战能力方面具有特别的价值。）

　　这件马头形的饰品鼻尖到马首末端长 13.7 厘米，两耳尖相距 9.2 厘米，呈筒形的马首口径 4.8 厘米，马首中空，嵌到车辕头。马首底部左右有钩状突起，如果把它绑上绳子固定到横木上，拉车时也不会掉落。

马车作为陪葬品

　　从出土的车体和横木的大小来看，该车比实际的车要小，好像是作为陪葬品而制作的。从殷、周、春秋时代到战国时代初期，有在大墓附近随葬众多车马的习惯，就是所谓的车马坑（出土的有四匹马、一辆车、三个人的，考虑是三个人乘一辆车；也有四匹马、一辆车、一个人的情况）。但是从战国时代中期开始，这种风俗逐渐没落了，即使在墓里有陪葬车也是小的模型，一般就用车轴象征性地陪葬。固围村的墓是战国中期

春秋时代马车，出土于河南省三门峡市上村岭虢国墓

的，所以认为其随葬的车是作为随葬品特制的。

西周中期出现的青铜器长幅的铭文里常常有拜周王所赐的记录，其中也经常能看到王赐车马的记载。周王赐车马实际就是承认其统治地位。当时，车既用于生产，也是战争的主力，所以可以用车的多少衡量其主人的实力。同样，根据墓里随葬车的多少，可推测墓主生前的地位。

但是战国时代以后，社会制度变了，陪葬的习惯也逐渐从简，实物被象征性的陪葬品所取代。

错金工艺

春秋时代中期，铁器广泛使用，青铜器逐渐发展为精美的工艺品，在装饰方面产生了错金技术。（战国时代，除了错金，也产生了在青铜器表面鎏金的技术。错金和鎏金的金属艺术品传到后世，其工艺大放光彩。）

所谓的错金就是在铜器上刻上花纹，然后嵌以金丝、银丝或金银薄片来装饰。这种技术工艺在战国后变得越发精巧和细致。

前文介绍的错金马头形金属车饰脱形于殷、周时代的饕餮（殷、西周的青铜器上可以见到的以两眼为主体的奇异图案）等怪兽，具有生动、逼真的风格——眉粗，眼大，具有强健的鼻子和筒形的耳，非常生动，有厚重感。眉上和鼻尖用薄金镶嵌。眉和鼻尖、嘴的上缘是平行曲水纹，鼻孔的上缘是鳞纹，面部、头部、两耳、脖子处都是卷毛纹，这些地方都被施以金丝镶嵌。这些精美的作品在当时也是最高水准的，可以说是战国时代青铜工艺品的代表作。

对战国社会的兴趣

在此让我们再看一遍错金马头形金属车饰。仔细观看这么精美的古物，是不是油然生出对战国社会的兴趣了呢？日本战国时代的艺术品里多刀剑、甲胄类，中国也一样，多在战车、刀剑、盾牌上施以精粹工艺。大概是深陷于战争的人们为了慰藉颓败的心灵才去强烈地追求美吧。

另一方面，战国时代也被称为思想的黄金时代，这是一个杰出的思想家展开辩论，也就是所称的百家争鸣的时代。其基础是伴随着生产力的飞跃性发展，民众有了自由。从这点来

战国时代涂漆的盾牌，湖南长沙出土

看，中国的战国时代实际上可以说是古代文化首次绽放的伟大时代。

但是战国时代也正如其名，是个弱肉强食，阴谋家和刺客横行的杀伐无情的时代，当然这方面的史实之后还会涉及。明与暗的交错，此间与其说是战国社会的奇妙之处，不如说是人类社会的趣旨所在。

从春秋到战国

吴王夫差和越王勾践的殊死决战以公元前473年越的决定性胜利而告终。这场决战实为春秋社会末期的压轴好戏。之后的战国时代一般被认为开始于公元前403年[①]，就是山西的大

---

① 中国学界一般观点认为战国时代始于公元前475年，也有人提出始于公元前481年。——编者

诸侯晋将其领土的一部分三分给臣下赵、韩、魏,这三国得到周威烈王的认可位列诸侯那年。但是这件大事的发端实际上却要追溯到春秋末年僭越的社会风气。比如山东旧国鲁的贵族们势力强大,鲁侯不断受到他们的威胁,就连有圣人孔子鼎力相助也无济于事。

这种倾向不单是鲁国有,春秋时代的霸主之国齐、晋也一样。公元前539年,晋的著名贤臣叔向设宴款待来自齐国的使者——同样有名的贤者晏子(名婴,公元前六世纪后半期齐国的政治家,和管仲同为声名远著的一代名臣。有《晏子春秋》专门记载了有关他的故事),两人互相交谈了很多事情。

叔向问:"齐国怎么样呢?"(齐其何如?)

晏子说:"齐已经是末世了。齐国恐怕确实要变为陈氏的天下了。朝廷抛弃了百姓,使百姓归附于陈氏……"(此季世也,吾弗知。齐其为陈氏矣。公弃其民,而归于陈氏……)

叔向说:"晋国公室现在也是末世了。大臣不整饬军队,连步兵队长都没有个像样的人选。老百姓疲乏困苦,宫室却日益奢靡。死在路上的人很多,只有国君中意的人家里兴旺发达……"(虽吾公室,今亦季世也。戎马不驾,卿无军行;公乘无人,卒列无长。庶民罢散,而宫室滋侈。道殣相望,而女富溢尤……)

从这段问答中可以看到,战国时代就是一个上下关系混乱、弱肉强食之风渐盛的时代,所以春秋向战国的推移似乎本质上没什么不同。但是,再进一步深入思考,实际上也并非如此。

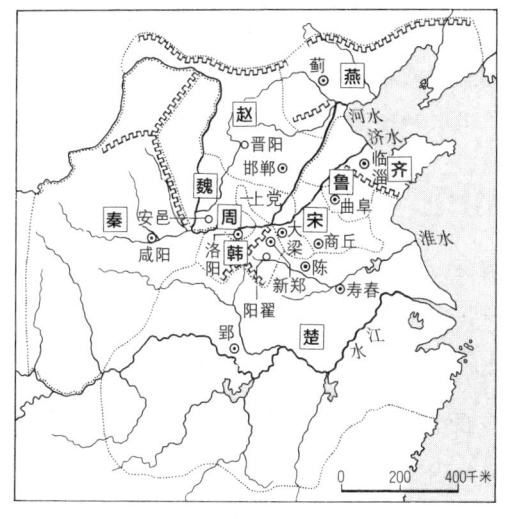

战国初年态势

最初的变革期

　　殷、周，直到春秋时代的中国社会都是都市国家的时代。本来中国古代国家是由邑，也就是自然产生的氏族共同体形成的村落发展起来的。殷王朝也好，周王朝也罢，与其说是统治着广阔领土的王朝，倒不如说自身就是由邑发展起来的氏族性质的都市国家，是种都市国家联盟的首领而已。因此，在周初，据说有八百多个称为诸侯国的国家。随着周作为联盟首领的权威扫地，诸国间的争执愈演愈烈，春秋初期诸侯国有一百四十多个，到了末期就仅剩三四十个了。然而到了战国时期就成了真正意义上的独立国家燕、齐、赵、韩、魏、楚、秦七国，即所谓的"战国七雄"的天下，其他二三十个弱小国家实际上处于名存实亡的状态。

不仅仅是国家数量的减少，量变基础上还产生了质变。随着都市国家向着强大的中央集权性质的领土国家飞跃发展，社会经济、组织乃至文化都发生了巨大变革。

郡县制度的产生

比如春秋时代，诸侯征服的都市国家会被分给有功的家臣或本族之人做领地，这样就意味着诸侯直接统治的领地没有增加，于是后来就有了新制度，即把征服的都市国家变成县，也就是诸侯的直辖地，然后派官员去治理。这一开始发生在秦、楚这样与周王朝关系比较疏远的国家，后来连晋、齐这样的中原大国也仿效。战国时代，因为这样的做法能巩固诸侯的

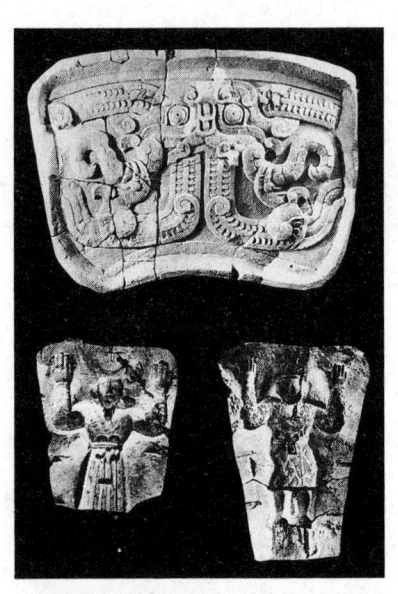

春秋时代铜器的铸模，山西侯马出土

权力,就被广泛使用,然后为了统辖县,上一级的区划郡也被设立起来,于是就形成了郡县制这种地方制度。关于郡县制度(中央直辖的都邑之所以叫县,是取"悬"于〔从属〕中央之义。郡就是群,也就是统辖几个县的群),一般都认为是秦始皇最早建立的,实际上春秋战国时代的国家就开始这样做了,始皇帝只是在统一天下后将其推广到了全国而已。

这只是其中一例。战国时代,除此以外,在政治、经济、文化等各方面都发生了若干重要的变化。正因为战国时代处在这样一个中国古代最初的大变革时期,所以战国七雄的纷争会理所当然地异常激烈。

要谈论极尽惨烈的战国社会历史,必须从旧的大国晋的灭亡,代之以赵、韩、魏三个新兴国晋升为诸侯这件大事开始。

晋的公室和六卿

在列国漂泊了十九年的晋公子重耳(文公)回国即位后,改革内政与军政,于公元前 632 年,在城濮之战中击败楚国。以后的一百多年里,晋作为中原的霸主和南方的楚形成了对峙。然而,到了春秋末期,就像之前叔向话里提到的,公室的势力羸弱,六卿范氏、智氏(与中行氏本为一族,姓都为荀氏)、中行氏、赵氏、韩氏、魏氏变得强大。所谓"六卿"是模仿周天子的军队六军,作为支撑晋公室的重要支柱而设立的,因都握有军队而拥有强大的势力。

公元前六世纪末晋顷公时,顷公和公族中的一支不和。

六卿把这当作绝好的机会，按照法律将其灭族，把其领地分为十个县，让自己的子弟去担任大夫。《史记·晋世家》记载说："自此晋越来越弱，六卿变得强大。"（六卿强，公室卑。）

然而，六卿之间也有矛盾。公元前458年（晋出公十七年），六卿之首的智氏拉拢赵、韩、魏三卿，灭掉了范氏和中行氏，瓜分其领地。晋出公愤慨于四卿的霸道行径，欲向齐和鲁求援，讨伐四卿，但是预谋事前暴露，反而遭到进攻，被迫逃往国外，在逃往齐的路上死去。出公之后其从兄弟哀公即位，这是由智氏策划的，所以那之后晋国的政治就全在智氏的股掌之间。这个时期智氏的宗主名瑶，是一个既聪明又有果断执行力的人，被尊称为智伯，但遗憾的是缺乏人情味。

智伯的残暴

灭了范氏和中行氏的智伯把矛头指向赵、韩、魏三卿，先向韩派去使者要求割地。韩的宗主韩康子得知后非常愤怒，但宰相段规进谏说："还是给他为好。智伯这个人贪得无厌又残忍，所以如果拒绝了他，他就会攻打韩，这是明摆着的事。如果给了他，他尝到甜头就又会向其他国家要求割地。恐怕会有不听的国家，智伯就一定会攻打它。这样一来韩就可以避免灾祸，静待事态变化。"（不可不与也。夫智伯之为人也，好利而骜愎。彼来请地而弗与，则移兵于韩必矣。君其与之。与之彼狃，又将请地他国，他国且有不听，不听则智伯必加之兵。如是，韩可以免于患而待其事之变。）

韩康子觉得确实如此，就派人献上一座万户的县。智伯很高兴，又向魏派使者要求割地。魏桓子本不想给，但听从宰相的进谏同样献上了一个万户的县。智伯又向赵提出了同样的要求，这次却被断然拒绝。

赵氏的宗主叫毋恤，谥号赵襄子。他年幼时就聪明过人，三卿中只有他能和智伯对抗。但要和如日中天的智伯正面对抗还需要殊死的决心。他请来家臣张孟谈问道："智伯恐怕要攻打我，以哪儿为据点防守好呢？"

张孟谈答道："先君时代受命管理晋阳（现在的山西省太原市）的尹铎减轻百姓的租税，改善百姓生活，施行了很多善政。因此晋阳的百姓长久以来感尹铎之德，尊敬赵家，所以我以为据守晋阳为宜。"

晋阳之战

于是赵襄子立刻撤到晋阳做固守城池的准备。晋阳城池完备、财力丰厚、粮食储备充盈，襄子唯一顾虑的是箭矢不够。但是张孟谈派人砍伐公室围墙种植的荻、艾蒿、荆棘制成箭，取出用作公宫柱台的炼铜做箭头。

就这样做好防备后，智伯果然联合韩、魏的军队攻打过来，但是花了三个月也没能拔下城池。于是智伯散开队形包围晋阳，引晋水灌城。晋阳之围长达三年，城中之人都住在树上，把锅吊起来煮饭。食粮将尽，人们都在绝望与不安中焦急等待。眼见这种情形，就连赵襄子也胆怯了，找来张孟谈商量。

孟谈说:"不用担心,我有一个计策。"

于是赵襄子将此事全权委托给孟谈。

张孟谈的计谋

那天夜里,孟谈趁着夜色,驾一叶小舟,来到韩、魏阵中,对韩康子和魏桓子说:"唇亡则齿寒。现在智伯率二君讨伐赵,赵灭亡后就轮到你们了。"(臣闻唇亡齿寒。今智伯率二君而伐赵,赵将亡矣。赵亡,则二君为之次。)

于是韩、魏二君说:"我们也知道这个。但智伯是个粗暴的人,万一计划泄露,必将遭到报复,想想都不寒而栗。"(我知其然也。虽然,智伯之为人也,粗中而少亲,我谋而觉,则其祸必至矣,为之奈何?)

"你们二位的谋略只会进到我的耳中,别人谁也不会知道。"(谋出二君之口而入臣耳,人莫之知也。)

就这样,孟谈巧妙地说服了二人,双方约定第二天晚上进行反击。孟谈在商量好行动计划后返回。赵襄子出迎,行再拜之礼,他听了计划后高兴之余又担心秘密泄露。

不久,商定的时刻到来了。韩、魏的士兵悄悄从背后接近并斩杀了守河堤的智伯军的岗哨,同时把蓄得满满的水灌入智伯的军阵。趁智伯的军队防水混乱之际,韩、魏的军队从左右出击,同一时刻晋阳城门大开,赵襄子率兵从正面进攻。这只是瞬间发生的事,又是在漆黑的夜晚,等智伯意识到的时候已经来不及了。他连拿武器的时间都没有,就被对手捕获了。

历时三年的大规模的水攻之计由于张孟谈的足智多谋落下了帷幕。被捉的智伯很快被问斩,领土也被赵、韩、魏三家瓜分。

晋阳之战不仅消灭了智伯的势力,也使得晋室越来越衰败,晋国基本被赵、韩、魏所占据,战国时代马上就要到来了。

豫让复仇

晋阳城水攻之后,有一天,赵襄子如厕之时,不知怎么觉得心惊肉跳,派人查看,原来是给厕所刷墙的一个囚犯在怀里藏了匕首想要赵襄子的命。抓获后调查得知,刺客名叫豫让,他原来效忠智伯,极受重用。豫让在晋阳之战后独自逃到山里,听说了智伯被杀,其旧地已被三家瓜分。不仅如此,他还听说赵襄子把智伯的头盖骨涂上漆当酒杯用。豫让想,士为知己者死,女为悦己者容。既然智伯对自己礼遇有加,那么自己也必须报答智伯,为他报仇。于是他下了山,装成犯人混入宫中,意欲行刺襄子。襄子如厕时将其撞破,但念及他是为旧

豫让袭击仇敌赵襄子失败(汉代画像石)

主报仇的义士而放了他。

于是豫让又把漆涂在身上装成癞病患者，吞炭让声音嘶哑，边行乞边寻找机会。有一天，赵襄子的马车来到桥头，因马惊惧不走，埋伏着的豫让又被捉住。襄子这次没有原谅他。豫让在赴死之前乞得襄子的衣服，拔剑起身连刺衣服三次，大喊道："啊，我这就报了智伯的恩了。"然后自己伏剑身亡。

战国时代的开始

激烈的晋阳之战的结果是晋国第一的实力派智氏被赵、韩、魏三氏所灭（公元前453年），晋实际上分成了三个国家。这三个国家被周王朝赐封诸侯是在五十年之后的公元前403年，这一年被作为战国时代的开始，这在前面已经讲过。但是经济、政治方面，在这很久之前就发生了变革，如果考虑这一点，那么把赵、韩、魏实质上三分晋国（这是导致战国七雄对立状态的政治上的大事件）这一年，也就是公元前453年作为战国时代的开始似乎更妥当一些。

第九章　开明君主的出现

名君和贤臣

从春秋到战国的这段时期是中国历史上最初的大变革期，社会、经济、政治、文化各方面都发生了飞跃性的变化。但是由于诸侯各国的实际情况不同，其发展速度和程度也有所差异。战国七雄中，新兴的赵、韩、魏三国首先站到了变革之前列，那是因为它们本来就处于中原（中国文化诞生的黄河中游南北地区）文化地带，地理位置优越，加之又出现了进步的君主，任用有才之士积极促进改革。这其中魏文侯是最为知名的君主。

魏文侯是灭了智伯的魏桓子之孙，从公元前445年到公元前396年在位五十年，其间多次攻打秦，又灭了中山国（鲜虞族的国家），并且得到了周王的承认位列诸侯，构建起了魏的全盛时代。他以非常谦虚的态度拜孔子的高徒卜子夏（本名卜商，子夏是字。孔子的十大弟子之一，长于文学）为师，礼遇众多的学者、贤士，使魏的都城安邑（现在的山西省夏县）成为战国初期的文化中心，像田子方、李悝（也叫李克）、魏成子、翟璜、西门豹等非同一般的贤臣策士都汇聚到文侯的周围。

酒宴和约定

有关魏文侯的名君风采有这样一些故事。

有一天，文侯和家臣们举行酒宴欢聚时，下起了雨，于是文侯急忙吩咐准备马车。

家臣问："为什么下雨天您还外出呢？"（今日饮酒乐，天又雨，公将焉之？）

文侯说："今天和狩猎场的管理人约好打猎的，不能因为酒宴之欢就爽约。"（吾与虞人期猎，虽乐，岂可不一会期哉！）然后就亲自前去取消预约。

还有韩和赵发生争斗时，韩想讨伐赵，便来向魏讨借军队。文侯拒绝说："我们和赵是情同手足的兄弟之国，不好意思，不能答应。"（寡人与赵兄弟，不敢从。）

后来赵国要攻打韩国又提出了同样的请求，文侯同样拒绝了。两国开始都很恼怒，觉得他是个不值得求助的家伙，但不久两国得知了文侯想让两国和解的用意，便更加信赖他了。由于这件事情，魏在诸侯间更有分量了。

君若仁

还有一次，文侯让家臣们当面评论自己。大家都众口一致称"仁君",只有一个叫任座的这样回答说:"主君您前几年派乐羊将军攻讨中山国,把其纳为领地,没有将中山之地封给您的弟弟,却封给了您的儿子,怎么能称得上仁君呢?"(君得中山,不以封君之弟而以封君之子,何谓仁君?)

听了这话,文侯气得满面通红,任座慌忙逃走。过了一会儿,平复了心情的文侯又问翟璜,于是翟璜一本正经地答道:"您是仁德之君。"(仁君也。)

"你怎么知道?"(何以知之?)

"臣听说如果君主仁德,家臣才会直言。因为刚才任座直言了,所以我知道君主是位仁德之君。"(臣闻君仁则臣直,向者任座之言直,臣是以知之。)

听了这话,文侯高兴地让人叫回任座,自己亲自到门口相迎,厚待其为上宾。

类似这种有关文侯名君风采的故事在《战国策》《吕氏春秋》等古典文献里有很多记载。这其中可能也有杜撰的故事,但不管怎样,随着魏文侯驰名天下,贤士皆汇聚而来,魏国国力得到充实,魏的都城成了那个时代的文化中心。

弓箭娴熟之法

关于文侯的贤臣之一李悝,有这样一则故事。他在任上地太守时,想让百姓提升射箭的技能,就下达了如下告令:

"对于那些有疑问的诉讼,就令当事人射箭,射中的就算赢,没射中的就算输。"(人之有狐疑之讼者,令之射的,中之者胜,不中者负。)

告示一出，人们急忙学弓箭之术，晚上都不睡觉了。后来和秦交战，晋把秦打得很惨，因为人人都擅长射箭。

善于通过下达告令来管制百姓的李悝，在原本只有习惯法的魏国制定了成文法。他创立的法律名为《法经》（由盗法、贼法、囚法、捕法、杂法、具法六篇构成，是中国成文刑法的起源），在保护土地、财产私有权的同时，禁止国民骄奢，竭力防止叛乱。这种制定法律的运动和当时富国强兵的政策一起，从魏国逐渐影响各国。

法家吴子

比李悝稍晚一些效力于魏文侯的吴起（吴子）作为兵家代表人物在日本十分有名，但他同时还属于法家学派。

关于他有这样的故事：

吴起有一次让妻子织条丝带，结果丝带的宽度小于规定尺寸，就命妻子重织。妻子答应了，可是织成后一看还是和规定尺寸不一样，于是他就休了妻子。妻子求自己的哥哥帮忙说情。

她哥哥晓谕她说："吴起是要制定法令之人，早晚是要去大国建功立业的。他必须要在自己的妻子身上兑现，然后才能将法令推行下去。你不要指望再回去了。"（吴子，为法者也。其为法也，且欲以与万乘致功，必先践之妻妾，然后行之。子毋几索入矣。）

吴起在魏文侯手下时，因打败秦军而立功，但是被大臣们厌恶，于是他逃离魏国，做了楚悼王的大臣。他在楚国端正法令，简化繁冗官职，在社会和经济方面都严加管制，致力于富国强兵。得益于这些做法，楚在悼王时代强盛起来，成为仅次于魏国的国家。但是由于吴起对贵族们也很苛刻，招致他们的怨恨，悼王一死他很快就被杀了。这个时期商鞅在秦国也推行严酷的法令致力于富国强兵，关于这点之后详述。

总之在战国时代，有些人意欲通过严格的法律，确立国君的权力，实现富国强兵，这些人被称为"法家"。有关于他们的一些故事流传了下来，据传在魏惠王时代，有个叫惠施的人制定的法律过于完美乃至不可能实施；还据传魏昭王想亲自执行政务，便开始阅读法律，可是才读了十页就睡着了。看来法律文章，无论古今都是很乏趣的东西啊。

勤勉才是增产的王道

让我们把话题再转回李悝。他不仅制定了成文法，《汉书·食货志》(《汉书》是东汉班固编写的西汉时代的历史，《食货志》是记录经济以及经济政策的篇章) 中还记载说他为了国家财政丰盈，致力于推广农业政策。据记载，他为了提高农业生产力，首先提倡应"尽地力之教"（充分发掘土地生产力的方法）。具体怎么操作，就是要勤勉精细地耕田，这样每亩就能增收三斗。正常年景一亩的收获是一石五斗左右，也就是20%的增收。但是这样看来好像李悝只是单纯主张增加劳动量，仅凭这个是否能增收20%就令人怀疑。从春秋到战国时代，之后还会详述，铁制的农具开始普及，田地得以深耕，肥料也被使用到农业生产中。各国都致力于发展作为国家经济基础的农业，所以李悝不可能不知道这样的增产方式。这样的话，他应该是在改善各种生产方法的基础上，高度评价并奖励农民的勤勉劳作的吧。

谷价的调节

李悝在农业生产方面重视农民的勤勉，为了提高农民的劳动积极性，他制定了第二条政策。这又是怎样的政策呢？当时，像魏这样的先进地区，货币经济已经渗透到农村，所以谷价在丰收的年份暴跌，相反歉收的年份就暴涨。农民每次都深受其苦，失去了劳动积极性。于是李悝就制定了一个方法，丰年时国家收购粮食，歉收时国家卖出粮食，以保证粮食的价钱尽可能稳定。《汉书·食货志》记载说："李悝政策实施的结果是魏国实现了富国强兵。"（行之魏国，国以富强。）日本在奈良时代，各国建有常平仓（以歉收时救助贫民为目的而设立的用来储存粮食的仓库，具有调节谷价的作用，是模仿唐朝的制度而设）也是同样的政策。

春秋到战国时代，如前所述，是一个社会、经济方面的大变革时代，农村也发生了很大的变动。简单说来，就是殷、周以来以氏族体系为基础的农村共同体崩溃，与此同时产生的个体农户逐渐成为农村的主体。因此李悝的农业政策也是以个体农户经济为基准制定的。但是，在这场农村的变革中，处于共同体上层的人们巧妙侵吞土地变成富农；另一方面，则有不少人走向没落成为贫农，失去谋生之计流亡到城市。

下面想讲一个与李悝的农业政策相关的人物——魏文侯

的另一个贤臣西门豹,他致力于通过灌溉来实现农业增产。

在此之前,想先讲一则彰显其人品的轶事。

河伯娶妻

魏的都城是位于今天山西省夏县的安邑,邺则在今天河北省临漳县,也是魏的一个重要城市。文侯派西门豹前去治理邺城。西门豹一到邺马上召集当地的老人询问"民所疾苦"。

"河神娶妻是最令人痛苦的事,为此百姓都很贫困。"(苦为河伯娶妇,以故渐贫。)

"这是怎么一回事呢?请详细道来。"

"我们这里有为河神娶妻的习俗,三老官役们将费用摊派到百姓头上,为此向百姓收取赋税。他们收取的金额达数百万之多,其中的二三十万用于河神娶妻,剩下的那些他们就和女巫分了。"(邺三老、廷掾常岁赋敛百姓,收取其钱得数百万,

战国时代的三山三兽镜,洛阳金村出土

用其二三十万为河伯娶妇,与祝巫共分其余钱持归。)

"为河神娶妻都做些什么事呢?"

"到了给河伯娶妻的时候,女巫就辗转各家寻找美丽的女子。找到了便说'这女子适合做河伯的妻子',然后就把她带走,给她净身,给她穿上新做的丝绸花衣,让她待在静室斋戒。在河边建好供斋戒的房子,张挂起红色和黄色的帷幔,让她待在里面,给她备办美食。这样经过十几天,大家又一起来打扮这个女子,像嫁女儿那样准备了床帐枕席,让这个女子坐在上面,然后将其置于河中。起初还在水面上漂浮着,漂了二三十里就沉没了。因为这个缘故,那些有漂亮女儿的人家大多带着自己的女儿逃走了。因此邺城的人越来越少,而且很贫困。这种情况已经很久了。百姓很痛苦,但传言如果不给河伯娶妻就会遭受报应,大水会泛滥冲毁屋舍,淹死百姓,所以没法不做。"(当其时,巫行视小家女好者,云'是当为河伯妇',即娉取。洗沐之,为治新缯绮縠衣,闲居斋戒;为治斋宫河上,张缇绛帷,女居其中,为具牛酒饭食。行十余日,共粉饰之,如嫁女床席,令女居其上,浮之河中。始浮,行数十里乃没。其人家有好女者,恐大巫祝为河伯取之,以故多持女远逃亡。以故城中益空无人,又困贫,所从来久远矣。民人俗语曰'即不为河伯娶妇,水来漂没,溺其人民'云。)

西门豹想了一会儿说:"到了给河伯娶媳妇的时候,你们求那些三老和巫祝都到河边去送新娘,也请通知我一声,我也去送送。"(至为河伯娶妇时,愿三老、巫祝、父老送女河上,幸来告语之，吾亦往送女。）

到了要给河伯送新娘的这天，接到通知的西门豹来到了河边。当地三老、巫祝、父老等都会集在此，共有二三千人涌来观看，河边热闹非凡。最后女巫出现了，是个将近七十岁的老太婆。她的身后跟着众多的弟子。这样众人聚齐了，西门豹说："把河伯的新娘带来，让我看看美不美。"（呼河伯妇来，视其好丑。）

带上来的女子盛装丽服，但神色凄惨，哭肿的眼睛战战兢兢地看着周围。西门豹不由得避开目光。他对那些三老、巫祝、父老们说："这个女子不漂亮，麻烦大巫婆为我到河里去禀报河伯，需要重新找到一个漂亮的女子，迟几天送

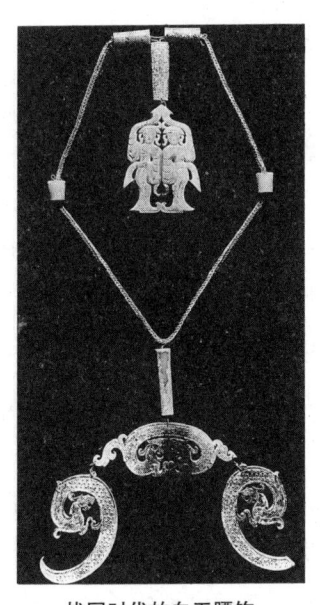

战国时代的白玉腰饰

去。"（是女子不好，烦大巫妪为入报河伯，得更求好女，后日送之。）

西门豹一说完就命令手下把女巫之首的大巫婆扔进了河里。过了一会儿，他又说："巫婆回来得怎么这么迟，弟子去催催她。"（巫妪何久也，弟子趣之。）

说罢接连把三个弟子都抛进了河里。过了一会儿他又说："巫婆、弟子，这些都是女人，好像不能把事情说清楚。麻烦三老替我去说明情况。"（巫妪、弟子，是女子也，不能白事。烦三老为入白之。）

这样又把一位三老抛进河里。西门豹躬着腰，恭恭敬敬地面对着河等着回音。官绅们站在旁边看着都直打哆嗦，生怕下一个轮到自己。

看到这种情形，西门豹又说："巫婆、三老都不回来，怎么办呢？"（巫妪、三老不来还，奈之何？）

这些人都告饶，吓得不停在地上磕头，最后把头都磕流血了，面如死灰。

于是西门豹又等了一会儿说："官员可以起来了，看样子河伯不想让这些派去的人回来，你们都散了回家吧。"（廷掾起矣，状河伯留客之久，若皆罢去归矣。）

如此西门豹便饶恕了这些人。从此以后，邺地再不敢提起为河伯娶媳妇的事了。

这种活人献祭的风俗，不仅在中国，古代世界各民族都有过，日本的素戈鸣尊消灭大蛇的神话故事（天照大神的弟弟，在出云国为了救奇稻田姬斩杀了八岐大蛇，得到了草薙剑）里也提到用少女献祭的习俗。还有筑堤防和城池时埋活人，也就是所谓的人柱风俗，古代各地也都有。

西门豹此人师从于孔子的弟子卜子夏，正因为如此，才能别出心裁，采取出人意料的方法破除民众的迷信，严厉惩治了官员和巫祝们的虚伪。他还做了一件杰出的工作，那就是开挖灌渠。

挖渠引水灌溉的方法在当时刚刚兴起，还没普及。西门豹考虑到邺地一带之所以收成不好是因为水源不足，所以试图用这种最新的方式使粮食增产。他命令当地的人们开挖了十二条水渠，计划把从邺附近流过的漳河（刚才故事里的河也是这漳河吧）之水引入田里。挖掘十二条水渠是极其费力辛苦的工作，人们都不愿意干。西门豹鼓励人们说挖掘水渠即使一时很辛苦，但今后一定会带来巨大利益。

就这样十二条水渠挖成了，进行灌溉后，粮食的产量果然提升了，人们富裕起来。据说他作为一位出色的官员长期被当地百姓所敬仰。

西门豹先是打破迷信进行精神上的革命，之后又挖掘水渠坚决实行经济上的革命。开挖水渠虽然是为了提高农业生产力，但也防止了洪水泛滥，应该对破除迷信也起到了作用，笔者认为这两个故事间有很深的关联。

战国时代在社会、经济、文化各方面都进行着大变革，各国由于各自的国情，发展的起点、速度都不一致。发展最快的是赵、韩、魏，尤其是魏国。

魏在文侯和之后的武侯时代变得强大，但是再后来的惠王因顾及东方而忽略了西方，纵容了秦的发展，这是使战国形势为之一变的原因。为避秦国锋芒，魏于公元前361年把都城从离秦近的安邑迁到东面的大梁（今河南开封），进而于公元前341年率领大军和齐国交战。但齐军有著名的兵法家孙膑，魏中了其兵计，于马陵战败，落得将军自尽、太子被俘的惨败局面。自此，魏国没落，齐和秦取而代之强盛起来。北方的燕和南方的楚虽是古老的大国，但由于远离中原，其发展比较落后。

第十章　产业革命
——铁器的普及和农业的发展

以铁耕乎

战国中期，孟子作为当时的政治学者非常有名。有一个叫滕的小国地处现在的山东省，其国名君文公邀请孟子担任政治顾问。孟子意欲把这个小国打造成理想国家的典范，为此仅倡导其擅长的仁义——道德主义，是不能实现的，所以他想尽力实施自古传承下来的井田制（把一里四方的田按井字形划成九等份，每份一百亩，中间一块田做公田，周围的八块田分给八家，大家一起耕种公田，其收获用于交租）。某一天，一个穿着破烂的年轻人到访。他叫陈相，是在滕的郊外一边耕田、制草鞋、编草席，一边倡导神农学说的许行的弟子。

于是孟子问道："我也听说过许先生的传闻，他的思想是怎样的呢?"

"许先生说,君主应该和老百姓一道耕种而食,一道亲自做饭。但如今滕的都城却有很多仓库堆满粮食和财宝,这就是这个国家的贵族们依靠百姓的劳作而生活的证据,文公有贤君之名,但这个样子怎么能够叫作贤君呢?"(贤者与民并耕而食,饔飧而治。今也,滕有仓廪府库,则是厉民而自养也,恶得贤!)

这时,政治顾问孟子心中勃然涌起斗志。不待青年把话说完,他的激烈言辞脱口而出:"许先生只吃自己种的粮食吗?"(许子必种粟而后食乎?)

"对。"(然。)

"许先生只穿自己织的衣物吗?"(许子必织布然后衣乎?)

"不是。"(否。)

青年有点儿胆怯,急忙补充说道:"但是先生只穿简陋的衣服。"(许子衣褐。)

但是孟子的追问越发猛烈:

"许先生戴帽子吗?"(许子冠乎?)

"戴。"(冠。)

"戴什么帽子呢?"(奚冠?)

"戴白绢帽。"(冠素。)

"他自己织的吗?"(自织之与?)

"不是,是用粮食换来的。"(否,以粟易之。)

"许先生为什么不自己织呢?"(许子奚为不自织?)

"因为耽误农活。"(害于耕。)

"许先生用锅和甑做饭,用铁器耕种吗?"(许子以釜甑爨,以铁耕乎?)

"是的。"(然。)

"他自己做这些工具吗?"(自力之与?)

"不是,用粮食换的。"(否,以粟易之。)

"许先生为什么不自己制作工具呢?用粮食交换不就成了依赖陶匠和铁匠了吗?不自己制作,什么都和匠人们交换,许先生真是不嫌麻烦啊!"(以粟易械器者,不为厉陶冶;陶冶亦以其械器易粟者,岂为厉农夫哉?且许子何不为陶冶,舍,皆取诸其宫中而用之?何为纷纷然与百工交易?何许子之不惮烦?)

青年微微皱了皱眉说:"那是因为工匠们的工作是无法在耕种的同时完成的。"(百工之事,固不可耕且为也。)

"也就是说许先生也不得不承认分工啦,"孟子不由得面露愉悦的微笑继续说道,"如果这样,那治理国家偏偏就能一边耕种一边治理了吗?总的来说,事情分为处于统治地位的大人(大人指德高、官位高的人,小人是对与之相反的人的称呼)的工作和处于被统治地位的小人的工作。而且以一人之身掌握各种工匠的工作,是不可能亲手制作自己使用的东西的。如果硬要这么干,那就是让天下人疲于奔命。所以说有的人从事脑力劳动,有的人从事体力劳动,脑力劳动者统治别人,体力劳动者被别人统治;被统治者养活别人,统治者靠别人养活。这就是通行天下的原则……"(然则治天下,独可耕且为与?有大人之事,有小人之事。且一人之身而百工之所为备,如必自为而后用之，是率天下而路也。故曰：或劳心，或劳力，劳心者治人，劳力者治于人；治于人者食人，治人者食于人。天下之通义也……）

孟子能言善辩，他倡导仁义之道自信满满，连王侯贵绅都不畏惧。而今，他在一个名不见经传的青年面前，滔滔不绝地宣扬着圣贤之说。

雄辩家孟子以其辩才驳倒一个名不见经传的青年的论点是很容易的。但是，能否驳倒这个青年背后的领导者许行？而且许行的背后暗藏着绝大多数贫苦农民大众的生活和感情。也就是说这是统治阶级和被统治阶级之间矛盾的体现。为劳动人民的思想和要求代言的许行，他的人和思想，他所倡导的"神农学说"的内容将会在之后的章节里作详细介绍。

之所以在此介绍载于《孟子》里的孟子和陈相的对话，是因为对话间巧妙地表现了当时产业和商业的状况。从中可知，战国中期的社会，农民除了耕田外，还织草席编草鞋，而且城市里有各种手工业者，制造并销售民众需要的生产工具和日用品等物。尤其值得注意的是，城市里已经有铁匠销售铁制的农具。而且如果像许行一样贫苦的农民也能用粮食交换的话，说明铁制的农具一定已经相当普及。这样的铁器在中国是什么时候出现的呢？

铁器的出现

学界普遍认为中国首次使用铁器是春秋时代的前期，也就是公元前六七世纪。据《左传》记载，公元前513年，晋国向民间征收铁，用来铸鼎铭刻刑法，向民众公示范宣子制定的刑法条文。这是继郑国在青铜鼎上熔铸刑法之后中国的第二部成文法，估计就是前一章所述李悝的《法经》的蓝本，但是其内容没有流传下来。这先姑且不论，这则记载是铁制品第一次明确出现在文献中。不过在青铜器被广泛制造的春秋时代，铭刻重要刑法的鼎为什么要用铁来铸造，这点还不清楚，毕竟春秋时代铁叫"恶金"，主要被用于犁、锹等的制作。但是要把刑法广泛公示于国民，需要铸造好几个相同大小的鼎，可能是不舍得使用贵重的青铜原料吧。

公元前六世纪左右，齐国铸造的青铜叔夷钟的铭文里有"造铁徒四千"（制铁奴隶四千人）的话，可见当时齐国已经开展了大规模的制铁业。但是这些都是官营制铁业的例证，可能不制造民间使用的工具等。

总的来说，铁分为含碳少的锻铁和含碳多的铸铁。在西方，古代的铁器都是锻铁，铸铁是在其后很久的十四世纪左右，才出现在德国莱茵地区。由于高炉和水力风箱的发明，熔炉内温度显著升高，铁在炉内和碳长时间接触，才第一次大量生产出铸铁。然而在中国一开始使用的是铸铁，之后过了两三个世纪到战国中期才出现锻铁。普遍认为这可能是由于中国很早以前陶器制造和青铜器铸造技术发达，拥有制造高温炉的技术。但是西方也很早就开始制造陶器和青铜器，而铸铁却更晚出现，此中蹊跷还不清楚。中国的历史学家杨宽认为，公元前七世纪之所以成功制造出铸铁，是因为通过改良送风方法成功提高了炉内温度，这才是中国为之自豪的重要发明。

铸铁是将铁熔化后倒入铸模，冷却凝固而成的，可以被随意铸造成各种模型的铁器，虽然硬度很高，但缺点是很脆。所以中国的铁器时代首先开始于农耕用具的制造，而铁制武器的出现要到能制造锻铁之后了。

农具的进步

铁制农具出现以前，农具都是石制或木制的。华北的黄土地带土质松软，所以石器和木器也能耕作。但是这里指的是易于耕作的土地，到了要砍伐森林开垦耕地的阶段，使用木制和石制的工具就很难完成。因此春秋中期使用铁制农具之后，农业显示出惊人的进步。新的农业用地被广泛开垦，土地的生产力提高，这些都成为春秋战国变革期的原动力。

铁是易腐蚀金属，所以基本不能像青铜那样完好地保留下来。而且在以往的挖掘中，和青铜相比，铁很少被关注，古董价值低廉，所以也没人收藏它们。然而1949年中华人民共和国成立之后，随着建设事业的发展，中国各地出土了很多战国时代的铁器。在"进入战国、领土国家时代"一章中介绍的发现了错金银马首形青铜轭的河南辉县固围村古墓，就因为出土了大量的铁器而备受瞩目。这些工具大概是修墓时使用的，因不吉利所以一起被埋葬了。看其种类，锹、锄、犁这样的耕田用具确实是战国时代铸造的，其证据就是河北省兴隆县发现了铁器铸模七十个，其上清晰地刻着战国时代的文字。

之前讲述的孟子和陈相的对话中有一句"以铁耕乎"，也反映了战国前期铁制农具已经普及，辉县出土的铁制耕具中的

V字形铁制利器估计是在缺口处插入木制的部件，作为牛耕之犁来使用的。因此可以认定战国时代已经在进行牛耕了。

铸铁制农具的出现是让农业生产飞跃发展的原动力，另一方面，剑、甲、矛等武器和锯、锥、针、小刀等工具是由锻铁制成的。特别是剑、矛等武器，南方尤其楚是著名产地，其中宛（河南南阳）最为有名。据说"宛地出产的钢铁小矛能造成像蜂刺一样的伤害"（言若蜂刺之毒利也）。至今仍然流传着春秋战国时代与南方名剑相关的传说。

有关名剑的神话传说

越国有一位叫欧冶子的名匠，采集赤堇山的锡和若耶谷干涸地带的铜，在雨师、雷公、蛟龙、天帝、太一（也写作泰一、太乙，是对天地万物之元、宇宙之本的称呼）的协助下制造出五把名剑。雨师是水，雷公是风箱，蛟龙是炉，天帝是碳，都是冶金铸造时必要物品的守护神。

吴有一位叫干将的名匠。因为他曾经给吴王阖闾献过宝剑，所以受命再造两把宝剑。他收集了五山的精铜着手精心铸造，可是不知什么原因，花了三年时间铜也没能熔化，所以没完成任务。他的师傅曾经在这种情况下以身投炉获得了成功，于是干将和其妻莫邪剪下头发和指甲投入炉中，让三百童女鼓风箱烧炭，最终获得成功。之后据说一把宝剑被刻上了干将的名字，另一把被刻上了莫邪的名字献给了王。

像这种制造宝剑时以身投炉的故事广为流传，使用头发和指甲大概是因为这些东西易再生，可能是一种与复活相关的巫术。实际上磷在金属中含量很高，所以其质地应该很坚韧。用童女三百也是一种巫术，所使用的是少女没被玷污的"年轻能量"。

楚王听说了吴的干将和越的欧冶子的传闻，就召见一个叫风胡子的人商议，想让这二位工匠造铁剑。风胡子赞成，于是就招来二工着手铁剑制作。二工采茨山铁矿的优质材料制成三把剑，分别命名为龙渊、大阿、工市献给了楚王。听闻此事的晋王和郑王觊觎这三把宝剑，围攻楚国达三年之久，楚王最后手持大阿剑登上城楼，振臂一挥，敌人马上就溃散了。可见这是一则有关铁剑神威的故事。

这些有关名剑的故事都类似神话传说，当然难以全信。但是有记载说干将莫邪二剑分别呈现龟裂文和水波文，从这点来看，这两把剑应不是青铜剑，而是铁剑，是用极纯的钢，内含碳化铁薄片，通过复杂的锻造工艺打造成的。

总之，在铜铁并用的春秋战国时代，南方诸国以名剑产地而闻名。为什么会这样呢？是因为战国时代楚国通行以砂金熔化制成的黄金货币——"爰金"。砂金熔化后，其中含有的大量砂铁作为熔渣就形成糊状的铁。这是纯度很高的优质钢铁，以此制造的武器和工具，据说"利若蜂刺"，或被叫作"白刃"而令人胆寒。《吕氏春秋》里有这么一则记载：

某个鉴定剑的人说："白色表示坚硬，黄色表示韧性，黄白色夹杂就表示坚韧，好剑啊。"（白所以为坚也，黄所以为牣也，黄白杂则坚且牣，良剑也。）

而反对他的人说："白色表示没有韧性，黄色表示不坚硬，黄白色夹杂就表示不坚硬也没有韧性。怎么能称为利剑呢？"（白所以为不切也，黄所以为不坚也，黄白杂则不坚且不切也。……焉得为利剑？）也就是东西好坏因人而异的道理。

各国的土木工程

铁器普及，开始了牛耕，农业生产作为富国强兵的原动力受到重视后，连以前废弃的荒地都被开垦出来。于是就必须挖渠灌溉、筑堤防洪，各国开始大兴土木工程。

春秋时代，齐桓公作为霸主曾举行会盟与诸侯签订同盟条约。公元前657年的阳谷（山东聊城西南）会盟，其条约中有一项是"不可阻断河谷"（无障谷），这是规定禁止垄断水利。而六年后的葵丘会盟规定"不许损坏堤坝"（无曲防），这可能有水利和防洪两个目的。总之，水利对诸侯来说是个重大问题。《战国策》里有这样一个故事：

东周（战国时代周王朝分裂形成的小国。西周位于河南省洛阳以西，东周在河南省巩县〔今巩义市〕）要种植水稻，而西周却堵住河水不让流过来，东周束手无策。这时策士苏先生（原文是苏子，是著名策士苏秦的兄弟）就对东周国君说："请让我去西周说服放水，可以吗？"（臣请使西周下水，可乎？）

然后他就去了西周，拜见西周国君说："您的计谋错了。现在不放水，东周就有了致富的机会。之所以这样说是因为现在东周的百姓都种不需要水的麦子，没有种其他谷物。所以如果您想收拾他们，不如一下子放水冲走他们播的种子。这样他们一来水又会种稻子，这时再给他们断水。如果这样做，东周的百姓就会背叛东周国君而听命于您了。"（君之谋过矣！今不下水，所以富东周也。今其民皆种麦，无他种矣。君若欲害之，不若一为下水，以病其所种。下水，东周必复种稻，种稻而复夺之。若是，则东周之民可令一仰西周而受命于君矣。）

西周国君说："妙算。"于是就放了拦截的水。苏先生得到了两国的赏金。

为灌溉用水和防治洪水兴建的土木工程靠单个的农民或单个集团的力量是不可能实现的，所以无论如何都需要国家官僚的支持，就像之前提到的魏文侯时西门豹的灌溉工程那样。不过这个故事还有一个版本，说这是文侯的曾孙襄王时的事情，进行灌溉工程的不是西门豹，而是一个叫史起的人。襄王时，魏给各农家分百亩土地，只有邺这个地方分得二百亩。这是因为灌溉用水不便，如果不多分田就不能取得与其他地方同等的收成。所以史起一被任命为邺地地方官，就倾全力发展灌溉工程，并取得了成功。这样的灌溉工程不仅是魏，各国都在积极推进。秦在昭王时，统治了四川地区，时任蜀地长官的李冰就截流成都西北方的沫水（岷江），开凿东岸挖水渠，开垦了成都平原。这个堤堰在之后的两千多年间一直被使用，现在还以都江堰之名而闻名。还有一个有名的水利工程是秦始皇时开凿的郑国渠，渠长三百多里，灌溉四万多顷土地，据说这成为秦统一天下的经济基础。

就这样，战国时代铁器的普及，灌溉工程的发达，加上农业科学的发展带来的播种、施肥等的改良进步，使农业生产得到了长足发展。但这并不意味着马上就能使战国农民生活变得富裕。这一点在之前李悝农业政策的话题中也表现得很明显，详细情况将在之后陈述，下面先谈谈工商业的发展和货币流通的问题。

第十一章　工商业的发展

铁的工具

　　战国时代发达的铁器大部分是铸造农具，武器还多为青铜制的。青铜是铜和锡的合金，增加锡的分量，其制品的颜色就由红铜色变为黄色；当锡的含量增加到30%～40%，制品就变为灰白色，随之硬度也增加。武器等是这样制造的，所以前一章提到的"白刃"有可能是青铜制的刀剑。但是"宛地出产的钢铁小矛能造成像蜂刺一样的伤害"（言若蜂刺之毒利也），这一定是使用楚地开采的砂铁锻造而成的。而手工业用的工具也逐渐采用钢铁制造，与此同时各种手工业技术都取得了进步。

　　春秋战国时代的手工业，粗略算来就有冶金业、木工、漆工、制陶业、皮革业、制盐业、纺织业等，各自的技术进步都非常显著。

订正写在木简上的文字所用书刀，河南信阳出土

官营手工业

当时的手工业中，规模最大、技术也最进步的是官营手工业，也就是直属于各国统治者的手工业。据战国时成书的《周礼》中的《考工记》记载，木工分七职，冶金分六职，皮革业、染色业（着色的手工业）和刮磨业分五职，制陶业分二职，分工比较细致。

其分工的状况，就冶金业来看，筑氏制削（刀），冶氏制箭头、戈、戟，桃氏制剑，凫氏制钟，㮚氏制量，段氏制镈器，分为这六种。另一方面，郑的刀、宋的斤、鲁的削、吴越的剑，地方上有各自的特产。这和前面的记载组合起来就是：

筑氏——鲁（山东）——削

冶氏——郑（河南）——箭头、戈、戟、刀

桃氏——吴、越（江苏）——剑

㮚氏——宋（河南）——量、斤

职业种类之所以按某氏来称呼，估计是把当时最有名的职业氏族集团的名字拿来做代表了吧。

段氏制铁业

这些都是作为青铜业被记载的，只有段氏只说是制镈器，因缺少记载故并不明确。镈是指农耕用的小锄头，所以笔者认为段氏可能是生产铁器的。要是这样的话，称呼其为段氏又是什么原因呢？正如上一章所述，铁制农具是通过铸造来制作的，段氏的"段"却是通锻炼的"锻"。青铜器当然只是铸造，不是锻造。笔者的观点是，和欧洲铁起源时一样，铁器在发展之初也有一段通过锻造来制作的时期，负责的氏族被称为段氏（锻氏）。之后，虽然铁器通过铸造被大量生产，但作为其代表，段氏还是很有名的。有报告说近年发现的铁制农具用显微镜观察，铸造的农具上也发现了锻打的痕迹。

像这样的官营工业都有材料库，贮存铜、锡、铁、皮革、漆等，设有大府、中府、小府等官职来管理。这种官营工业的劳动者多为奴隶和刑徒。

民间大手工业者的出现

官营的手工业从春秋时代开始很兴盛，到了战国时代，出现了民间参与的大手工业，主要是在制盐和制铁方面。

制盐业中，春秋时代齐国的名臣管仲曾经以官营的方式进行海盐生产，获得丰厚的利益，为齐国奠定了五霸之首的经济基础，此事十分有名；而山西省南部自远古时代就有一个有名的盐池（位于山西省南部安邑附近，这一带是中国最古老文明的发祥地），到了战国时代又有个叫猗顿的男子在此经营制盐业，积累下百万财富。赵的都城邯郸还有一个叫郭纵的男子,开始经营当时的龙头产业制铁业,大获成功,很快就积累起富可敌国的财富,他很有可能是大量地铸造了农具。

农民的家族工业

另外,还有很多小农的家庭工业和独立的小手工业。当时农民就像所说的"男耕女织"一般,男女是分工合作的。采桑养蚕,种植麻、葛并以此为原料纺线织布是一般农妇必不可少的工作。

《诗经》里有这么一首民间歌谣——

> 十亩之间兮,
> 桑者闲闲兮。
> 行与子还兮。

采桑女

《古列女传》(汉代刘向编写的书,"秋胡子妻"收于《节义传》)里有这样一个故事:

鲁国有个叫秋胡子的男子,娶妻五天后就去陈国做官了。第五年他带着一小笔钱回到故乡,可是在归途中迷恋上道旁采桑的一个女子。

于是他下车搭话说:"干劲可真足啊。我是从远方来的,有些累了,想在桑树荫下休息一会儿行吗?"(若曝采桑,吾行道远,愿托桑荫下餐,下赍休焉。)

可是女子不理他,继续采桑。

他又搭话说:"与其在田里卖力不如遇到丰年,与其卖力采桑不如遇到权贵。我的钱愿意给你。"(力田不如逢丰年,力桑不如见国卿。吾有金,愿以与夫人。)

于是女子说:"我采桑、纺线织布维持生计侍奉双亲,不想要什么钱。别起什么邪念,收好你的钱走吧。"(嘻!夫采桑力作,纺绩织纴,以供衣食,奉二亲,养夫子。吾不愿金,所愿卿无有外意,妾亦无淫泆之志,收子之赍与笥金。)

男子遂放弃了念头回到家,把钱给了母亲,让人去接久别的妻子。过了一会儿,男子看到返回家的妻子就是刚才在采桑的女子,又是吃惊,又是羞愧。

妻子说:"你立志辞别父母去做官,五年总算回来了,可是却被路边见到的一个女人迷得神魂颠倒,甚至想给她钱,看来是忘了母亲了。忘了母亲是不孝,好色是淫荡之心。我根本不认识你这种人,看见你都讨厌。你重新娶一个合心意的女子吧,我也不会再结婚了。"(子束发修身,辞亲往仕,五年乃还,当所悦驰骤,扬尘疾至。今也乃悦路旁妇人,下子之装,以金予之,是忘母也。忘母不孝,好色淫泆,是污行也,污行不义。夫事亲不孝,则事君不忠。处家不义,则治官不理。孝义并亡,必不遂矣。妾不忍见,子改娶矣,妾亦不嫁。)

就这样,女子不听劝阻跑向东边投河而死。

这个故事后来被吟咏为叙事诗,甚至被改编为小说和戏曲,作为封建社会女子的一种写照备受赞颂。与之相反,男人则颜面扫地。但是这个男人也有被同情的余地。总之,桑田、采桑女是让男人倾心的事物,《诗经》中有这样一首歌——

爱采唐矣？沬之乡矣。云谁之思？美孟姜矣。期我乎桑中，要我乎上官，送我乎淇之上矣。

孟母教子

战国时代的女人努力纺线织布，在古代故事中有很多这样的事例。比如孟子的母亲，以孟母三迁的传说而闻名，有一天少年孟子从私塾先生那儿回到家时，她正在织布。

孟母问道："学业有所进展吗？"（学何所至矣？）

"还行。"（自若也。）

孟母猛然用刀把正在织的布截断了。

少年问："您怎么了？"（孟子惧而问其故。）

孟母说了这样一段话晓谕他："你放弃学习就如同我截断织的布是一个道理。男人以学问立命、开阔眼界。你如果现在放弃学问，只能成为一个被人役使的小人物，今后过艰难的日子。"（子之废学，犹吾之断斯织也。夫君子学以立名，问则广知。……今而废之，是不免于厮役，而无以离于祸患也。）

少年孟子自此发愤做学问，最后成为天下名儒。这个故事记载在《古列女传》中。

不仅农妇，在中国古代，一般妇女都有织布的习惯。

农村织布遍及全国各地，不过战国时代著名的纺织品产地是齐、鲁一带。秋胡子的妻子是鲁国人，孟子出生在离鲁很近的邹，也是山东的国家，这点绝非偶然。曾子（名参，字子舆。是孔子的弟子，因孝行而闻名）的母亲，就是那位听到儿子杀人了的消息，因相信儿子而不作理睬继续织布，直到接到第三个人的报信才扔下杼（挂纬纱的工具），迈过篱笆逃走的人，她也是鲁国人。还有《淮南子》（二十一卷，西汉淮南王刘安〔？—公元前122年〕和众多门客一起编写的）这本汉代写成的书里记载了这样一句话："临淄（齐国的都城）有一女，一边织纨（白色薄绢）一边思念远行的亲人，因此绢织得粗劣毛糙。家中有美貌的女子，缯（质地厚的绢）为此而变得粗糙。"（临淄之女，织纨而思行者，为之悖戾。室有美貌，缯为之纂绎。）齐的都城自古以来就作为绢的产地而驰名。

独立的手工业者

战国时代的城市里有很多小手工业者。车工、皮革工、陶工、冶金工、木工等，各自拥有狭小的工作场所，店头摆放着产品销售。从前面提过的许行弟子陈相的话中可知，农民都从这些手工业者那儿购买日用品。这些匠人们当时被叫作"百工"或"工肆之人"。

孟子劝喻选择职业必须慎重时，有这样一段话："造箭的人难道不如造铠甲的人仁慈吗？造箭的人唯恐造的箭不能伤人，造铠甲的人却唯恐伤人。祈祷无灾无病的巫医和棺材匠之间也是这样。"（矢人岂不仁于函人哉？矢人唯恐不伤人，函人唯恐伤人。巫匠亦然。）

矛和盾

还有一个这样的故事：

在一个街角，楚国的男子在卖盾和矛。

他扯开嗓子喊道:"我这盾坚固无比,任何锋利的矛都穿不透它。"(吾盾之坚,物莫能陷也。)又接着喊道:"我这矛锋利极了,天下绝品,什么盾都能轻易穿透。"(吾矛之利,于物无不陷也。)

一直沉默听着的一个男子开口说:"那用你引以为豪的什么盾都能穿透的矛,去刺什么矛都穿不透的盾会怎么样呢?"(以子之矛,陷子之盾,何如?)

男子一下子答不出来了。

这就是"矛盾"一词来历的故事,大家可能都知道吧。有意思的是卖矛和盾的男子是楚人。楚国本来就远离中原文化,所以中原诸国把他们当野蛮人取笑。不仅如此,卖的商品还是南方楚国的名产——锋利的矛。不知道盾是哪儿的特产,但是近年,湖南省长沙市的一个战国楚墓里出土了漂亮的漆制盾。矛和盾的制造者肯定是不一样的,所以这个男子一定是进货后沿街叫卖的行商。不过也很可能是从战场上拾来的二手货。这先暂且不论,沿街叫卖这么危险的物品无疑也是非常具有战国时代特色的街景。

商人登场

物的交换是在原始氏族社会中自然而然产生的,殷代甚至出现了贝币。但是在生产者和消费者之间,以贩卖东西为业的商人是什么时候产生的还不十分清楚。"商人"这个词原来是指殷(商是别称)人。殷王朝灭亡后,生活无着落的殷人(周代的宋国人)发挥其精于计算的才能开始行商,所以把行商之人叫商人。之后，虽然广义上把一般的买卖行为都叫商，但宋国的行商之人却因为是亡国之民，所以被蔑视嘲笑。

宋人买入帽子千里迢迢去越国卖，但是越人披头散发、身刺文身是习俗，所以不需要冠之类的东西，类似的讽刺性小故事有很多。

还有一个表示一般商业行为的词是"贾"。贾不仅指行商，也指拥有店铺的商人。但是商和贾的意思区别很快就被忽略了，被毫无区别地使用起来。

商业成为一种谋生手段是在西周时代，但是商人在社会上的显著活动是从春秋时代开始的。特别是中原文化地带作为商人的发源地，其中之一的郑国因为保护商人，而出现了以诸国的王侯贵族为生意对象的大商人。

商人拯救危机

公元前627年，秦军东征，郑国大商人弦高前去周交易的途中碰上了秦军，他感到郑国有危险，所以就灵机一动，赶紧献上四张鞣革还有十二头牛，犒劳秦军说："郑国国君听说你们将要行军经过敝国，让我冒昧地前来慰劳大家。敝国不富裕，对贵军的长途之旅也帮不上什么大忙，但要是住下来就提供一天的食粮、燃料，要走就做好一夜的保卫工作。"（寡君闻吾子将步师出于敝邑，敢犒从者。不腆敝邑，为从者之淹，居则具一日之积，行则备一夕之卫。）

然后他快马加鞭去通知郑。这么机智的处置使得秦军误以为郑国没有放松警惕，于是就返回去了。这个记载见于《春秋左氏传》。

商业之神

除弦高之外，从春秋到战国时代，作为大商人而驰名的还有越王勾践的名臣范蠡、孔子的弟子子贡、魏惠王的大臣白圭等。

范蠡在做越王勾践的大臣时著有名为《计然》的经济理论书籍，他实施了七策中的五策使越国富国强兵。在同吴的激烈战争取得胜利后，他离开勾践，移居到中原繁华都市陶（也叫定陶，宋的都市），改名陶朱公，开始做投机式的生意。十九年间，范蠡三次赚到千金。他的子孙后代也继承了其买卖，积累了百万之富。后世把陶朱公当作商业之神。

孔子的弟子子贡（春秋卫人。姓端木，名赐，子贡是字。擅长雄辩，是孔门第一政治家，也以理财家而著称）在山东的曹、鲁地区经商累积财富，甚至做到与各国君主平等交往。还有魏惠王的大臣白圭是筑堤水利专家，同时也是投机家。他在丰年时囤购粮食，出售丝、漆、茧，凶年时出售粮食，囤购绢布，做这样的投机生意取得了成功。

他说生意的秘诀在"智勇仁强"四字。顺应形势变化需要智，做决断需要勇，人弃我取、人取我与是仁（爱），静待时机需要强。

战国时代有一句谚语是"长袖善舞，多钱善贾"，充分显示了大商人们的活动十分引人注目且日益增多的时代特征。

奇货可居

在这一众大商人中,韩的都市阳翟的大商人吕不韦是个更加了不得的人物。他也具有战国商人的突出特点,在投机方面很着迷。岂止是着迷,还非常有先见之明。他为了生意往来于赵国都城邯郸时,听说了一个诱人的传闻,那就是秦太子安国君的庶子子楚在赵国做人质。吕不韦没有漫不经心地当成耳旁风,他在心里狂呼:"奇货可居也!"(居通贾,买的意思。)

他马上开始活动,运用他的财力和智谋最终把不得志的秦的一介庶子成功推上太子的宝座。而且他让怀着自己孩子的邯郸舞姬赵姬嫁给子楚,生下的孩子不久成为秦始皇,自己则作为宰相掌控天下。就这样,吕不韦的野心完全得以实现,这难道不让人赞叹战国大商人的实力吗?

地方特产

春秋战国时代商业之所以发达,还有一个不可忽视的原因,那就是各地方特产受到欢迎,得以互通有无。

南方的特产有长松、文梓等木材,犀和兕的皮革(制作铠甲的材料)、象牙、黄金、铜、锡等金属,蜀地还出产曾青(碳酸铜)、丹砂(氧化水银)等贵重矿物颜料。

东方的特产主要是鱼、盐等海产和紫(紫色的绢织品)、绤(粗葛布)等纺织品。

西方的特产主要有铁、池盐等矿产和鸟兽的皮等。

北方的特产主要是家畜和果实，家畜有狗、马、骆驼等，果实有枣、栗子等。

关卡和关税

为了运输和交易这些地方特产，大商人们将牛车或船连在一起，就像驼队那样周游天下。于是各国在交通要道和国境处都设有关卡，商人们经过时必须缴纳关税，其收入是各国政府的重要收入之一。这被认为是苛酷的做法，甚至遭到孟子等人的反对，所以商人们当然盼望早一天消除国境线，废除关卡，天下成为统一的国家。

"关"是春秋时代中期，从鲁、齐、卫、宋等商业和交通发达的黄河中下游地区开始设置的。那时还是都市国家时代，国境不明确，所以关多设在国都附近。而且关税，也就是收取的通行税，是君主私人的收入，其税率不固定，有时过境物品会被任意征税。

到了战国时代，关已经不是设在国都附近，而是设在国境和国内的交通要道上。这是因为到了战国，都市国家变成领土国家，国境逐渐明确起来。当时，齐有阳关、穆陵关、博关，赵有扞关，楚有扞关、江关、阳关、弱关、昭关、榆关，秦有函谷关、武关、散关、萧关、临晋关、崤关、湖关等。

青铜制的通行证

1957年，安徽省寿县县城东门外出土了战国时代楚国制造的青铜通行证。春秋战国时代,各国发给旅行者和使者的通行证叫作"节"或"符节",原本是用竹子制成的,但这次出土的节是青铜制的,形似竹筒被剖成了五片,中段有一个竹节,上有金丝镶嵌的九行铭文。据此来看,出土的这四枚金节是楚大司马(将军)昭阳打败魏军那年(公元前 323 年),楚怀王为受封于鄂的封君启而制的通行证。四枚中的一枚写着从鄂到当时的楚都郢(湖北省江陵县)之间经过湖北、湖南、江西三省的水路,所以这是一枚水路通行证。其余三枚是跨湖南、湖北、安徽、河南四省的陆路通行证,形状和文字都完全一样。另外,有一些以往我们并不清楚的有趣事实,通过这个铭文才头一次弄明白,比如当时楚国对旅行者的船车数量、旅行时间、装载货物(武器、畜产)等有相当严格的限制,还有就是持有这个通行证的人会被免除关税。

另外在此赘述一点,当时的关税税率大约为 1%~2%,粮食等就用实物缴纳,牛和羊可能是换算成粮食、货币再缴纳。

第十二章　商业城市的诞生

从贝币到铜币

　　殷、西周时代的古代中国，南海产的宝贝（宝贝科海生螺，作为繁殖的象征，拥有巫术的意义）很受珍视，相关遗物大量出土。这些东西一开始作为贵重的装饰品而大受欢迎，逐渐就具有了物物交换的媒介作用，这就是贝币。其后，到了春秋战国时代，生产力提高，流通经济发达，商业城市兴起，青铜货币被铸造并广泛流通开来。但是这些具体是从何时开始的，还不明确。《春秋左氏传》里没有找到有关货币的记载。《国语》（汇集了春秋时代各国故事的书籍）中有周景王（公元前544—前520年在位）铸造大钱的记载，如果属实，那么这是春秋末期的事。到了战国，则无论是文献还是实物都能证明青铜货币的存在是千真万确的。从当时的生产力发展等情况来看，金属货币是从春秋后期出现的，普及开来大概是战国时候的事。

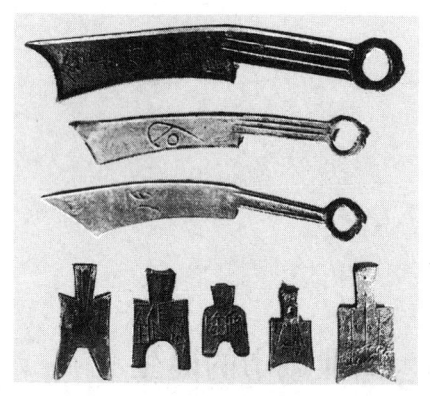

战国时代的货币（上面三个是刀币，下面五个是布币）

四种金属货币

春秋战国时代铸造的铜币有布、刀、圆钱、蚁鼻钱（铜贝）四种。

一、布（布钱）是模仿铁制农具镈的形状。镈现在叫作铲。这个形状的铜币一定是由于最初农具镈便于交换，由镈而转变来的。布钱的主要流通地区是魏、赵、韩三国。但是虽说都称为布，形状却有所不同。其中最开始铸造的叫作空首布，它完全模仿了镈的形状，外形比较大，甚至颈部原模原样地保留了用来安装把手的孔，孔的部分较短，并延伸到钱的表面，相当于刃的前端成一条直线，或是略微向内侧弯曲，是最古老的钱币。这种空首布之后外形变小，上面出现了文字，这明显就是战国时代的东西了。从空首布开始形状一点点发生变化，出现了尖足布和方足布，其中也有圆肩和方肩之分，就这样衍生出了各种形状。

二、刀（刀钱）是从工具刀转化而来的，主要流通地区是齐、燕、赵三国。齐的刀钱形状较大，刃尖全都是尖的；燕、赵的刀钱形状较小，刃尖成了方形或圆形。

三、圆钱是圆形的，中间有一圆孔，四方形的孔出现得稍晚。主要的流通地区是东周、西周（这里所说的东周和西周是战国时代位于洛阳的小国）、秦，以及赵和魏的黄河沿岸地区。秦统一天下后，铸造圆钱作为全国通用货币，所以其他形状的货币就不用了。

四、蚁鼻钱（铜贝）是模仿贝币造的，主要在楚国使用。因表面有奇形怪状的文字所以又被叫作鬼脸钱。

商业都市的货币铸造

战国时代的货币多把各国都市的名字铸到钱的表面，那是因为货币的发行都是以都市为单位进行的。关于其状况我们以货币经济最发达的魏国为例来谈谈。

战国时代魏国在以下都市发行货币：

国都大梁（河南省开封市）
旧都安邑（山西省夏县）
泵（不详）
蒲阪（山西省蒲州〔今永济市〕）
晋阳（山西省虞乡县〔今属永济市〕）
共（河南省辉县〔已改市〕）
山阳（河南省修武县）

虞（也就是吴，山西省平陆县）

垂（也就是垂都，山东省曹县）

垣（山西省垣曲县）

平周（山西省介休县〔已改市〕）

皮氏（山西省河津县〔已改市〕）

畿（河北省大名县）

高都（山西省晋城县〔已改市〕）

宅阳（河南省荥阳县〔已改市〕）

魏位于中原，是货币经济最发达的国家，发行货币的城市有这么多。因此，布钱的形状、大小、轻重也各式各样。其中有像方足布的"安邑二釿""安邑一釿"这样大小两种搭配的，这叫母子相权（母子钱）；国都大梁发行的布则被发现有四种。釿同斤，根据测定其重量的报告，一釿大约是14.5克，标示二釿的是标示一釿的两倍重。重量单位也有标示"寽"的，其重量基本和釿相等。

魏的黄河沿岸地区也流通圆钱，这在共、垣、长垣（现在河南省长垣县）三市发行。也就是说，共和垣制造布钱和圆钱。估计圆钱在时间上要晚一些。

其他国家的情形基本一样，在此略去不提。总之，战国时代各国都市都在竞相发行货币。这些货币不仅在那个城市及其国内流通，也被用于其他国家。这点通过出土文物得以证明。比如燕的明刀，在邯郸（赵）、济南（齐）、郑州（魏）等地都有发现，赵的安阳布在易县（燕）、郑州（魏）等地也有出土。

战国时代楚国的黄金质地货币（爰金）

黄金货币

随着商品经济的发展，战国时代也使用了黄金货币。黄金用斤、镒这样的重量单位来计算（一镒是二十四两）。也有以金为单位的，是一块金币的意思。就现在所知，铸造金币的只有楚国，其方法是在基本呈正方形的金版上划出十六到二十个小正方形，上面有的刻"郢爰""陈爰"二字，也有的只刻"郢"字。郢和陈（郢是现在的湖北江陵县，陈是现在河南省淮阳县）都是楚的国都所在地，爰是古代重量单位锾的省略字，六两重。也有一种说法是这个爰读孚，是铧字的省略。铧的重量是半两，所以其间重量差很大。总之这种金币使用时是要切割的，所以需要称重。

三千金的美女

战国时代，大商人用牛车载着奇世珍品在诸国统治阶级间巡游，其交易都是以黄金来定价。像千里马、象牙床、宝剑、狐皮衣等据说都值千金。表现富豪的财产之多时都说"千金之家""万金之家",国君赏赐臣下、行使贿赂等时候一般都说"百金""黄金千镒"。西周、春秋时代,送车、弓箭、奴婢等很普遍,没有送黄金货币的。这也显示出春秋和战国的不同。有一个故事说战国时代韩国有位绝世美女,标价极高,诸侯都出不起价的时候,秦国花三千金将其买下。

农民的哀叹

战国时代由于工商业的惊人发展,王侯贵族的生活越发奢侈,另一方面商人中出现和王侯们过着一样生活的富豪。他们被叫作素封(有钱人。意思是富人即使没有封地,但其收入丰厚,和封侯一样),受人尊敬。

与此相反,农村生活依然贫困黯淡,飞跃提高的生产力也并没有滋润农民的生活。租税的征收越发苛刻,并且随着商业的发展,货币经济深入农村,这些都在侵蚀着农民生活。

在"开明君主的出现"一章中讲到了魏文侯之臣李悝的农业政策。他是这样分析当时的农村经济的,拥有百亩地的五口标准农家,其年收获量总计150石。之后用于农家自家消费90石(五口之家按一人一月1.5石计算),再减去十分之一的税也就是15石,还剩45石。这45石如果按一石30钱来卖的话,就有1350钱的现金收入。其中作为必要的经费,村里祭祀的分担费用为300钱,服装费一人300钱,五人就是1500钱,算下来还有450钱的缺口。如此算来,就既没有家人的医药费,也没有丧葬费。

据记载，战国时代粮食的价格有一石 100 钱的，也有 40 钱、37 钱的，所以李悝的 30 钱似乎有些太过便宜，这可能是之前提到的白圭那样的粮食商人抑价购买造成的吧。服装费等不是自给自足的现象充分说明商品经济已经渗透到农村。如果独立的标准农家经济是这种赤字状况的话，高利贷资本就会渗入，不用说，农民经济会进一步受到挤压。

高利贷资本横行

战国时代贵族和商人们经营的高利贷资本渗入农村是一个确切的事实，在各种文献中都有记载。在此仅讲一个齐湣王（公元前 300—前 284 年在位）时宰相孟尝君的事情。他也是一个非常出色的高利贷者，因为有食客三千而闻名。他获利的方式无非是向领地内的百姓借贷高利息的贷款，其利息一次就能入账十万钱之多。有下面这样一个故事：

聚集在孟尝君身边的食客有各色各样的人，有犯了罪的人，甚至也有逃亡中的人前来投奔。

有一天，有一个叫冯驩的男子千里迢迢地投奔孟尝君。他脚穿草鞋，衣衫褴褛，看上去不像有什么过人之处，所以孟尝君就把他安排到叫作传舍的三等宿舍。十天之后，孟尝君思量着那个男子在干什么呢，于是就询问舍监。

舍监说："冯先生极其贫穷，只有一把粗陋的剑。他弹着剑唱道'长剑啊，咱们回去吧！吃饭没有鱼啊'。"（冯先生甚贫，犹有一剑耳，又蒯缑。弹其剑而歌曰'长铗归来乎！食无鱼'。）

于是孟尝君就给他升格，安排他住到叫作幸舍的二等宿舍,这里的伙食有鱼。然而过了五天左右又问舍监,舍监说:"冯先生还是弹剑唱'长剑啊,咱们回去吧!出门没有车啊'。"(客复弹剑而歌曰'长铗归来乎!出无舆'。)

于是这次孟尝君把他换到了叫作代舍的一等宿舍,这里出门时配车。孟尝君以为他这下总该满足了吧,五天之后再问舍监,舍监回复说:"冯先生又弹剑唱'长剑啊,咱们回去吧!没法养家啊'。"(先生又尝弹剑而歌曰'长铗归来乎!无以为家'。)

这回就连孟尝君也面露不悦之色,置之不理了。就这样过了一年,冯驩也什么都没说。

烧毁债券契据

当时,孟尝君是齐国的宰相,在薛领有一万户的封邑。他的食客有三千之多,仅靠封邑的税收不足维持费用。因此他派人去向薛的村民放贷,但过了一年都没有收益,很多欠债的连利息都付不起。于是在舍监的推荐下由冯驩前去催缴。

冯驩到了薛,叫来借孟尝君钱的村民进行交涉,集齐了利息十万钱。他用这笔钱酿制了大量的酒,买了肥美的牛肉招待了借贷的众人。在酒宴方酣之际,他把借方契据和贷方契据(竹制或木制,其上写着贷款契据,分割成两半,债权者持右券,债务者持左券)合在一起,就今后利息的支付问题,和每一个人商量了日期和方法。对那些穷得支付不起利息的人,则烧了他们的债券。

并且这样说道:"孟尝君之所以向大家贷款,就是给诸位提供资金来从事生产；他之所以向大家索债，是因为要用其供养宾客。现在正如大家所见，有钱还债的约定日期还债，无力还债的烧掉债券把债务全部废除。请各位开怀畅饮吧。有这样的封邑主人，日后怎么能背弃他呢！"（孟尝君所以贷钱者，为民之无者以为本业也；所以求息者，为无以奉客也。今富给者以要期，贫穷者燔券书以捐之。诸君强饮食。有君如此，岂可负哉！）

在座的人都站起来再拜。孟尝君听了这事之后大发雷霆，叫来冯驩责问道："到底怎么回事？"

冯驩这样答道："之所以大办酒宴是为了召集全部债务者，了解谁富裕谁贫穷。贫穷的，即使坚持讨债十年也还不上债。烧掉毫无用处的借据，是让薛的百姓信任您、传播您的名声，有什么不可的呢？"（不多具牛酒即不能毕会，无以知其有余不足……不足者，虽守而责之十年，息愈多，急，即以逃亡自捐之。若急，终无以偿，……焚无用虚债之券，……令薛民亲君而彰君之善声也，君有何疑焉？）

孟尝君听了后拍手称谢。

据说后来由于种种原因，孟尝君被赶下宰相之位，在失意中回到薛，领地的百姓都出城相迎安慰他。

宋人拾契

再谈点儿题外话，讲一个契据的故事。这还是一个愚蠢的宋人的故事：

宋国有个男子在路上行走时，捡到一个别人丢失的用过的债据，回到家后小心地收藏起来，悄悄地算清票面金额，得意地告诉邻居说："我就要发财了。"（吾富可待矣。）

这个故事里把债据叫作"契"，也就是符契。

人口的增加

让我们把话题回到前面提到的人口问题。春秋时代中期之前，也就是没有铁器的时候，各国人口相当少，待开垦的荒地非常多。

然而随着生产力的提高，荒地被不断开发，新的邑也不断地形成。到了战国时代，中原国家的人口密度显著提高。

齐国有"邻邑相望""鸡鸣狗吠之声相闻，而达乎四境"之说。魏国据说是"田地农家增加，没有放牧牛马的土地。百姓和车马往来日夜不息，简直像军队行军一样"。（田舍庐庑之数，曾无所刍牧。人民之众，车马之多，日夜行不绝，輷輷殷殷，若有三军之众。）

春秋战国时代，各国为了富国强兵努力增加人口，借用墨子的话说："现在王公大人治理国家，都希望国家富强，人民众多，依法治理。"（今者王公大人，为政于国家者，皆欲国家之富，人民之众，刑政之治。）

五十步笑百步

孟子面见魏惠王，惠王问孟子道："我日夜操心百姓治理国家，邻国的百姓没见少，我的百姓也没更多，这是什么原因呢？"（寡人之于国也，尽心焉耳矣。……邻国之民不加少，寡人之民不加多，何也？）

孟子回答说："大王喜欢打仗，请让我用战争来作解释。假如战场上两军交锋，战鼓擂响，进入白刃战的状况。这时，士兵中有人丢盔弃甲逃跑，跑了一百步停下来，另一个男子跑了五十步停下来，笑话这个跑了一百步的男子是胆小鬼。您怎么看呢？"（王好战，请以战喻。填然鼓之，兵刃既接，弃甲曳兵而走。或百步而后止，或五十步而后止。以五十步笑百步，则何如？）

惠王说："无论逃跑五十步还是一百步，都是逃跑，没有什么区别。"（不可，直不百步耳，是亦走也。）

孟子说："王既然知道了这点，就不要指望人口多于他国了，王您为百姓所做的善政，在我看来也就和这五十步一样。"（王知如此，则无望民之多于邻国也。）

就像这样，各国都在致力于增加人口、发展经济，所以

战国时代的商业城市

城市数量增多，城市人口增加。而这其中不仅仅包括自然增加的人口，肯定还吸收了农村贫困人口。所以之后放弃农业转向工商业的人多了起来，导致出现了政治问题。

都市人口

春秋时代都市的人口没有那么多。一般国家的国都也不过周长九百丈而已，被称为卿大夫的贵族阶级的都邑只有其三分之一到五分之一，更小的只有大概九分之一。一般的邑有千户左右，最少的只有十户。可是到了战国时代，出现了所谓的"千丈之城、万户之邑相望也"。齐的即墨（现在的山东平度东南）是"三里之城，五里之郭"，也就是说内城三里四方，环绕其外的外城有五里四方。而且还有比这更大的都市，比如齐的临淄、赵的邯郸、周的洛阳、魏的大梁、楚的鄢郢（郡，现在的湖北宜城）、韩的宜阳等各国首都。

总的来说，战国时代各国以其军事实力做后盾，实行中央集权，全国的财富都汇集到国都，所以国都繁荣，人口众多。

刚才列举的韩的宜阳（现在的河南省宜阳县）据说是"城方八里，材士（防卫兵）十万"；齐的临淄则是个拥有七万户的大都市，其人口按一户四人计算是二十八万，按一户五人则是三十五万。

近年正在进行关于战国时代都市的考古学调查。临淄遗迹东西约4公里、南北约4公里多，燕的下都遗址东西约8公里、南北6公里，赵的邯郸由约1.4公里的四方主城和面积

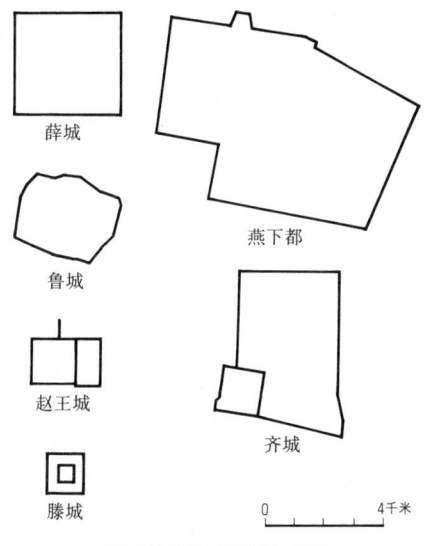

战国时代列国都城的规模

约有其一半的东城构成，鲁的曲阜在东西约 3.5 公里、南北约 2.5 公里的范围内残存着土墙的遗迹。

都市的规模

春秋时代把诸侯所在的首都叫作"国"，卿大夫（贵族）所在的大邑叫作"都"，二者都有城墙环绕，实际上是领主的堡垒。即使到了战国时代，城依然还是领主的堡垒，但和春秋时代不同的是，随着商品经济的发展，市变成了城的主要部分。那时，建国都时常说"面朝后市"，也就是说规定国都内的建筑，前面（南部）建领主的宫殿，后方（北部）建市。

战国时代诸侯的国都里除了全都建有大规模的宫殿、祭祀祖先的宗庙以及官署外，贵族和官吏们的住宅也是鳞次栉比。这些统治阶级的宏大建筑背后有市，排列着独立手工业者和商人的店铺。有高高挂着酒幌的卖酒的店，还有五金店、车店、漆器店、兑换店、鞋店等，还有把蔬菜、兔子等装在车上从近郊来卖的百姓，甚至还有算卦的店。

有这么一个故事：

从前在齐国有个男子极其渴望金子。一大早，他收拾整齐，跑到市场去了兑换店，抓过那里的金子就跑。

官吏抓到他责问他："那么多人在场，怎么就能抢人金子呢？"（人皆在焉，子攫人之金何？）

那个男子回答说："抢金子时，根本就没看见人，眼里只看到金子。"（取金时，不见人，徒见金耳。）

像齐国临淄这样的繁华城市最是以热闹闻名。《战国策》里有如下记载："临淄非常富庶。平常人都会吹竽、鼓瑟、击筑、弹琴、斗鸡、赛狗、赌博、踢球；临淄的街道上车轴相接，摩肩接踵，把衣襟连起来可成帷帐，把衣袖举起来可成幔幕，擦一把汗可以形成雨；家家生活都非常富裕，人人志气极为高昂。"（临淄甚富而实。其民无不吹竽、鼓瑟、击筑、弹琴、斗鸡、走犬、六博、蹋鞠者；临淄之途，车毂击，人肩摩，连衽成帷，举袂成幕，挥汗成雨；家敦而富，志高而扬。）

这描述里估计也有夸张的成分吧，但可以想象其繁华程度。它清楚地描写了战国时代的都市已经不像春秋时代那样仅仅只是王侯贵族的都市，而是作为商业都市也成为市民生活的场所。特别是市，不仅仅是进行商品买卖的场所，也是可称之为娱乐场、繁华街的市民社交场所、休憩的场所。战国时代末期，有名的刺客荆轲喝得酩酊大醉，让朋友击筑、哀歌以和的地方是燕国的市。还有秦国吕不韦展示让食客执笔编写的《吕氏春秋》，改一字悬赏千金的地方是咸阳市门。

因此，有时市也是政治运动的策源地。这样的倾向在春秋时代，所谓都市国家的都市中就已显现出来。如果从这点来看的话，可以说春秋战国时代的市和希腊的市集 Agora（位于希腊都市国家中心街区的中央广场兼市场。古代希腊市民即使没什么事也聚集到这里谈论政治和学术艺术，聊天打发时间）、罗马的 Forum（拉丁语，指自由都市里作为市民政治、司法、商业中心的中央广场）具有非常相似的性质。而且战国时代因为工商业的发展，市民的地位得到进一步的提高。在这样的市的自由空气下，"百家争鸣"空前活跃，"思想黄金时代"之花绽放。

第十三章　百家争鸣

渴望人才

　　春秋时代中期到战国时代发生的社会、经济大变动提高了其中坚力量庶民阶级的地位。由于束缚他们的严酷统治有所缓和，再加上经济实力的提升，他们也获得了做学问的自由。另一方面，当时的诸侯们拼命富国强兵，不停地寻求有一技之长之人。有这么一个故事：

　　楚国将军子发寻找技艺高超之人。楚国有一个擅长偷盗的男子前去谒见，子发立刻会见并热情款待了他。之后不久，齐军进犯楚国。子发率军御敌，屡战不敌齐军。

　　这时，那个神偷请战说："我有一个小计策，愿为您效劳。"（臣有薄计，愿为君行之。）

　　子发连解释都没听就应允了。神偷趁夜色的掩护，把齐国将军的睡帐卸下偷回。

子发派人送还说："我们去打柴的士兵捡到您的帷帐，特地赶来奉还。"（卒有出薪者，得将军之帷，使归之于执事。）

第二天神偷又前去把将军的枕头偷来了，子发又派人送还。第三天又出去把将军的发簪偷来了，子发又一次派人送还。齐军非常惊惧。

将军说："如果今天再不撤退，楚军恐怕要派人来取我的头了。"（今日不去，楚君恐取吾头。）于是齐军撤退。

像这样，无论什么技能，只要有一技之长之人都能受到尊重。甚至连嗓门大也行，因为在危急关头，向对岸呼叫渡船需要嗓门大的人。当然这种风气也有弊害。

王登是晋中牟县（现在的河南省中牟县）的一县之长。一天他向上推荐两名士，襄王分别赐予了土地宅邸。于是中牟县有一半人都争先放弃耕作，卖掉土地，开始做学问。

还有赵武灵王要攻中山国，派李疵前去刺探。

李疵说："可以攻打。"（可伐也。）

"为什么可以攻打呢？"（何以？）

"中山的国君去探望了躲在穷巷中的七十家潦倒之士。"（中山之君，所倾盖与车，而朝穷闾隘巷之士者七十家。）

"这不是贤君吗？怎么能攻打下来呢？"（是贤君也，安可伐？）

"不是这样的。君主选拔士，人民就追求虚名而不守其本职工作；君主探望贤者，耕田之人就会怠惰，战士就会泄气。这样怎能不亡国呢？"（不然。举士，则民务名不存本；朝贤，则耕者惰而战士懦。若此不亡者，未之有也。）

因为是这样一个时代,所以就出现了培养人才的教师。第一位就是春秋末期的孔子,第二位是战国初期的墨子。关于墨子会在下一章中详述。

最早的教育家母亲

如果人人追求出人头地,教育兴盛的话,就会出现醉心教育的母亲,其中最有名的就是孟母。少年孟子丧失求知热情时,其母剪断织布予以训示的故事在前面已经讲过了。《古列女传》中在这个故事之前还记载了孟母三迁的故事。据说孟子少年时代,和小朋友一起玩葬礼游戏,又是大哭又是模仿下葬,孟母认为所住之地不适合孩子成长,于是就搬到了市郊。这回孟子又模仿商人玩起做生意的游戏,他母亲认为这地方对孩子成长也不利,就搬到了学校附近。这次孟子开始模仿祭祖之礼做一些高雅的游戏,孟母总算放心了。

孟子出生在现位于山东省的一个叫作邹的小城,很多年以前我曾去过。那是一座寂寥的乡下小镇,从祭祀孟子的"亚圣庙"前隐约可见远处秦始皇曾登顶立碑的峄山。流过这座小镇的小河边上立着一道门,匾额上写有"三迁故址",孟子的故居地址就在这附近。

公元前370年前后,孟子生于与鲁国南部相邻的一个叫邹的小国。其家族属于鲁孟孙氏的一个分支,被称作孟氏,但孟子却并未受其惠,他父母的名字也未被记载。孟子在二十岁左右时因崇拜孔子,跑去鲁国跟在孔子的孙辈子思门下学习,进一步完善了儒学理论。

孟子像（来自故宫南薰殿的画像）

稷下学士

公元前335年，孟子第一次去当时闻名天下的齐都临淄，那年他三十六岁左右。彼时齐威王重学问，网罗天下学者，在临淄西门的稷门外分与宅邸供其居住，所以这些人被称为"稷下学士"或"稷下先生"。他们得到齐王的资助，无意为官，而是站在自由的立场上议论政治、著书立说。这群人中有一个姓淳于名髡的人。孟子是王的上宾，不属于稷下学士，但是却屡次与淳于髡进行辩论。

淳于髡问道："男女授受不亲是礼吗？"（男女授受不亲，礼与？）

孟子回答："是礼。"（礼也。）

淳于髡问道："那如果嫂子溺水了怎么办？能出手相救吗？"（嫂溺则援之以手乎？）

孟子回答:"嫂子溺水而不伸手搭救那是豺狼啊。但是出手施救不是礼,是权宜办法。"(嫂溺不援,是豺狼也。男女授受不亲,礼也;嫂溺援之以手者,权也。)

淳于髡继续追问:"那如今天下就如同溺水一般,你为什么不拯救呢?难道不应该权宜相救吗?"(今天下溺矣,夫子之不援,何也?)

孟子答道:"救溺水之天下应该以正确的道去施救,救溺水的嫂嫂用手就可以了。难道你要用手去救援天下吗?"(天下溺,援之以道;嫂溺,援之以手。子欲手援天下乎?)

从这个短短的辩论中我们就可看出孟子的雄辩。他的辩论就如同一把夺下对方砍过来的刀,间不容发地砍倒对方。当然,淳于髡并不是真的主张用手拯救天下。他主张的是拯救当今混乱之世,不应该拘泥于理想论和纯理论,应该更立足于现实采用实际权宜之策。与此不同的是,孟子是始终坚持尊崇先王之道的理想派。理想派和现实派,这是永远也不相交的两条道路。

奴隶出身的诙谐之士

淳于髡是个身高不足五尺的矮小男人,而且相貌奇特。他家境贫寒,少年时被父母当作借款的抵押,父母到了期限也没能还上钱使他沦为了奴隶,之后他和女奴隶结了婚。这种奴隶在当时叫作"赘婿",但不是后世所说的"入赘"的意思,而是指债务奴隶。债务奴隶如果运气好,还清了债务就有可能被释放,所以比起其他奴隶的释放条件要多少宽松些。淳于髡虽然在少年时代曾沦为奴隶,但是后来由于某件事情可能被释放了。他之后作为稷下学士非常有名，但人们都传言说他"本髡男也"（古代中国的刑法，把罪犯变为奴隶时，会给他们剃掉头发，戴上铁制颈环。前者称髡，后者称钳。因此髡就有奴隶的意思），还给他取个绰号叫髡。他不是那种会耿耿于怀的人，反而觉得很有意思，主动自称髡。

淳于髡不仅是稷下学士之一，还是他们的大前辈。他以博闻强识著称，但正因为以前是奴隶出身，所以并没有系统地做过学问。他只是通过对君主和大臣等的察言观色，揣测其意图，可以说非常机智。而且他具有一种天分，能诙谐并意味深长地发表出其不意的见解。

不鸣不飞

齐威王刚即位之时，喜好长夜之饮（即使天亮了，也关上门点上蜡烛继续酒宴），沉溺于酒宴荒废国政。为此国家几近灭亡，却无一人敢于劝谏。

这个时候，淳于髡知道王喜欢猜谜，就出了这么一个谜："一只大鸟飞落在大王您的庭院里，三年里既不飞也不叫，大王您知道这是什么鸟吗？"（国中有大鸟，止王之庭，三年不蜚又不鸣，不知此何鸟也？）

威王当即回答道："这鸟不飞则已，一旦飞起来就冲天而去；不鸣则已，一鸣就震惊世人。"（此鸟不飞则已，一飞冲天；不鸣则已，一鸣惊人。）

说完就召集县令七十二人进行赏罚，动员军队主动出击，所有诸侯都惊骇不已，把掠夺的土地还给了齐国。

仰天大笑

公元前 349 年，楚王派军大举进犯齐国之时，齐威王让淳于髡前去赵国请求援军。淳于髡听说给赵国的礼物是黄金百斤和马车四十辆就仰天大笑，乃至把帽绳都笑断了。

齐王看他这样就问道："先生你是笑礼物太少吗？"（先生少之乎？）

"怎敢嫌少！"（何敢！）

"那为什么笑呢？"（笑岂有说乎？）

"刚才我从东边来时，路上看到一个人，拿着一只猪蹄和一杯酒向土地神祈祷说'请保佑我瘠薄的土地上收获的粮食盛满篝笼，洼田里收获的庄稼装满车，五谷丰登，米粮满仓'。我看他拿那么少的东西祈求那么多的东西，所以笑他。"（今者，臣从东方来，见道旁有禳田者，操一豚蹄，酒一盂，祝曰'欧窭满篝，污邪满车，五谷蕃熟，穰穰满家'。臣见其所持者狭而所欲者奢，故笑之。）

威王当然明白他的意思，于是把礼物增加到黄金千镒、白璧十对、马车四百辆让他带去。赵王则支援了齐国精兵十万和战车千乘，楚军闻此连夜撤兵。

酒之饮法

威王极其高兴，在后宫设宴款待淳于髡并赐酒。席间威王嬉笑着问道："先生能喝多少才醉？"（先生能饮几何而醉？）

"臣喝一斗也醉，喝一石也醉。"（臣饮一斗亦醉，一石亦醉。）①

威王又问："先生喝一斗就醉了，怎么能喝一石呢？能让我听听其中的奥妙吗？"（先生饮一斗而醉，恶能饮一石哉！其说可得闻乎？）

淳于髡这样回答道："在大王面前喝赏赐之酒，执法官在旁边，御史在后边，髡心里害怕，喝酒拘谨，不过一斗已经醉了。如果家父来了客人，我换上正式的衣服，毕恭毕敬地屈身侍酒，不时赏我些酒，我举杯祝他们健康长寿，喝不到二斗也就醉了。如果朋友故交久而未见，偶然相逢，欢欢喜喜说往事、诉衷情，喝到大概五六斗就醉了。如果是我住的村里聚会，男女坐在一起，互斟互饮，玩六博、投壶（投箭入壶的竞技游戏）等游戏，互相拉扯交好，握手言欢也不受到责罚，眉目传情也不受到禁止，前掉耳坠，后丢发簪，这种场合下，我也非常欢喜，喝到八斗才有二三分醉意。喝到天色已晚，酒宴方酣，围着酒桶，男女同席，鞋子相叠，杯盘狼藉。厅堂的烛火熄灭后，主人留下我送走其他客人，薄衫开解，微闻肌肤之香。这种时刻我满心欢喜之极，能喝一石。所以说酒极则乱，乐极生悲，世上的所有事都是这样的。"（赐酒大王之前，执法在旁，御史在后，髡恐惧俯伏而饮，不过一斗径醉矣。若亲有严客，髡卷韝鞠跽，侍酒于前，时赐馀沥，奉觞上寿，数

---

① 中国与日本的度量衡不一致，中国的一斗相当于日本的一升，中国的一石相当于日本的一斗，日文原版将此改为了日本单位，中文译本跟原文言文保持一致。——编者

起，饮不过二斗径醉矣。若朋友交游，久不相见，卒然相睹，欢然道故，私情相语，饮可五六斗径醉矣。若乃州闾之会，男女杂坐，行酒稽留，六博投壶，相引为曹，握手无罚，目眙不禁，前有堕珥，后有遗簪，髡窃乐此，饮可八斗而醉二三。日暮酒阑，合尊促坐，男女同席，履舄交错，杯盘狼藉。堂上烛灭，主人留髡而送客，罗襦襟解，微闻芗泽。当此之时，髡心最欢，能饮一石。故曰酒极则乱，乐极则悲，万事尽然。）

就这样淳于髡以其长篇大论的雄辩，阐述了乐不可极、极之而衰的道理，向威王婉转地进谏，据说威王因此戒掉了长夜之饮。

淳于髡被中国第一历史学家汉代的司马迁评论为"滑稽而多辩"，但是他并不是只会在王侯面前说俏皮话、曲意逢迎的阿谀奉承之辈，这点从这些轶事中明显可知。

奴隶出身的淳于髡之所以没有仅止于一个阿谀奉承的小人，而是成为对王侯的错误提出谏言、出使诸侯国、堂堂正正履行使命的人物，实际上也多亏了聚集在稷下的学士们。

道家的人们

当时聚集在稷下的学者们的流派五花八门。孟子自不用说，是承袭孔子学问、主张以仁义治理天下的儒家；宋钘、尹文等人则继承墨子学问，主张刻苦节约、反对战争；还有老子的弟子环渊及其弟子田骈、慎到等人属于道家学派。这些道家的人们据说是稷下学士中的主流。

田骈重视"齐"，也就是认为天地万物、人的生死、是非善恶，一切平衡都非常重要。作为雄辩家而出名的他有这样一则故事：

齐人来拜访田骈，对他说："听说先生操守高洁，不愿做官而愿为人服役。"（闻先生高议，设为不宦，而愿为役。）

"从哪儿知道的？"（子何闻之？）

"从邻居的女儿那儿知道的。"（臣闻之邻人之女。）

"怎么说？"（何谓也？）

"我邻居之女三十岁了，不愿出嫁却有七个儿子，所以和出嫁是一样的。先生您没做官，生活舒适，奴隶百人，和做官是一样啊。"（臣邻人之女，设为不嫁，行年三十，而有七子，不嫁则不嫁，然嫁过毕矣。今先生设为不宦，訾养千钟，徒百人，不宦则然矣，而富过毕也！）

田骈非常感激。

奴隶出身的淳于髡并没有做过学问，但其思想和主流学派道家思想很相近，这从之前提到的他的言辞"酒极则乱，乐极则悲，万事尽然"中可以明显看出。

和田骈齐名的慎到是介于道家和法家之间的思想家，他认为：卖弄人类浅薄的知识是无谓之举，万物应顺其自然；圣人和贤者千百年才能出一两个，所以应该制定法律治理为宜。这个思想被之后的韩非子采用，也就是说慎到是处在由道家派生出法家的转换期的一个人物。

阴阳五行说

稷下学士中还有一个叫邹衍的男子。他提倡阴阳五行说，认为天地万物的根本是阴和阳二元，又归纳历史上诸多事实，认为这些都是木、火、土、金、水五种要素，也就是五行的运行结果。根据此原理既可以解释过去历史，同时也可以预知将来。他富于空想，擅长想象地理上的未知世界，描绘新世界图像，后来由此衍生出了各种神仙传说。

跛脚的兵法家

在众多思想奇特的稷下学士中，有一个颇为与众不同的人物，就是跛脚的兵法家孙膑。

孙膑是魏国人，在学习时代遭到同窗庞涓的忌妒，被挑断脚筋成为跛脚的犯人。但是，他没有败给可怕的命运。他在别人的帮助下逃到齐国，公元前341年作为齐军的参谋，于马陵大败魏将庞涓的军队，从而建功立业。作为兵法家的他也由此名声大振。

孙膑有这样一则故事：

他逃到齐国后投靠在齐国贵族田忌的门下。田忌常和家族内的公子玩赛马赌博的游戏。有一次，孙膑传授给田忌这样一个必胜之招：整体来看，任何一匹马都没太大差异，但是每个人的马都分上、中、下三等，所以他让田忌以下等马对敌方的上等马，中等马对敌方的下等马，上等马对敌方的中等马。三次比赛的结果当然是二胜一负的成绩，田忌获胜，赢得了千金。这个战略直到今天都被应用在职业棒球比赛中。

受刑成了残疾的孙膑估计和一般的兵法家人士不同，不是展现英武身先士卒，而是作为参谋研究战略。而且他通过和稷下学士的交流，思想得到了深化，所以他著述的《孙子》不单单是一部兵书，还蕴涵深刻的人生哲理。为此，《孙子》一书直到今天还被众人所喜爱。

自由才是思想之母

前面列举的那些众多的思想家聚集在齐国都城临淄，他们或者彼此之间展开激烈的辩论，或者应齐王所求精心研讨政策。他们能够随心所欲地聚在一起，也能为求仕途而离去，而战国社会赋予了人们这样的自由。刚刚我们也提到过，正是有了都市里自由市民的成长，才能够看到这样的自由思想得以发展。

第十四章　劳作者的哲学
——墨子和许行

杨和墨

孟子出世后的战国前期思想界，倡导确立自我主体性的杨朱和主张博爱主义、反对战争并进行实践的墨翟最受欢迎。

关于杨朱和墨翟，孟子有这样的评述："杨子是利己主义者，拔自己的一根毛就能有利于天下的事，也不会去做。墨子是博爱主义者，哪怕是从头到脚都磨伤，只要为了天下的利益就去做。"（杨子取为我，拔一毛而利天下，不为也。墨子兼爱，摩顶放踵利天下，为之。）

孟子认为两人都是走极端，只有中间的道路才是正道。被孟子批判为利己主义的杨朱主张"贵己"。

黑色的白犬

有这样一则故事:

杨朱的弟弟杨布穿着白色的衣服外出,碰上下雨,就脱了白色衣服穿着黑色的雨衣回来了。

他家的狗认错了,就冲着他吠起来,杨布很恼火要去打狗。

杨朱制止他说:"你不要打它了,你自己也会犯这样的错误。如果你家的白狗出去是白色回来变成黑的了,难道你能不感到奇怪吗?"(子无扑矣,子亦犹是。向者使汝狗白而往,黑而来,岂能毋怪哉?)

还有这样一个故事:

杨朱在岔道口前,哀号道:"啊,真可怕!在这里如果向任意一条路错迈出半步,等到觉悟时就差之千里啊!"(此夫过举跬步而觉跌千里者夫!)

前一则故事寓意不要为现象所惑,迷失事物的本质;后一则故事意在阐述失去自我的行为是何等可怕。因此杨朱主张"贵己",即确立自我。

关于一毛的问答

与杨朱的个人主义相对,墨子的博爱主义是不惜为了人类社会牺牲自己。有这样一个故事:

有一次,墨翟的弟子禽子责问杨朱说:"拔掉自己的一根毛就可以拯救世界,你都不愿做,这是为什么?"(去子体之一毛而济世,汝为之乎?)

杨朱吼道:"一根毛不足以拯救世界。"(一毛不足以济世。)

禽子追问道:"如果可以你愿意吗?"(假济,为之乎?)

杨朱不屑作答。

其弟子代他反问道:"假如是一根毛的话还好说,如果是右手、双腿,甚至丢失性命的话,又怎么说呢?"(若断一肢而得一国,子为之乎?若枭首而得天下,子为之乎?)

双方并没有辩出结果。

打着为了世界、为了国家的旗号,强迫自我牺牲的可怕结果,我们都十分清楚。杨朱强调自我的主张出现在战国社会是有其必然性的,正因如此才广泛得到人们的共鸣吧。

刺青男子

下面就谈谈与杨朱站在相反立场,主张博爱主义的墨翟。

墨翟是个怎样的人呢?实际上和杨朱一样,其传记的记述也并不确切。大致说来,墨子于孔子死后不久出生在鲁国,于孟子诞生前后死去。也就是说,他的活动时期介于孔子和孟子之间,大概是公元前五世纪后半期。

墨翟的墨,在中国是个很少见的姓,有观点认为这不是墨翟本来的姓氏,而是刺青的意思。古代罪人在脸上刺青,就像日本德川时代的犯人一样。这表明墨翟是贱民出身,同时这个学派中人们勤劳俭朴的生活方式也反映了他们的这种阶级出身。

墨翟出生于儒教发源地鲁国,一开始师从儒教,但后来逐渐对其学说心生疑问。儒教认为对家人的爱才是纯粹的爱，本应以此为出发点，逐渐把其爱扩大到周围的人，但是其结果最多不过涉及家人和亲属而已。而且儒教倡导的礼乐是烦琐的形式主义，受统治阶级欢迎，但对那些为生活所迫的下层人民来说没有任何作用。在这动荡的战乱之世，是不是应该有更要紧、更认真的生存方式和思考方式呢？墨子通过对儒教和现实社会的批判逐渐构筑起自己的思想。

兼爱

墨子的思想，最有名的就是刚才提到的博爱主义（用墨子的话叫兼爱）。

世界战乱不断的原因是什么呢？墨子认为那就是因为人们不彼此相爱。

"如果让全世界的人们都彼此相爱，国家与国家不相互攻伐，就没有了盗贼，君臣父子都能慈爱恭顺。如果能这样，世界就太平了。"（若使天下兼相爱，国与国不相攻，家与家不相乱，盗贼无有，君臣父子皆能孝慈。若此，则天下治。）

墨子认为以家族"爱"为中心的儒教观点是"别爱"（有差别的爱），从而予以否定，他主张没有差别的平等之爱。

在此值得注意的是，墨子所说的爱不是一般认为的观念性的东西，而是更具实践性，要求亲身行动去为他人谋利益。墨子疾呼仅停留在语言层面的爱毫无用处，只有实际去拯救备受欺凌的百姓才是真正的爱，而这里面没有家族、国家这样的条条框框。这些思想建立的基础是，他确实觉得人类是平等的。

尚贤

这一点又进一步体现在他的另一个积极主张——尚贤之上，即尊重优秀的人。

墨子说："现在以天子为首执掌国家政治的人们都希望国家富强，人民增多，法律和行政能够完好执行。然而现实完全相反，这是什么原因呢？"（今者王公大人为政于国家者，皆欲国家之富，人民之众，刑政之治。然而不得富而得贫，不得众而得寡，不得治而得乱，则是本失其所欲，得其所恶。是其故何也？）

"这是因为以天子为首执掌国家政治的人，不能以尊重贤人、使用能人的方法来管理政治。"（是在王公大人为政于国家者，不能以尚贤事能为政也。）

"那么要想网罗贤人怎么做好呢？"（然则众贤之术将奈何哉？）

"譬如一个国家要网罗善于射御之人，就必须让他们富贵，尊敬他们，给他们以名誉，这样做方能让那个国家聚集众多善于射御之人。更何况贤良之士，都是德行醇厚、善于辩论、学问广博的人，就更应该这样做。"（譬若欲众其国之善射御之士者，必将富之、贵之、敬之、誉之，然后国之善射御之士，将可得而众也。况又有贤良之士，厚乎德行、辩乎言谈、博乎道术者乎！）

以上概括了《墨子》一书中《尚贤上》的一部分内容。可见墨子的议论特点之一就是非常有逻辑性，富于条理，这显示出他拥有严谨的思维。

墨子进一步又说："古时圣王为政，任德尊贤。即使是从事农业或工商业的人，只要有能力就选拔出来，给以高爵，给以厚禄，给以任务，赋予权力。……如果想继承尧舜禹汤的杰出政治，就不可不尚贤。尚贤是政治的根本所在。"（故古者圣王之为政，列德而尚贤。虽在农与工肆之人，有能则举之，高予之爵，重予之禄，任之以事，断予之令。……尚欲祖述尧舜禹汤之道，将不可以不尚贤。夫尚贤者，政之本也。）

墨子的"尚贤"——尊重优秀的人，这一主张背后实际上蕴含着对当时世袭贵族制的批判。

废除贵族制

如前所述，墨子是介于孔子和孟子时代之间的人。孔子时代贵族制森严，以孔子一己之力难以铲除其弊病。当时也有一些先见之士看破了贵族制即将没落的命运，但是像墨子这样积极主张废除贵族制，不拘泥于出身按能力选拔人才的人还没有。所以有理由说墨子的主张是革命性的。到了孟子的时代，则出现了魏和齐的名君贤相，这点之前已经讲过。

而且墨子的主张是，比士阶级更下一层的从事农业、手工业、商业的民众，只要有能力就选拔出来，这一点是值得特别注意的。

在此顺便补充一下，圣人尧起用住在遥远的服泽之北的舜，把天子之位让给他，舜又把天子之位让给治理黄河有功的禹，这也就是禅让的传说（儒教的典籍《尚书》里有详细记载，近年有学者认为这并不只是传说，它反映了原始氏族社会实行的民主式首领选举制）。禅让作为儒家的学说很有名，但实际上本来是墨家的主张。

这个传说多大程度上反映了原始社会的史实，抑或只是杜撰，是需要进一步研究的有趣课题，这先暂且不论。以这样的传说为例，来说明应该按照能力来选拔贤人，这的确最像墨子所为。

"非战"的主张

提倡博爱（兼爱），呼吁废除世袭贵族制的墨子，进而又为了阻止当时大国间一触即发的激烈纷争，防止大规模的战争，重建和平，提出了"非战"（墨子反对侵略战争，但不否定防御战争）的主张，即反对战争论，并积极开展反战的实践活动。

墨子说："现在有个人进了别人家的果园，偷其桃李，大家听到就谴责他，官吏抓获就会惩罚他吧。为什么呢？因为他损人利己。至于偷人家鸡、犬、大猪小猪，其恶行比前面的人就更严重。因为给别人的损害更大，罪也就越重。至于进入别人家的牲口棚，偷人家的马和牛，更有甚者杀无辜之人，剥下人家的衣服皮袄，夺走人家的戈剑，其恶行就更甚。为什么这么说，是因为给别人的损害更大，罪孽也更深重。（今有一人，入人园圃，窃其桃李，众闻则非之，上为政者得则罚之。此何也？以亏人自利也。至攘人犬豕鸡豚者，其不义又甚入人园圃窃桃李。是何故也？以亏人愈多，其不仁兹甚，罪益厚。至入人栏厩，取人马牛者，其不仁义又甚攘人犬豕鸡豚。此何故也？以其亏人愈多，苟亏人愈多，其不仁兹甚，罪益厚。至杀不辜人也，扡其衣裘，取戈剑者，其不义又甚入人栏厩，取人马牛。此何故也？以其亏人愈多，苟亏人愈多，其不仁兹甚矣，罪益厚。）

"天下有识之人知道了这种事，就会进行谴责，批判其不正义。然而，对于进攻别国这种最不正义之事，却不知道谴责，反而逢迎称赞说它是正义。这能说知道正义与不正义的分别吗？（当此，天下之君子，皆知而非之，谓之不义。今至大为攻国，则弗知非，从而誉之，谓之义。此可谓知义与不义之别乎？）

"杀一个人，是不正义，一定会被处以死刑。如果按照这个说法类推下去，杀十个人，十倍不义，必定构成十个死罪；杀一百个人，百倍不义，必定构成一百个死罪了。这个道理全世界的有识之人谁都知道，但是对于进攻别国这种最不正义之事，却不知道谴责，反而逢迎称赞说它是正义。他们是真的不知道进攻别国是不正义的，所以把建议进攻的话记载下来传给后世。如果知道它是不正义的，那就没有理由记载这种事让其流传下去。"（杀一人，谓之不义，必有一死罪矣。若以此说往，杀十人，十重不义，必有十死罪矣；杀百人，百重不义，必有百死罪矣。当此天下之君子，皆知而非之，谓之不义。今至大为不义攻国，则弗知非，从而誉之，谓之义。情不知其不义也，故书其言以遗后世。若知其不义也，夫奚说书其不义以遗后世哉？）

这段话内容新鲜动人，而且条理清晰有逻辑，十分之精彩。前面的尚贤也是如此。所以墨子理所当然被认为是中国逻辑学之祖。墨子并没有把反战主张单单停留在辩论阶段，还勇敢付诸实践。这一点可以说是他的伟大之处。

防御部队

墨子率领一批追随者，训练部下，为受到攻击的小国开展活动，编成勇敢的防御部队。

当时有个叫公输盘的人，因为是鲁国人，所以被叫作鲁般（也写作鲁班）。他非常有名，后世把他尊为木工的鼻祖。

这个公输盘为南方的楚国制成了一种叫云梯的攻城器具。楚国意欲用其攻打宋国。墨子听说了这事后，从齐出发，花了十天日夜兼程赶往楚都郢，在郢求见公输盘。

公输盘问道："您找我有何贵干？"（夫子何命焉为？）

墨子回答："北方有一个欺侮我的人，愿借助你杀了他。"（北方有侮臣者，愿借子杀之。）

公输盘面露不悦之色。

"如果接受的话，我愿意献给你十镒黄金。"（请献十金。）

"我的原则本就是不杀人。"（吾义固不杀人。）

听到此话，墨子站起来再拜说："请你听一听。我在北方听说你造云梯，将用它攻打宋国。宋国有什么罪呢？为大国楚攻打小国宋，杀很多无辜的人，这是什么原因呢？你的原则不杀少数人，却杀众多人，不可说是明智之辈。"（请说之。吾从北方闻子为梯，将以攻宋。宋何罪之有？荆国有余于地，而不足于民，杀所不足，而争所有余，不可谓智；宋无罪而攻

金镶嵌的铜制犀（西汉时代）

之，不可谓仁；知而不争，不可谓忠；争而不得，不可谓强；义不杀少而杀众，不可谓知类。）

公输盘哑口无言。

"那就请放弃进攻吧。"（然，胡不已乎？）

"不行。我已经对楚王说了。"（不可，吾既已言之王矣。）

"那就把我引见给楚王。"（胡不见我于王？）

"行。"（诺。）

于是，墨子去见了楚王并对楚王说："现在这里有一个人，舍弃自己华丽的车而想偷邻居的破车；舍弃自己绫罗锦缎而想偷邻居的破衣烂衫；舍弃自己美食佳肴而想偷邻居的糟糠。您认为这是怎样的一个人呢？"（今有人于此，舍其文轩，邻有敝舆，而欲窃之；舍其锦绣，邻有短褐，而欲窃之；舍其粱肉，邻有糠糟，而欲窃之。此为何若人？）

"这人一定患了偷窃病吧。"（必为窃疾矣。）

"楚国的领土方圆五千里，宋国的领土区区方圆五百里，这就像华车和破车。楚国有叫云梦的广阔庄园，犀、麋、鹿等动物充盈其中，长江和汉水的鱼、鳖、鼋、鼍等全天下最多，宋国却是一个没野鸡、兔子，甚至连鲫鱼这样的小鱼都没有的贫穷之国。这就正好比米、肉这样的美食佳肴和糟糠的关系。（荆之地方五千里，宋之地方五百里，此犹文轩之与敝舆也。荆有云梦，犀兕麋鹿满之，江汉之鱼鳖鼋鼍为天下富，宋所谓无雉兔鲋鱼者也，此犹梁肉之与糠糟也。）

"而且楚国有巨松、文梓、楩枏、豫章等大树，宋国连棵大树也没有，这就像绫罗锦缎和破衣烂衫。我认为，大王您的官员意欲攻打宋国，就和我刚才讲的那个有偷窃病的人是同类。我认为大王一定只会得到有损正义的指责而得不到任何利益。"（荆有长松、文梓、楩楠、豫章，宋无长木，此犹锦绣之与短褐也。臣以王吏之攻宋也，为与此同类。臣见大王之必伤义而不得。）

"的确如此，但是公输盘已经为我造好了云梯，一定要攻取宋国。"（善哉！虽然，公输盘为我为云梯，必取宋。）

就这样墨子怎么劝说都没用。

比试兵法

于是墨子又去见公输盘，这次提出和他比试兵法。

首先墨子解下腰带，围成一座城的样子，用小木片当作高的建筑物和箭楼。公输盘摆出攻城用的各种器械，对其九次攻城，墨子九次予以击退。公输盘攻城用的器械用尽了，墨子的守御战术还有余。公输盘认输了，却说："我知道战胜你的方法，但我不说。"（吾知所以距子矣，吾不言。）

楚王听他这么一说就问他什么方法。墨子回答道："公输先生的意思不过是杀了我。杀了我，宋国防不住就好进攻了。但是，我的弟子禽滑厘等三百人已经手持我防御用的武器，排满宋国的城头，等待楚国的进攻呢。即使杀了我，我的防御战术也会继续使用。"（公输子之意，不过欲杀臣。杀臣，宋莫能守，可攻也。然臣之弟子禽滑厘等三百人，已持臣守圉之器，在宋城上而待楚寇矣。虽杀臣，不能绝也。）

就连楚王也认输说道："你说得是。我不攻打宋国了。"（善哉！吾请无攻宋矣。）

这个故事还有这样一个后续：

墨子回齐国途中经过宋国，此时碰巧下起雨，墨子就想进入一个村子避雨。守卫却根本不知道他是救了自己国家的恩人，而拒绝他入内。

正所谓："运用神妙的手法解决事情的人，凡人意识不到其功绩，而于明处争抢功绩的人，凡人们都知道。"（治于神者，众人不知其功，争于明者，众人知之。）

可以看出墨子并非将和平运动、反战运动单单停留在口舌上，还付诸有力的实践。

筑城技术专家集团

墨子在此陈述了守城的诀窍，《墨子》一书的末尾就有几篇关于守城之法的文章。看了那几篇文章就会知道，墨子不仅是个思想家，也是个杰出的技术专家。不只是他，他的弟子们也都是技术专家，所以他的集团本身就是精于筑城等技术的专家集团吧。正因为这样，才有了和另一个集团首领公输盘之间比赛技术优劣的故事。而且，那些篇章都是关于守城的技术、方法，没有一个攻城之法，这就是墨子的伟大之处。

严格的纪律

汉代编写的一部叫《淮南子》的书里，关于墨子学派有这样的记载："墨子手下劳动的人有百八十人，他们都可以跳火海，踏剑刃，死也不后退。"（墨子服役者百八十人，皆可使赴火蹈刃，死不还踵。）

这种强有力的统率方式在墨子死后也被继承下来。墨子自称钜子（首领）统领学派，在他死后他的高徒也都接连成为钜子继续领导集团。并且，这个集团内部的纪律严格，钜子握有对集团内部成员的生杀予夺之权。他们正是通过这样一个拥有强有力首领的集团组织来开展博爱主义、反对战争的实践活动的。这个集团还反对儒教形式化的礼乐，主张并实践勤劳俭朴的生活。正因如此，它才被战国时代贫苦的劳动阶级接受而壮大。

许行其人

下面再讲一个劳动者哲学家，就是"农家"学派的许行，他奉行重农主义，也叫皆农主义。

许行生于楚国，后来移居到山东的小国滕。那时的滕有一位叫文公的贤君，邀请孟子做政治顾问，满怀理想地试图推行孟子所提倡的一种古代田地制度——井田制。文公的声誉也传到了楚国，许行便因此前去。许行到了滕，马上就到文公跟前请求说："我来自远方，听说您实行仁政，请给我一处住所，我愿做您的百姓。"（远方之人，闻君行仁政，愿受一廛而为氓。）

文公给了他住所，很快数十人开始了集体生活。大家都穿着粗劣的衣服，务农之余编草鞋、织席子。

神农教导

但是他们的生活吃了上顿没下顿，一点儿都富裕不起来。滕国正在实行着理想的政治，其税金却依旧很重，而且王的仓库里堆满了粮食，王和贵族们过着奢侈的生活。这究竟是什么原因呢？

许行不断地思索。

远古时代传授人们农业之法的神农（神话传说里的圣天子，三皇之一。发明农具，教授人们耕作；建立市场，教授人们交易之利），据说亲自拿锹从事农业劳作，国君难道就不能这样做吗？任何人都要流汗劳作才能产生理想社会吧，这难道不正是神农的教导吗？

他把自己的思索讲给集团内的伙伴，他们之后形成了奉神农为祖神的宗教团体。

市场物价

这些人之中有一个叫陈相的青年，去见孟子，和孟子进行了问答。之前记录的问答实际上是问答的前半部分，笔者认为其间反映出受统治阶级的掠夺，又被卷入商业经济的许行等人的小农生活和情感。这部分在此不再重述，请参见前一章的内容，下面讲一下问答的后半部分。

陈相又说道："许先生说我们百姓去市场买东西，不同的商店价格各不相同。要是问为什么比别的地方贵，就会有人回答因为商品不一样。为此百姓被迫买很糟糕的商品，如果小孩去市场也一定会被骗。要说该怎么解决为好，那就是统一市场价格。这样全国就没有假冒商品，小孩也不会被骗。麻布和绢布的长度相同价钱就相同，麻线和丝绵重量相同价钱就相同，五谷的数量相同价格也就相同，草鞋大小相同价钱就相同。这样做为好。"（从许子之道，则市贾不贰，国中无伪。虽使五尺之童适市，莫之或欺。布帛长短同，则贾相若；麻缕丝絮轻重同，则贾相若；五谷多寡同，则贾相若；履大小同，则贾相若。）

孟子听后说："各种东西品质不同，这是物品的自然本性。不同的东西，价钱有的相差一倍五倍，有的相差十倍百倍，有的甚至相差千倍万倍。许先生要都定成相同价格，这是使天下混乱的做法。如果大鞋和小鞋的价钱相同，还有人做大鞋吗？如果按照许先生的办法去做，那就是让天下人弄虚作假，哪里能治理好国家呢？"（夫物之不齐，物之情也。或相倍蓰，或相什百，或相千万。子比而同之，是乱天下也。巨屦小屦同贾[1]，人岂为之哉？从许子之道，相率而为伪者也，恶

---

[1] 古文中"巨屦小屦同贾，人岂为之哉？"的解释一直存在争议，一种认为是"粗糙的鞋子和精细的鞋子价格相同，怎么还会有人做精细的鞋子呢"，一种认为是"（不论材质）大鞋子一个价格，小鞋子一个价格，怎么可能呢"。如果按日本作者认可的这种解释，将其理解成"大鞋子和小鞋子的价格相同，还有人做大鞋吗"，则明显文义不通。——编者

能治国家！）

这个问答，看上去好像也是孟子巧妙的雄辩，驳倒了年轻人所说的许行的主张。

但是孟子的辩论中，总让人感受到一种将劣质物品高价出售的商人的口吻。许行并没有主张将大鞋和小鞋设成相同价格，其论据中说的是麻布和绢布长短一样的话，其价钱相同。为什么会有无视鞋子大小之说呢？这其中好像暗含着孟子的诡辩，许行所主张的并非如此。

只是许行好像忽略了商品质量的好坏。过去的手工业产品和现代的自动化产品一样，其质量是不稳定的，所以同一规格的商品里，其质量一定有微妙的差别。商人们以此蒙混价格，可悲的是农民作为外行不懂质量的好坏，这正是可被商人利用的弱点。许行的主张代表了被市场商人严重坑骗的农民们的心声。

农民思想家

总结一下许行的学说，先前讲到的是要求君主也要进行耕作的皆农主义，现在讲的是物价统一论。这两个主张中，前者是对靠榨取农民的租税，在城市过着奢侈生活的统治阶级的批判，后者是对当时开始支配农村经济的商业资本的批判。这些充分反映了劳动农民的思想。

第十五章　旁观者的哲学
——老子和庄子

凤兮凤兮

正如先前所讲到的,在激烈争战的春秋战国时代中,高举救世的理想东奔西走的思想家有孔子、孟子、墨子等。另一方面,和这些人不同,抱着冷淡态度的旁观之士也不在少数。

孔子在鲁国的政治改革失败后,经历了十四年的流亡之旅。在楚地的某一天,一个人嘴里哼着歌走过孔子一行人的旁边。这是一个披头散发、形同疯子的男子。仔细一听,原来他唱着这样一首歌——

　　凤兮凤兮!
　　何德之衰?

往者不可谏，

　　来者犹可追。

　　已而已而！今之从政者殆而！

孔子下了车想跟他说话，他小跑离去，两人没能交谈上。

渡口问答

还有一次，因为不知道渡口在哪儿，孔子让弟子子路去向正在耕田的两个男子问路。

其中一个叫长沮的男子问："马车上那个拿缰绳的是谁？"（夫执舆者为谁？）

孔子的弟子子路（出自石刻《圣迹图》）

子路回头一看，因自己下了车，所以孔子代他握着缰绳。"是孔丘。"（为孔丘。）

"是鲁国的孔丘吗？"（是鲁孔丘与？）

"是的。"（是也。）

"那他知道渡口的位置。"（是知津矣。）

因为长沮不回答，子路又问另一个男子桀溺。

桀溺说："你是谁？"（子为谁？）

"我是仲由（子路的字）。"（为仲由。）

"是孔丘的弟子吗？"（是孔丘之徒与？）

"是的。"（然。）

"全天下皆如同滔滔洪水一般混乱，谁想去改革它呢？不仅如此，人是要挑选跟随之人的。与其跟随那样的人，跟随避世之人如何呢？"（滔滔者天下皆是也，而谁易之？且而与其从辟人之士也，岂若从辟世之士哉？）

他边说边不停手地给播下的种子盖土。

子路返回去把他们的话告诉孔子。

孔子听后沮丧地说："人是不能与飞禽走兽共处的，我排斥在世人之外，那我能和谁一起呢？如果天下太平有序，不是就无须我改革了吗？"（鸟兽不可与同群，吾非斯人之徒而谁与？天下有道，丘不与易也。）

挑竹笼的老人

另有一次，子路落在了一行人之后，遇到一个老人肩上扛着拐杖挑着竹笼。

子路就问道:"你看到我老师了吗?"(子见夫子乎?)

"没干过体力劳动,又分不清五谷的人,怎么会是老师呢?"(四体不勤,五谷不分,孰为夫子?)

说着就扶着拐杖开始除田里的草。子路不由得肃然起敬,拱手站在一旁。老人心生怜悯,就留子路夜宿其家,杀鸡做黍米饭款待他,又叫两个儿子与子路见面。第二天子路追上孔子并说了事情的前后经过。

孔子说:"一定是位隐士啊。"(隐者也。)

以上几个故事都出自《论语·微子》。没落贵族和失意的知识分子成为"隐居深山草野、冷眼看世事变迁的旁观者",已成当时乱世之常态。这些故事反映出这样的人不在少数。

犹如龙一般的人物

倡导"无为自然"的老子,是一位富于怀疑精神的思想

老子

家,继承了这些旁观者的流派。

但是老子是个怎样的人物,并无确切的史实记载。《史记》里大略有如下的记载:"老子是楚国苦县厉乡曲仁里人。姓李,名耳,字聃。任周守藏室之吏。"(老子者,楚苦县厉乡曲仁里人也。姓李氏,名耳,字聃。周守藏室之史也。)

孔子曾经去拜访老子,请教有关礼的问题,老子就孔子的学问方法和态度给予了严厉的忠告。孔子回去后赞扬老子是犹如龙一般的人物。

老子的学问以自隐无名为宗旨。他在周生活了很长时间,看到周之德已衰落,就离开周到了函谷关(还有一种说法是散关)。在守关官吏尹喜的邀请下,老子著书上下两篇,用五千余字记述了道和德的学说后离去,其后无人知晓其下落。

据说老子活了一百六十多岁,还有人说他活了两百岁。

还有一种说法是有一位叫老莱子的人,和孔子同时代,生于楚国,著书十五篇,论述道家的思想主旨和作用,这个人可能是老子。

还有说孔子死后一百二十九年的史官记录里有周的太史(史官)儋谒见秦献公,预言了秦将成为霸主。有人说这个儋才是老子。对其真伪,也无人知晓。在汉代大历史学家司马迁时代,老子的身世就已经扑朔迷离了。

因此,由这个老子著述的叫《老子》或《道德经》的书是何时写就的,也没有确切的记载。不过我们可以肯定,现在所能看到的《老子》,就其内容来看,不是经一个时期一人之手完成的,要说其成书的大致时代,应该是战国时代初期。

这本叫作《老子》的书中用优美的语言讲述了很多充满智慧的话语。

美丽的色彩会使人眼盲;愉悦的声音会使人耳聋;珍馐美味会使人味觉发狂;热衷于狩猎追逐猎物,人就会失去心理的平衡;沉迷于获取宝贝,人就会误其品行。(五色令人目盲;五音令人耳聋;五味令人口爽;驰骋畋猎,令人心发狂;难得之货,令人行妨。)(第十二章。以下都来自《老子·列子》)

只要不过分强调道德之类的,人民就没有必要伪心,就会回归自然之情感。(绝圣弃智,民利百倍;绝仁弃义,民复孝慈;绝巧弃利,盗贼无有。此三者以为文不足,故令有所属:见素抱朴,少私寡欲。)(第十九章)

自然的行为不留痕,自然的语言无过失。(善行无辙迹,善言无瑕谪。)(第二十七章)

欲取天下而玩弄策略的人能得到天下,我没有见过这样的先例。天下是很难掌控的东西。如果想聚合它,它就会零乱;如果想追逐它,它就会逃开。不是随心所欲就能驱动的。(将欲取天下而为之,吾见其不得已。天下神器,不可为也。为者败之,执者失之。夫物或行或随,或歔或吹,或强或羸,或挫或隳。)(第二十九章)

军队所到之处,土地荒芜,荆棘丛生。每次大战之后必有灾荒年。所以真正会用兵的人达到目的马上就收手,绝不乱

逞强。(师之所处,荆棘生焉。大军之后,必有凶年。善有果而已,不敢以取强。)(第三十章)

锋锐的武器是不祥的工具,只能起到片面的作用,所以领悟到"道"的圣人不使用武器。(夫佳兵者不祥之器,物或恶之,故有道者不处。)(第三十一章)

能了解他人的人最多可称为智慧之人,能了解自己的人是真正明智的人。能战胜别人的人顶多是有力量,能战胜自己的人才是真正的强者。(知人者智,自知者明。胜人者有力,自胜者强。)(第三十三章)

一国的政治应以农民为榜样。农民成全农作物的自然生长,也就是尊崇自然之理。尊重自然之理无非就是内在深深地体悟德。(治人事天,莫若啬。夫为啬,是谓早服;早服谓之重积德。)(第五十九章)

真实的话很朴实,华丽的言辞不真实。行为正直的人不言辩,言辩的人行为不正。有真知的人不是知识广博的人,知识广博的人不是真知之人。(信言不美,美言不信。善者不辩,辩者不善。知者不博,博者不知。)(第八十一章)

以上都是从《老子》一书中随便摘取的,我们可知《老子》的作者反对战争、反对道德绑架、反对强权政治、反对炫耀知识,认为无为自然、顺应人本性的真实姿态为好,并把农民的生活作为理想。这里面蕴含着一些引人发省的深刻思想。

但是,也有这样的言论:不让人民过于聪明机巧,而是愚笨一些,这是古代圣人的做法。人民过于聪明,就难治理。

因此，靠自作聪明来为政，国家就会乱；抛弃自作聪明实行无为的政治，国家就会繁荣。这是政治的法则。（古之善为道者，非以明民，将以愚之。民之难治，以其智多。故以智治国，国之贼；不以智治国，国之福。）（第六十五章）

此处揭示的政治法则是实行无为自然的政治，其前提是让人民愚笨，就是所谓的愚民政策。了解老子的思想，这一点也必须注意。

老子的后继之人

"百家争鸣"一章中记述的稷下学士里提到了田骈、慎到等人，谈到过道家思想是当时的主流学派，就是他们继承了老子的思想，提倡无欲和反对战争。只是他们住在当时号称第一繁荣的齐国都城，享受着都市文化，这一点和老子以农村为理想的想法有出入。

庄子

从这个意义上来说，真正继承了老子尊崇无为自然思想的是庄子。

亡国的贤者

庄子名周，宋国人，据说曾做过官营蒙泽漆园的管理人，详细情况不得而知。他和孟子是同时代的人，或者他稍微年长一些，但是两人并不认识彼此。其著述《庄子》中只有内篇七篇是他自己的著作，其他据说都是他的弟子增补的。

庄子热爱农村生活不愿意去城市，所以没去当时广受好评的稷下。这也很可能和他出生在宋国这个由亡国遗民组成的国家不无关系。作为亡国遗民，他痛感荣枯盛衰的无常，"无力才是最大的力"这种"无"的哲学由他完成。

樗和牛

有一次惠子（名施，庄子的前辈，曾任魏宰相。属于"名家"〔逻辑学派〕的思想家）对庄子说："我有棵大树，人们都叫它樗。其树干疙里疙瘩，树枝弯弯扭扭，不适合做绳墨也不适合做量尺。丢在路边，木匠连看也不看。你的议论也大而无用，不被理会，就像这樗一样。"（吾有大树，人谓之樗。其大本臃肿而不中绳墨，其小枝卷曲而不中规矩。立之涂，匠人不顾。今子之言大而无用，众所同去也。）

庄子回答说："你不会不知道黄鼠狼吧？黄鼠狼伏身藏在暗处，伺机等待那些出来游乐的猎物，东蹦西跳、上蹿下跳都不在话下，最后却落得个掉进陷阱、死在猎网里的下场。再说那黑牛，大得就像笼罩天空的云。这么极其庞大的动物，却不具有捕鼠这样的灵巧劲儿。你有那么大一棵树，却苦于没有用处的话，为什么不考虑把它栽种到'无何有之乡，广莫之野'里，悠游自在地于其旁休憩、躺卧呢？那样的话，既不会遭到斧头的砍伐，也不会有来自人的伤害。即使派不上什么用场，不是也不会有什么困窘之处吗？"（子独不见狸狌乎？卑身而伏，以候敖者；东西跳梁，不辟高下；中于机辟，死于罔罟。今夫斄牛，其大若垂天之云。此能为大矣，而不能执鼠。今子有大树，患其无用，何不树之于无何有之乡，广莫之野，彷徨乎无为其侧，逍遥乎寝卧其下。不夭斤斧，物无害者，无所可用，安所困苦哉！）(《庄子·逍遥游》)

他所说的"无何有之乡，广莫之野"是超越世俗的虚无寂寞之境，象征着精神自由的世界。

泥中之龟

还有这样一个故事：

庄子在濮水河边垂钓，楚王打发两个家臣让他们对庄子说："楚王说愿将国内政治托付给先生。"（愿以境内累矣！）

庄子继续垂着钓竿，连头也不回地问两人说："我听说你们楚王把三千年前死的神龟包在布里放进箱子珍藏在庙堂了。那这只神龟是愿意不惜一死留下骨骸放在庙堂备受尊贵呢？还是愿意拖着尾巴活在泥水里呢？"（吾闻楚有神龟，死已三千岁矣，王巾笥而藏之庙堂之上。此龟者，宁其死为留骨而贵乎？宁其生而曳尾于涂中乎？）

"当然愿意拖着尾巴活在泥水中。"(宁生而曳尾涂中。)

"那不就得了。你们走吧,我仍将拖着尾巴活在泥水中。"(往矣,吾将曳尾于涂中。)(《庄子·秋水》)

清贫

还有一个故事:

庄子穿着打满补丁的粗劣衣服,系着腰带,用绳子把破烂不堪的鞋绑在脚上,路过魏王的大殿。

"先生怎么这么一副疲惫不堪的样子?"(何先生之惫邪?)魏王说道。

庄子回答说:"是贫穷,不是疲惫。疲惫是指士人身怀道德而不能推行之苦楚。穿补丁的衣服、破烂的鞋子,这是贫穷,不叫疲惫。"(贫也,非惫也。士有道德不能行,惫也。衣弊履穿,贫也,非惫也,此所谓非遭时也。)

庄子虽然身着破衣烂衫,但精神上可以说是贵族,是在超凡脱俗的道的世界里畅游、享受精神自由之人。这种心境为后世的文人和艺术家所推崇。他已经不单单是旁观者了。

庄周梦蝶

不仅这些,他本身也是位多愁善感的诗人,吟咏着无韵之诗。

有一天,庄周(庄子)梦见自己变成了翩翩起舞的蝴蝶。他尽情地沉醉在愉悦中,忘了自己是庄周了。

不久后醒了过来,发现自己还是现实中的自己。

是现实中的自己梦中变成了蝴蝶呢？还是蝴蝶梦中变成了自己呢？

的确如果执着于现在的实相，那庄周和蝴蝶是有明显区别的。但那应该是万物无边幻化中的虚相，在实在的世界里，庄周也可能是蝴蝶，蝴蝶也可能是庄周。(《庄子·齐物论》)

第十六章　商鞅变法

穆公的西戎制霸

秦孝公（公元前361—前338年在位）时，实行了商鞅变法，秦国跻身战国列强之一。

孝公一即位就在全国发布了以下声明兼施政方针："昔日我国穆公修德行武，东边平定了晋国之乱，以黄河为界；西边制霸戎翟，开地千里。天子向穆公致伯，诸侯前来祝贺，……之后国家内忧外患不断，三晋（指韩、魏、赵）攻夺我河西之地（黄河西岸，陕西东部），诸侯都鄙视我秦国，再没有比这更羞辱之事了。献公（孝公的前一代）即位，……欲东伐收复穆公打下的故地，重修穆公政令。寡人想起先君的作为，常常痛在心上。宾客群臣中如能有出奇计让秦强大者，我则封他为官，与他一起分享秦国疆土。"（昔我穆公自岐、雍之间，修德行武，东平晋乱，以河为界；西霸戎翟，广地千里。天子致伯，诸侯毕贺，……国家内忧，未遑外事，三晋攻夺我先君河西地，诸侯卑秦，丑莫大焉。献公即位，镇抚边境，徙治栎阳，且欲东伐，复穆公之故地，修穆公之政令。寡人思念先君之意，常痛于心。宾客群臣有能出奇计强秦者，吾且尊官，与之分土。）

这个求贤令里出现的穆公（公元前 659—前 621 年在位）是春秋初期秦国的名君，比春秋五霸第一位齐桓公晚了近三十年即位，在位三十九年，经历了第二霸主晋文公整个时期。他是一位杰出的君主，有时甚至被列为五霸之一。从秦国的居住地，或者从其开国传说来看，秦国的先祖是来自于西边渭水上游的西戎。据说他们擅长于养马，所以受到西周孝王的赏识，成为西周的附庸国。这样来看，估计他们是陕西省西部的游牧民吧。附庸国是比诸侯国要低一等的国家，这一资格多被赐给都市国家近边的蛮夷。

西周最后的王——幽王（公元前 781—前 771 年在位）被西戎、犬戎讨伐而死的时候，秦襄公（公元前 777—前 766 年在位）曾奋战救周。平王（公元前 770—前 720 年）为避犬戎之难，东迁洛邑（现在的洛阳）的时候，襄公率兵平安护送。因为这一功劳，襄公被赐予岐山以西之地，至此秦首次位列诸侯。说是赐予，但也就是书面认可，其后秦的诸公必须凭借自身实力击退西戎，从渭水上游发展到渭水中游的岐山之下来确保此地。

"逐鹿中原"这句成语是把天下比做鹿，在中原（是天下的中央之意，春秋战国时代指黄河南岸、河南省一带，其中心是东周的都城洛邑）互相争夺天下，也就是成为霸主的意思。

秦位于远离中原的西边，到穆公时企图向中原发展，为此必须攻打当时强大起来的东邻晋国。穆公首先从争取到两位有才干的他国之人开始着手此事。这个时候还没有出现游走于各国兜售自己才能的游士，那么他是怎样得到这两位有才之士的呢？其实是买下了逃亡者。

秦穆公五年（公元前655年），晋灭了虞和虢两个小国，俘虏了虞的国君和其大夫百里奚。穆公迎娶了晋的公主做夫人，晋意欲让百里奚担任公主的侍从前往秦国，已经是七十多岁老人的百里奚不愿意服从，就逃到了楚国。于是穆公向楚提议用五张黑羊皮购买百里奚，总算把他弄到了手。穆公与之相谈三日，欣赏他人品，遂列为上卿，让他参与国政。百里奚因而被称为五羖大夫，就是五张羊皮大夫的意思。这个百里奚又向穆公举荐了自己的朋友——贤者蹇叔，穆公把他也迎为上大夫。这二人和他们的儿子孟明视、西乞术将在之后大显身手。

穆公前后五次和晋交战，还灭了梁、芮、滑等小国，这三国都是晋统治下的城邑。穆公和著名的霸主晋文公（公元前636—前628年在位）的关系有些复杂，总而言之，文公是在穆公的帮助下即位的，所以文公在位期间，秦和晋没有发生正面冲突。文公即位前，秦曾两次攻打晋，双方互有胜负，但在第二次战争中，穆公俘虏了晋的国君，甚至一度想用他活祭上苍，但在周天子的介入调解下最后放弃了。就是这个时候，秦获得了晋献上的河西之地。本章开头孝公的求贤令里所提到的"我先君河西之地"指的就是此事。至此秦的领土扩张到黄河，只是都城依然是位于岐山脚下的雍。这大概是因为西边仍有很多强大的西戎部族，还没法把根据地东移。

殽之战

晋文公死后第二年，也就是穆公三十三年（公元前627年），秦晋间发生了著名的殽之战。

事件的起因是一个郑国人很荒唐地要把自己的国家卖给秦。（这个男子在《左传》〔僖公三十二年〕里是由秦派去守卫郑国的秦大夫杞子。此处采用《史记》的说法。）他告诉秦国说："我把守郑国的城门，可以前来攻打。"（我主其城门，郑可袭也。）

于是穆公找百里奚和蹇叔商量，结果两人都制止他说："不行。"尽管如此，穆公还是决定任命他们的儿子孟明视、西乞术和另一个人为将军，准备攻打郑国。到了出发之日，两位老人大声哭泣。

穆公嫌不吉利大怒，二人搪塞说："臣年事已高，如果军队回来晚了恐怕就见不到儿子了，所以才哭的。"（臣老，迟还恐不相见，故哭耳。）

之后他们对儿子说："你们的军队要是战败的话，那一定是在殽之厄（道路变窄的地方）。"（汝军即败，必于殽厄矣。）

殽是山名，在陕西省关中（陕西省渭水流域，为四面环山的盆地、易守难攻的要害之地，因四面都有关卡而得名）去往中原洛邑的途中，其道路在山中蜿蜒，被称为殽塞。如果在此遭到敌人的伏击,任何大军都必败无疑。

因秦军避开晋的地盘行军,所以去的路途平安无事。秦军过了周的都城洛邑大约30公里,抵达一个叫滑的小国,在此碰到一个郑国商人。这个商人已经知道秦军要攻打郑国。三位将军据此估计郑国的守备很到位,攻打也是徒劳,所以就放弃进攻郑国,灭了滑国班师回朝。滑是晋的属国,所以晋太子大怒,不顾还在为父亲文公服丧,就脱掉丧服,意欲出征切断秦军的归路。晋军埋伏之地就是上面说到的殽。愤怒的晋军非常勇猛,秦军全军覆灭,三位将军被俘,正中百里奚的预言。三位将军在秦国公主,同时也是晋文公的遗孀的斡旋下才勉强被释放归国。败军之将理应被问斩,可是穆公却专程出迎犒劳三人。

穆公说:"是我不听百里奚等人之言的过错,你们三个何罪之有?"(孤以不用百里奚、蹇叔言以辱三子,三子何罪乎?)

就这样,穆公之后更信任三位将军了。

第三年(公元前625年),穆公展开复仇之战,以孟明视等人为将军,自己也亲自出征。这次秦军直奔晋国都城曲沃,在途中东渡黄河之际,以火烧船只之举,表明绝不退却之决心。秦军击溃晋军直逼晋国都城,攻下国都附近的城邑,获得大胜。晋人坚守城池不出击,穆公没办法只好挥军南去,在茅津渡过黄河,来到上次秦军全军覆没的殽之地,埋葬了战死士兵的遗骸。他对将士们说:"我深深反思不听蹇叔、百里奚之谋,故在此起誓,让后世记住我的过错。"(以申思不用蹇叔、百里奚之谋，故作此誓，令后世以记余过。）

尽管穆公起用名臣，骁勇善战，但当时晋文公的贤臣们尚在，国力强大，所以穆公没有成就中原的霸业，仅止于从晋夺回河西之地而已。

送戎王女乐

穆公时，秦的西北边还有强大的西戎。平定西戎以解后顾之忧是穆公的一大任务，他出色地完成了这一事业。

穆公三十四年（公元前626年），戎王向秦派遣了一个叫由余的人。由余的祖先是晋国人，逃亡到戎地居住，所以由余也会晋国话。此时是殽之战刚结束的那一年，秦不想受到西戎的进犯。戎王听说穆公是贤者，派由余来详细观察秦的国情。穆公向由余展示了宫殿和财宝。

由余看后说："为了造这些东西让百姓大受其苦了吧。"（使人为之，亦苦民矣。）

穆公马上反驳说："中国以诗书、礼乐、法度（诗书指《诗经》《尚书》，礼乐指为政者的德行、教养，都是德治主义的主题。法度指法律、制度）为政，即使如此，政治还有时发生混乱，戎夷都没有这些，以什么为政呢？政治不会顺利吧？"（中国以诗书礼乐法度为政，然尚时乱，今戎夷无此，何以为治，不亦难乎？）

由余笑着说："礼乐、法度正是造成中国混乱的原因。后世借法度之威，督促责罚百姓，百姓认为这是仁义的过错而怨恨上面之人。戎夷以淳德对待百姓，百姓也以忠信侍奉其君，所以治理很好。这才是真正的圣人之治。"（此乃中国所以乱也。……及其后世，日以骄淫。阻法度之威，以责督于下，下罢极则以仁义怨望于上。……夫戎夷不然，上含淳德以遇其下，下怀忠信以事其上，一国之政犹一身之治，不知所以治，此真圣人之治也。）

穆公认输，认为此人非同寻常，就和家臣商议道："我听说邻国有圣人，这是自己国家的忧患。由余是贤人，但对我来说有危害，该如何是好呢？"（孤闻邻国有圣人，敌国之忧也。今由余贤，寡人之害，将奈之何？）

"戎王地处荒野之地，没听过中土的音乐。您试着送其女乐以夺其志，怎么样？其间把由余留在这边，让其失去归国之机，离间他们君臣之心。再说戎王耽于音乐一定会疏于政事。"（戎王处辟匿，未闻中国之声。君试遗其女乐，以夺其志。为由余请，以疏其间。……且戎王好乐，必怠于政。）

这个计谋正中穆公下怀，戎王果然沉溺于女乐，到那年年末也没送还女乐。这边秦国算好时机让由余回国，由余多次劝谏戎王，但其意见却未被听取，最后他只好弃戎国而去投降于秦。穆公以宾客之礼礼遇他，询问戎的局势和伐戎的计谋。

三十七年（公元前 623 年），秦用由余的计谋攻打戎，攻下十二个国家，开地千里，遂称霸西戎。

穆公之后晋依然很强大，即使进入战国时代，秦也没能向黄河以东发展，只不过在陕西省内，讨伐了北方的义渠戎、南方的蜀，平定了南郑（汉中）而已。

孝公任用商鞅

商鞅离开卫国

卫人公孙鞅（？—公元前 338 年）[1]听说了本章开头提到的秦孝公（公元前 361—前 338 年在位）的求贤令，响应此令前往秦国。

商鞅正如其公孙之姓氏所示，是卫国王室出身。他年轻时便喜好刑名之学（刑名就是刑罚之名，古代的法律以禁令和处罚为主，刑名学就是法律的学问），效力于魏的宰相公叔痤。公叔痤非常了解商鞅的非凡才学，不过当时暂未向主君惠王（公元前 369？—前 319 年？在位）推荐，在等待时机。公叔痤病了，惠王亲自前去探病并问公叔痤："你要有个万一，国政该怎么办好呢？"（公叔病有如不可讳，将奈社稷何？）

这就是在请教能够接替公叔痤成为宰相的人选。公叔痤回答说："我的中庶子（本来是指天子左右的官，战国时代六国君王左右也设这一官职，这里是指宰相手下的官）公孙鞅虽然年少却是个奇才，希望王任用他向他问取国政之事。"（痤之中庶子公孙鞅，年虽少，有奇才，愿王举国而听之。）

惠王默然，面露犹豫之色。公叔痤又屏退旁人对惠王说："如果您不任用公孙鞅，请务必杀了他，千万别让他去其他国家。"（王即不听用鞅，必杀之，无令出境。）

---

[1] 商鞅是卫国国君后裔，姬姓公孙氏，又称卫鞅、公孙鞅。为符合中国读者习惯，后文一般将其统一称为商鞅。——编者

惠王答应了。公叔痤随后叫来商鞅，把自己向惠王进言之事一五一十、毫不隐瞒地告诉了他，并让他赶紧逃出国去，不然就有可能被捕。

但是商鞅竟然泰然地说："王优柔寡断，不能听您之言任用我，又岂会听您之言杀了我呢？"（彼王不能用君之言任臣，又安能用君之言杀臣乎？）

当然他没有马上离开魏。但是之后因为公叔痤死了，所以商鞅就应秦孝公的迎客令西赴秦国。商鞅是此等人物，所以在得到孝公信任前所使用的手腕也是相当高超的。

商鞅入秦

商鞅首先结交孝公的宠臣景监，让其安排与孝公见面。他花了很长时间给孝公阐述政治，结果孝公打起盹来。结束后孝公叫来景监大怒道："你领来的客人只会妄言，怎么能任用呢！"（子之客妄人耳，安足用邪！）

景监责备商鞅，商鞅回答说："我给孝公讲说了帝道，他没有理解。"（吾说公以帝道，其志不开悟矣。）

五天后，孝公又说想见商鞅。商鞅越发热心地讲说，但依然没能令孝公满意。景监又被骂了一顿。

商鞅说："我给孝公讲说了王道，他还是未能听取。请让我再见一次孝公。"（吾说公以王道而未入也。请复见鞅。）

这次会面之后孝公心情稍微好些，但还是没有任用商鞅的意思。他叫来景监说："你的客人不错，是个可以交谈之人。"（汝客善，可与语矣。）

这是因为商鞅这次讲说的是霸道。

"孝公心里打算用我了，我看出来了，请再让我见一次。"（其意欲用之矣。诚复见我，我知之矣。）

这次孝公凑近过来认真地听商鞅的讲说。听了好几天都不厌烦。

景监问商鞅："国君特别高兴，你究竟给他说了什么？"（子何以中吾君？吾君之欢甚也。）

"孝公说怎能等上几十年、几百年成就帝王之道呢？所以我就马上以富国强兵之道劝说他，他才特别高兴。然而，这样也就不能与殷、周的德行相媲美了。"（君曰'……安能邑邑待数十百年以成帝王乎？'故吾以强国之术说君，君大悦之耳。然亦难以比德于殷、周矣。）

商鞅立木为信

就这样，商鞅得到了孝公的任用，但他并没有马上开始变法。孝公身边还有儒家流派的保守主义者，一群将德礼挂在嘴边、认为变法十分艰难的人。商鞅在孝公面前一一驳倒了他们的学说。最后孝公断定商鞅所言为"善"，让商鞅制定新的法令。关于法令的具体情况之后详述。对于商鞅来说，法令的内容当然不能忽视，但首先要解决的问题是法令能否被认真执行。他关心的是百姓是否相信他所说的话，于是他制定了一个策略。

他在国都的市（古代都市国家都是被城墙围起来的，其中一角设有商人和手工业者活动的市。市也被围墙围起来，有门出入）的南门立了一根高三丈（约6米）的木头，并张贴布告说："如果有人能把木头搬到北门，就赏给十金。"（募民有能徙之北门者，予十金。）

当时秦有两种货币，上币是黄金一镒，下币是标记着半两的铜钱。镒和两都是重量单位，一镒是二十两或二十四两，一两大约是16克。就算一镒等于二十两，一镒就是大约320克黄金。汉代以前一镒通称一金，十金就是黄金3.2千克。

由于赏金太高，百姓都十分怀疑，没一个人去移动木头。商鞅于是进一步提高赏金："能搬动的人赏给五十金。"（能徙者，予五十金。）

终于有一个人下决心搬动了木头，所以商鞅马上就赏给了他五十金，以显示命令不是虚假的陷阱。做了这样的准备工作之后，商鞅最终发布了变法令，那一年是孝公三年（公元前359年）。

商鞅变法

第一次变法

无须赘言，商鞅变法的根本方针是富国强兵。与此同时，他也在积极推进国内中央集权和君主权的确立。在弱肉强食的战国时代，任何一国的国君都考虑过这个问题，但任何一国都存在着春秋以来的贵族，这些人试图继续享有既得权力，所以各国在这件事情上都进展不顺。秦的文化程度落后于中原各国，国家体制也没有别的国家那么稳固，王族和贵族的传统势力比较薄弱。这一点是实行中央集权和君主专制的有利条件。同为周边国家，比如楚国，中央集权虽有进展，但贵族的传统势力很强大，阻碍了君主权的强化。总而言之，秦的落后，反倒是变革之幸。

孝公三年（公元前359年）秦国发布了第一次新令，其内容大致分为针对百姓和针对宗室、贵族的两部分。首先针对百姓的有以下五条：①

一、什伍之法，建立街坊邻里小组。五家为"伍"，十家为"什"。其目的在于让法令渗透并实施到基层。和江户时代的邻保制度相同，连坐制是其主旨。街坊四邻如果不向政府告发奸人（违法者）就会被处以腰斩（从腰处斩断身体的刑法。因为古代人相信灵魂只会依附于完整的躯体，所以极其恐惧被肢解杀害）之刑。告发奸人者获得与战争中取得敌人首级一样的奖赏，隐藏奸人者受到与战争中投降敌人同样的惩罚。为了防范间谍，如果没有一定的证明，旅馆禁止留宿旅客。违反的旅馆老板和奸人同罪。

二、分家分财。百姓之家一户如有两个以上的男子，他们到一定的年龄就必须分家，而且要分割财产。不服从此令者要加倍罚劳役。其用意是让每个人必须全力以赴进行生产、鼓励开垦等。

---

① 秦孝公三年（公元前359年），秦国颁布的是《垦草令》。三年后，商鞅被秦孝公任命为左庶长，开始第一次变法。文中似将第一次变法误作《垦草令》的颁布，将两者混淆。下文应为第一次变法的内容。——编者

三、军功。无论地位高低，战争的赏罚以敌人的首级计算。斩敌首一个授爵一级，敌首两个授爵两级。为此，商鞅整理了秦国以往的爵位制，将爵位扩充到二十爵。

四、严禁私斗。国家战争以外的私斗按情节轻重处以刑罚。

五、奖励农织。以农业为国家经济的根本，鼓励男耕女织，多交粟帛者免除劳役。追逐商业等卑鄙利益的人、因怠惰本业而贫穷的人，取消其身份没为官奴，妻子也没为奴婢。

以农本主义为国策的做法，可以追溯到魏国李悝（公元前455—前395年）的"尽地力之说"，商鞅只不过是继承了它而已，但附带明确的赏罚这一点很实际。另外，还有一些更细节的地方，比如商鞅命令不许在道路上扔灰，这估计是因为灰可以做成肥料吧。

下面列举针对宗室、贵族的法令：

一、虽为宗室（王族），如果没有军功不列入王族籍册。

二、明确所有臣下的位阶和爵位的尊卑等级，家族拥有的田地、家仆奴婢的数量、衣服等都以门第决定。其门第以功绩而定，没有功绩虽为富人也不能享受奢华的生活。

除了以上的法令，商鞅还新制定了残酷的刑法。中国自古以来的肉刑叫作五刑：一、墨，刺青之刑；二、劓，削鼻之刑；三、宫，割掉男性生殖器；四、刖，挑断足筋之刑；五、杀，死刑。

各个刑法还有各种分类，其目的就是让人对受刑者一目了然。在死刑中，随着时代的变化，增加了一些给人造成极度痛苦的刑目，来警戒示众并平复人的复仇之心。例如：腰斩，从腰处斩断身体；枭首，砍头后悬挂示众；车裂，把身体绑在两辆牛车上，左右撕裂。

商鞅在以上刑法之外，又想出来以下若干：凿头，在头上开洞；抽胁，抽出肋骨；镬烹，用锅煮。

如前所述，以上法令于孝公三年首先被发布出来。

过了一年，百姓爆发不满。王族中太子也凑巧犯了法。商鞅严厉地说："法不能推行是因为上面的人触犯了它。"（法之不行，自上犯之。）不得已要处罚太子。但是由于"太子是国君的继承人，不能施以刑法"（太子，君嗣也，不可施刑），于是就处罚了太傅（监管人）公子虔，对太师（负责太子教育）公孙贾处以黥刑（刺青）。所有人都畏惧了，国中法令得以被遵守。过了三年，百姓也认为新法很方便，于是孝公加封商鞅为左庶长（商鞅完善的秦爵位之一，二十爵中的第十一位。庶长本来是军职，在此单纯表示位阶）。

新法推行了十年，秦的百姓都非常高兴，没有人拾路上的失物，山林里没有盗贼，家家生活安定，人口也增加了。人民不私斗，勇于为国打仗，乡村社会秩序安定。当初说新法不便之人又来谄媚说新法方便。这些人都是一些自以为是之徒，所以商鞅把这些家伙赶到边疆去做苦力，之后就再没有议论新法之人了。孝公又晋升商鞅为大良造（二十爵之一，第四位）。

第二次改革

孝公十二年（公元前350年），商鞅实行了进一步的政治改革。首先，在渭水中游沿岸的咸阳建设新的国都。这时秦国已然上升为和中原列国比肩的强国，咸阳的新都应该是仿照了中原诸国的都城，建造了非常庄严的城墙、城门，还有宏大的国王宫殿和庭院。

第二，商鞅把小都市和村落整合到一起，设立名为县的行政机关，由中央派遣县令（知事）治理，迈出了完善中央集权制的步伐。县的数量有说三十一，也有说四十一。

第三，坚决实行土地改革。其做法可以用"开阡陌"（《史记·商君传》）、"开阡陌封疆"（《史记·秦本纪》）、"决裂阡陌"（《史记·蔡泽传》）等语句来表述。《资治通鉴》（北宋司马光的《资治通鉴》，以编年体记述了从公元前403年到五代末的通史，是一部古今名著。这本书编出后，正史的编纂就变得很粗糙）等认为古代实行井田制，这是不言自明的事实，所以这三句话可以解释成开拓用于井田制的田间纵横小道。总之就是农民凭借自己的实力耕种多广阔的田地都可以，进而承认了土地的私有。《史记》中的这些语句近些年来在日本的学界也有很大的争论，但是线索只有这些，时至今日也无法得出确定结论。

笔者的看法是，因为后面又记述了两年后"首次制定赋税"（初为赋），如果把这句理解为完善赋税制的话，那么就算井田制本身不是问题，"开阡陌"也总归是要废除旧有的狭窄的田垄和田地边界，划定新的边界，以便更容易征税吧。或者其含义是划定便于牛耕的更广阔的区域，那这就不仅仅是土地制度了，可能也意味着农业技术的改革。

因为还有"从黄河东岸之地渡过洛水"（东地渡洛），可以看出在河西之地，也就是以前魏国的领土一带也施行了新制度。

第四，统一了度量衡。秦始皇的统一度量衡非常有名，但秦国早在此一百多年前就率先实施了。秦始皇时代制造了很多标准计量器，现今还留下很多测容积的"秦量"和测重量的"秦权"。商鞅时也制造了标准计量器，今天留下的只有一个铜制品"商鞅量"，据铭文记载，这是一升（中国的一升与日本的一合相当，一石是日本的一斗）的量器。而在度量衡中，特别重要的是尺度。当时，度量衡因国而异，而且拥有土地的贵族们还都有自家的尺子和升。如前所述，为了在新的领土河西之地实施新的土地制，统一尺度、确定田地面积是第一个要解决的问题。容量和重量的正确性则是保证缴纳物品公正的必要条件。这是因为诸侯、大夫、收税人的秤互有差别，从百姓处收取时用大秤，交给上面就用小秤，这在当时成了一种常态。

第五，移风易俗。当时秦人按戎的习俗，父子、男女都同居一室。同居一室也就意味着其中的男女关系不是很严格，这为中原诸国所蔑视，所以禁止父子兄弟同室。

这些新令颁布后过了四年，公子虔违反禁令，他就是之前提到的太子犯法时作为太傅被追责受刑之人。又再次违法的他这回被处劓（割鼻）刑，怨恨使得他在孝公死后马上开始报复商鞅。

变法实施了十多年，秦的富国强兵之策取得成功，像后面讲到的那样，秦屡次压制强国魏，对外也成了一流的国家。

所以，孝公十九年（公元前343年），秦被周天子授予"伯"；二十年，天下诸侯都向秦道贺。商鞅因有打败魏军之功，在孝公二十二年（公元前340年）获封於、商之地的十五个邑，并被赐予商君的称号。君是对诸侯的臣下中领有土地者的称谓，在君中有很多实质上的半独立之国。自此后他就被叫作商鞅。

商鞅的军功

秦在孝公的前代献公（公元前384—前362年在位）二十一年（公元前364年）时，曾和东邻魏国开战并获胜。据说此战斩敌人首级六万，那么一定是个大胜仗。过了两年秦和魏战于少梁（黄河的中心之地，今天的陕西韩城。是和山西之间的通道），秦俘虏了魏国的将军，但由于赵国的援兵到来，秦国结束了战争，一无所获。

到了孝公这一代，动真格攻打魏国的是商鞅。孝公十年（公元前352年），秦攻陷并一度占领魏国都城安邑（位于山西省，在著名的盐池的北侧。春秋末年，晋迁到安邑，战国初，魏在此定都），因为史书上没有任何记载，所以估计秦军很快就撤回了。

孝公二十一年（公元前341年），魏向齐开战，在著名的马陵之战（这场战役中，齐任用孙膑为军师，大获全胜，魏国名将庞涓战死。马陵在河北省大名县，是黄河畔的要害之地）中大败。趁着魏的失利，翌年，秦会同齐、赵伐魏。秦军的司令官是商鞅，魏军的司令官是公子卬。公子卬是商鞅以前在魏

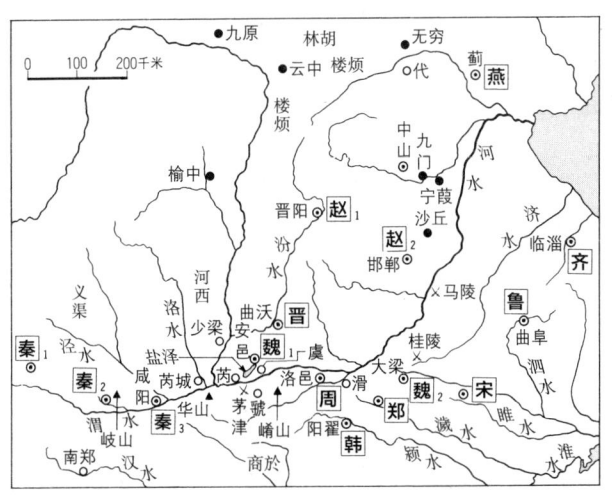

秦的向外扩张

国时结识的老朋友。商鞅给公子卬送去一封信:"你和我过去关系甚好,如今虽各为国家将领,但也不忍相互攻打。让我们见个面,盟誓和平,一起畅饮,停止战争以保两国平安。"(吾始与公子欢,今俱为两国将,不忍互攻。可与公子面相见,盟,乐饮而罢兵,以安秦魏。)

公子卬认为的确如此,就前去会盟并开怀畅饮。突然伏兵冒出来,公子卬在茫然不知所措中被俘。商鞅的军队于是胜利归来。魏惠王无法抵御来自齐和秦的东西夹击,最终献上了秦梦寐以求的河西一带与秦讲和,并放弃国都安邑,迁都到河南省的大梁(今天的开封)。惠王想起昔日宰相公叔痤临终前留下的忠言,叹道:"我悔恨不听公叔痤之言。"(寡人恨不用公叔痤之言也。)

就是公叔痤建议，如果不用商鞅干脆杀了他。

商鞅的末日

孝公结束历时二十四年的统治，薨于公元前338年。在君主专制下，国君交替时是政变的时机。商鞅就如同《史记》所说是一个"天资刻薄人也"，招致很多的怨恨。孝公死前五个月，商鞅见了一个叫赵良的贤人，请求他对自己的业绩进行评论。

赵良把商鞅的做法批评得一无是处："依靠德行的人会昌盛，依靠武力的人会灭亡。你的命运就如同朝露一般岌岌可危，你还想要延年益寿吗？那为何不归还十五都（商鞅的封地），隐居田园呢？为何不向秦王推荐有德行的隐士以德治国呢？"（恃德者昌，恃力者亡。君之危若朝露，尚将欲延年益寿乎？则何不归十五都，灌园于鄙，劝秦王显岩穴之士，养老存孤，敬父兄，序有功，尊有德，可以少安。）赵良极力劝谏商鞅，可是商鞅没听进去。

孝公死后，很快王室贵族们就展开了报复，商鞅逃跑。因商鞅两次受刑的公子虔一伙状告新王说商君有反叛之意，于是官府开始搜查商鞅。一天晚上，商鞅想投宿某个旅店，店主不认识商鞅拒绝他住宿："商君的法令，让没有证明的人投宿犯连坐之罪。"（商君之法，舍人无验者，坐之。）

商鞅离开秦国逃亡到魏，魏人因怨恨商鞅欺骗杀害公子卬不接受他。商鞅欲去他国，可是魏人害怕秦报复就把商鞅逐回秦国。商鞅回到自己的封地商邑，可最终被秦兵攻打，被捕于郑的地盘。随后他就被处以车裂之刑,那是在公元前338年。

商鞅被认为是法家鼻祖,据传他著有《商子》一书,也被称为《商君书》。法家之著作大都是由法术的实践家们写就的,著述者们大都死于非命。现存的《商君书》五卷据说是战国末期的后人之作。

第十七章　胡服骑射

马陵之战——孙膑的奇谋

　　魏惠王（公元前369—前319年在位）把都城从山西省的安邑迁到河南省的大梁（开封），是将战国时代二百五十年历史一分为二的划时代的事件。直截了当地说，这是魏难以承受来自秦的压制而东迁。看地图可知，大梁的地理位置介于北边的赵都和西南部的韩都之间，魏放弃在第一线和秦对抗的话，赵国就不得不接替它承担重任。但是如果赵国没有单独和秦对抗的实力的话，自然会出现合纵的策略。这就和为了对抗苏联诞生了北大西洋公约组织（简称"北约"，NATO）一个道理，位于东部的齐国就有点儿类似于北约里美国的地位。

　　从大局来看如上所述，秦的兴起引发了合纵的趋势，但眼下，魏的东迁在中原掀起波澜，越发加深了中原列国间的紧张关系。

魏东迁的直接动机正如上一章所述,在于秦孝公二十二年(公元前340年)商鞅大破魏军。而商鞅之所以行此举动是因为前一年齐在马陵大败魏军,可以说马陵之役魏的大败改变了天下形势。那就让马陵之役的中心人物两位军师登场吧。

庞涓断孙膑之足

孙膑和庞涓年轻时一起学习兵法。庞涓先飞黄腾达做了魏的将军,知道孙膑才能在自己之上,便想早早除掉对手。他私下偷偷把孙膑邀请到魏国,孙膑一到魏国,他就以间谍之罪按刑法挑断了孙膑的脚筋,在其脸上刺字,就是为使他不能在人前露面。

后来齐国的使者来到魏都大梁,孙膑暗中会见了使者,向他游说天下形势和军事策略。使者知道他非等闲之辈,回国时就悄悄把他带到了齐国。当时,齐国在名君威王(公元前356—前320年在位)的统治之下,正处于全盛时代。威王身边人才济济,出身王族的田忌将军就是其一。田忌赏识孙膑的才干,让他在自己家里做了食客(所谓的客是"外人"之意,战国时代王和诸侯、大夫们多招揽有才之士以食客的身份加以厚待)。

那时齐王和公子们之间赌马的风气很盛,田忌也经常参赌。竞赛的马根据跑得快慢分成上中下三个等级。孙膑仔细地观察后发现马的足力没有太大的差别,于是他建议田忌说:"你只管下大赌注吧,我帮你获胜。"(君弟重射,臣能令君胜。)

田忌相信他，在和齐王、诸公子赛马时赌上了千金（一金是黄金二十两）。四马战车的比赛就要开始了。孙膑对田忌建议说："用你的下驷（如字面所示，驷是四匹马的意思。下驷指下等马）和对方的上驷比赛，用你的上驷对别人的中驷，用你的中驷对别人的下驷。"（今以君之下驷与彼上驷，取君上驷与彼中驷，取君中驷与彼下驷。）

上中下三个等级的赛马比赛结束后，田忌的马输了第一回，赢了后两回，赢得了千金赌注。之后田忌把孙膑推荐给威王，威王听了孙膑的兵法后让他担任自己的老师。

顺带说一句，现在普遍认为《孙子》是孙膑的著作。旧的学说认为《孙子》是孙武所著，从其内容来看更像是孙膑所著。《史记》说孙膑是孙武的后代。

公元前354年，魏惠王包围了赵的都城邯郸，赵向齐求救。齐威王想任孙膑为援军总将，但孙膑以自己是受刑之人而推辞，所以威王就任田忌为将，孙膑为军师。孙膑不在第一线，只要坐在辎重车上出谋划策就好。

田忌计划率兵赶往赵都，孙膑对田忌说："现在赵和魏殊死相搏，魏的精兵应该全都出动到了赵国，魏国内留下的都是老弱疲敝之辈。你不如率军奔赴魏国都城大梁，攻击其空虚之处，魏兵一定会放弃赵国回兵解救本国，这样既可一举解救赵国，又可起到使魏国疲惫的效果。"（今梁赵相攻，轻兵锐卒必竭于外，老弱罢于内。君不若引兵疾走大梁，据其街路，冲其方虚，彼必释赵而自救，是我一举解赵之围而收毙于魏也。）

田忌依孙膑之计而行，果然魏军放弃邯郸，撤兵回国。齐军在途中的桂陵（根据杨守敬的《战国疆域图》，位于赵都邯郸和魏都大梁中间、黄河南岸。一般说法则认为在山东省曹州的东北，那就太过于靠东了）迎击魏军大获全胜，史称桂陵之役（公元前353年）。

庞涓死于此树之下

桂陵之役后过了十二年，公元前341年，魏攻打赵，赵和韩结成同盟攻打魏。赵失败了，魏开始进攻韩，于是韩向齐求救。齐威王和大臣们商量，有人建议最好不救。

田忌进言说："这个时候如果不出手相救韩国，韩国就会被魏吞并，应该及早相救。"（晚救之，韩且折而入于魏，不如早救之。）

最后孙膑陈述意见说："韩和魏的兵还没疲惫之时，如果

齐的半瓦当，山东省临淄出土

赶去相救的话，我们齐军就代韩迎击魏的精兵，最后齐反倒落得听命于韩。而且这次魏是打算灭掉韩的，这样的话，韩就会向齐告急。与其开始就挑起很重的担子，不如先暂时和韩保持交好，等魏军疲惫后再慢慢出手，这样齐的利益更大，也会提升名誉。"（夫韩魏之兵未弊，而我救之，我代韩而受魏之兵，顾反听命于韩也。且夫魏有破韩之志，韩见且亡，必东诉于齐。我因阴结韩之亲，而晚承魏之弊，则国可重，利可得，名可尊矣。）

威王赞成孙膑的意见，向韩传递了救援之意。韩因得到齐施救的承诺努力奋战，但齐的援军不来，和魏五次作战皆以失利告终，结果只能听命于齐国。此时齐才开始出手施救。

齐国军队以田忌、田婴（齐威王的小儿子，任将军、宰相大显身手。公元前321年被分封到薛，谥号靖郭君。齐取代魏称霸时担任外交工作）为将军，孙膑为军师，整装出发了。田忌采取和桂陵之役同样的战略，直奔魏都大梁。这个时候魏的将军是庞涓。

和上次一样，魏军从韩撤军归国。田忌的军队这时已经向西面进军，马上就到了孙膑和庞涓正面交锋的时刻。孙膑为此倾注了其毕生的智谋。

孙膑对田忌说："他们三晋之兵（在此指魏兵）本来就是勇敢善战之人，认为齐兵是怯弱之徒，我们反而要利用这点。兵法上说为利益驱使行百里的军队会损失上将，行五十里的军队只有一半到达（意思是逃兵很多）。庞涓熟悉兵法，要反其道而行之。"（彼三晋之兵素悍勇而轻齐，齐号为怯，善战者因其势而利导之。兵法,百里而趣利者蹶上将,五十里而趣利者军半至。)

齐军进入魏的领地,让士兵一路上搭设野营的炉灶。第一天十万灶,第二天五万灶,第三天三万灶。果不其然,庞涓一路行军查看,非常高兴。

"齐兵生来怯懦这点我也知道,果然齐军入我之地就胆怯起来,三天逃跑的人就过半。"(我固知齐兵怯,入吾地三日,士卒亡者过半矣。)

于是就他就丢下步兵,只率领轻装骑兵昼夜兼程追赶齐军。孙膑计算对方的行程,估计日落时分庞涓的军队将到达马陵(河北省大名县东南。河北省和河南省是大平原,平原上大的山丘叫陵,小的山丘叫丘。有很多带陵和丘的地名)。马陵是一个道路狭窄险峻、适合埋设伏兵的绝佳之地。齐军精选出善射之兵埋伏于道路两旁,并把道旁的一棵大树的树皮刮掉,用墨写上"庞涓死于此树之下"几个漆黑的大字。

齐军将日暮时分看到这棵大树的火光约定为攻击的信号。庞涓果然夜里到了马陵。他想看清白色的树干上的字,就敲燧石燃火,还没读完所写之字,齐军就万弩齐发。魏军全线崩溃,庞涓也自知休矣,叹道:"黄毛小子,终究还是让你成就了名声。"(遂成竖子之名。)随后便刎颈自尽。齐军乘胜尽破魏军,俘虏了魏太子回去。

这次战争真是赢得十分精彩,《史记》对此慨叹说:"孙膑算计庞涓的军事行动是英明的,但是他自己却不能预先避免刖足的酷刑,不也是很可悲吗?"(孙子筹策庞涓明矣,然不能蚤救患于被刑。……悲夫！）

赵武灵王

马陵之役（公元前341年）后过了十六年，在赵国，绝世英雄赵武灵王即位。

赵国最初以晋阳为首都。晋阳位于现在山西省省会太原西南，在向南流经山西省中部的汾水河河畔、黄河中游向北300公里的地方。战国初，韩、魏、赵三家分晋时，赵氏分取了这个地方。其后（公元前386年）赵国把首都迁到邯郸。赵的南边是拥有名君惠王的强国魏，东边有大国齐，当时赵的实力不及这两国，可发展空间只有北方。而赵的西北方有游牧民族匈奴，邯郸往北150公里处是狄的大国中山国（国都据说在河北省正定县的西边。春秋时代叫鲜虞，是狄的一个部族白狄建立的国家。1972年在河北省平山县发现了中山王䰠〔公元前310年左右〕的大墓）。平定中山国向北发展正是赵的夙愿，武灵王出色地实现了它。赵从武灵王开始强大起来。

中山国从战国初开始强大，在五台山（山西省北部的名山）一带修筑城池。之后它进一步巩固地位，史书上记载，公元前369年其国先于列国修筑长城（长城是战国时代各国为了防止邻国入侵而修筑的，中山国长城的位置不详）。自己身为游牧民族狄，却修筑长城，这件事情很不可思议。后世普遍认为当时的中山国可能已经发展为统治农业百姓的定居民族。

笔者的先父——内藤湖南博士特别热衷于从历史中发掘

天才式的人物。关于武灵王他曾这样说：

> 如果成功了的话，秦之前具有统一天下资格的当属赵武灵王。在那个周围都是昏君的时代，只有赵武灵王一人贤明。……他利用胡服骑射，思忖攻打正欲兴起的秦国。……不幸的是他由于家族内乱被杀，如果没有那个事件的话，战国时代的形势恐怕会完全改变。(《中国上古史》192 页)

事实上，中国战国时代的国君们，除了秦始皇，没有进入中国历代帝王前十的。战国时代是游说之士、名将、名相的舞台。日本战国十大武将们多数是外交家、政治家，本身还是站在作战第一线的名将，一国的兴亡直接和大名个人的英勇、智谋休戚相关。中国的战国时代并不是不需要智勇的国君，昏君之国很快就会受到邻国的进攻。时代是需要杰出君主的，只是没有出现而已。不过，中国这个时代的战争大多数都是数万、数十万大型步兵军团的长期战，不容国君身先士卒；而且国君们祖祖辈辈都是诸侯的子孙，臣下也都世代是贵族，同日本那种没有家族渊源的大名武士情况不同。其中最不同的一点是，中国以国君为首的贵族们都服膺文化。大家不要忘记，中国的战国时代同时也是思想学术百花齐放的黄金时代。

作为这么一个时代的国君，赵武灵王的确是一位有特色的英雄，是一位会让人想起织田信长的好男儿。

武灵王于公元前 325 年即位。

赵武灵王世系图

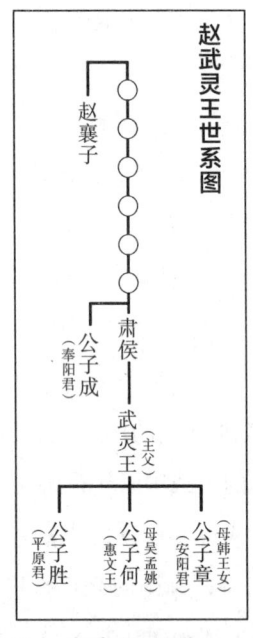

赵襄子 — ○ — ○ — ○ — ○ — ○ — ○ — 肃侯

公子成（奉阳君） — 肃侯 — 武灵王（主父）

武灵王子嗣：
- 公子胜（平原君）
- 公子何（母吴孟姚）（惠文王）
- 公子章（母韩王女）（安阳君）

赵武灵王系谱

此时恰好是秦孝公死后十三年，秦国逐渐强大起来，六国间合纵之风兴起。因为武灵王即位时年纪尚轻，所以开始的两三年，国政由宰相赵豹等人执掌。即便武灵王已经熟悉了政务，还是事事咨询前朝重臣肥义后才施行。即位五年，武灵王从韩国迎娶公主为正妻，生了王子章。十六年（公元前310年）一天晚上，武灵王梦到一个年轻女子边弹琴边唱歌，歌词曰——

美人荧荧兮，颜若苕之荣。命乎命乎，曾无我嬴。（美人光彩艳丽啊，容貌好像苕花。命运啊！命运啊！竟然无人知我嬴娃芳名。)

听上去感觉是一首有暗示之意的歌。这之后，喝酒喝到兴起时，武灵王经常提到这个事，说想见那个女子。吴广听了这事后，在夫人的配合下献上了自己美丽的女儿孟姚，灵王对其极尽宠爱不离左右。几年后，孟姚生下王子何。武灵王听信孟姚的谗言，废皇后和太子章，立孟姚为皇后，立何为太子。英雄好色，就这样发生了预料之中的家庭内乱。

胡服骑射

十七年（公元前309年），武灵王在九门城（赵国的城，在河北省正定县城东，从这里甚至可以看到中山国的都城）的城外建望台（瞭望台），远眺中山国和齐的边境。这个时候，他的心中一定盘算着向北方发展的计划。十九年（公元前307年），王终于要付诸行动了，他先和重臣肥义谈论了五日天下形势，随即亲自率军出发。这次亲征，从其行程来看，与其说有什么特定目的，不如说是去巡视北方。之所以这样说，是因为他经过最近的强国中山国国都没有停留，而是不断向北，首先到了代（根据杨守敬的《战国疆域图》，大致定为察哈尔省的蔚县〔今河北省蔚县〕东），进而又到达北面的无穷（杨守敬猜测比代稍偏北），从这又折向西远征到黄河河曲附近，这附近当时是叫作林胡、楼烦的游牧民族居住地。

可能是因为这次远征深有感触吧，武灵王决心向胡服骑射方向转换战术,穿方便骑马的胡人服装,建立骑马作战的骑兵军队。在当时鄙视夷狄的中原,这一定是大胆的做法。就连他自己也非常慎重,首先叫来家臣楼缓商量:

"现今近在我国咫尺的有中山国,北有燕,东有胡,西边有林胡、楼烦、秦、韩,可我们国家却没有强大的军队,这样下去国家将会灭亡,怎么办好呢?这个世上欲取得高名之人必要抛弃世俗。我要大胆地穿起胡人的衣服。"(今中山在我腹心,北有燕,东有胡,西有林胡、楼烦、秦、韩之边,而无强兵之救,是亡社稷,奈何?夫有高世之名,必有遗俗之累。我欲胡服。)

楼缓回答道:"很好。"(善。)可是群臣都不答应,王向肥义求助:

"如今我想继承襄主的事业,开拓胡翟(翟同狄,胡翟是对北方游牧民族的统称)之地,以目前的这种状况看来一生也难以成就其业。……有独特先见之明的人有时要招致说三道四的民众的怨恨。如今我想教人民胡服骑射,可是世人一定会指责我,这一点该怎么办是好呢?"(今吾欲继襄主之迹,开于胡、翟之乡,而卒世不见也。……有独智之虑者,任骜民之怨。今吾将胡服骑射以教百姓,而世必议寡人,奈何?)

肥义心领神会。

"我听说做事有疑虑就没有效果,行动有疑虑就不会成功。愚蠢的人就连既成事实都看不到,而聪明的人却能在事情尚无迹象时就察觉,王您还犹疑什么呢?"(臣闻疑事无功,疑行无名。……愚者暗成事,智者睹未形,则王何疑焉?)

"我不犹疑胡服之好，我只是担心天下人的嘲笑。我坚信胡服的功效是不可估量的。即便是举世都嘲笑我，我也一定要占领胡地和中山国。"（吾不疑胡服也，吾恐天下笑我也。……胡服之功未可知也。虽驱世以笑我，胡地中山，吾必有之。）

王得到近臣的赞同，决定穿胡服，可是还必须说服王室和贵族一伙。王决定从最顽固的公子成（武灵王的叔叔，武灵王称呼他"叔"，公子成后来成为宰相被封为奉阳君）开始。公子成在王出征时执掌国政，王首先派人去传话：

"我打算穿胡服上朝，也想让您也穿上胡服。但听说您不愿穿胡服，这样的话天下之人恐怕会说三道四，而且群臣也会赞成您一方吧。我对此很担心，请您也穿胡服。"（寡人胡服，将以朝也，亦欲叔服之。……今寡人作教易服而叔不服，吾恐天下议之也。……故愿慕公叔之义，以成胡服之功。……请服焉。）

果然，公子成以生病为由派使者委婉地回复说希望王再考虑一下。于是王亲自去到公子成的府邸，极尽言辞地加以说服，公子成最后终于同意。可是其他的王室贵族们都劝阻王，并不顺从，王谆谆开导，终于得到他们的同意，发布了胡服令。王还从国外招募骑射之士，让国人加以练习。

在之前王曾对公子成说："骑射的装备近可方便利用于上党（山西省东南部，潞安地方。是一个要冲之地，韩、魏、赵的领土交接于此）地形，远可以此报中山之恨。"（今骑射之备，近可以便上党之形，而远可以报中山之怨。）王这是痛感要想讨伐以中山国为首的北方胡人，不用胡服骑射的战法是不行的。王进一步认为采用新的战术还可以讨伐西边的秦。

胡服骑射

在此对胡服骑射稍作说明，首先是胡服。《史记》《战国策》中没有记载胡服具体是什么样的服装，胡人采取什么样的战术。不过到了汉代以后有了记录，画像石的图像里也有所描绘，人们得以知道胡服具体的服装样式。另外，民国初年的大学者王国维（1877—1927年）曾根据汉代以后的文献写过一篇《胡服考》的论文。我们便据此想象一下武灵王的胡服吧。

一、冠。中国的冠是彰显地位的，所以因不同的官位有不同的形状和装饰，具体情况是很复杂的。而武灵王的胡冠是像消防帽那样带挡风的非常简单的形状，其装饰只是用鸟羽或貂尾立于左右而已，在后世被称作"惠文冠"。惠文王是武灵王之后的赵王，据说叫成"惠文冠"是后世的误传。

二、带。带的样式不是很清楚。中国古代传统的带有幅面很宽的大带和没有带扣的皮带，都是打结系的。王国维说带的幅面变窄并要用带扣（带钩）系，大概是从武灵王开始的。带钩是黄金或铜制的，有很多保存到了现在。

公元前六世纪生活在黑海沿岸的斯基泰人喜欢使用金属制的带，考虑到这之后斯基泰文化在北方游牧民族间的蔓延，胡服的带很有可能是受到此文化的影响。

三、靴。中国原有的鞋是皮革制或布制的，像今天的女式鞋那样是浅口的。胡人的鞋是皮革制的，款式像今天女式雨鞋那样。这种胡人鞋叫靴，其形状可以根据汉代的皮靴来想象，文献中不详。

四、衣服。中国原来的衣服是宽松的连身裙式的，袖子很宽，下摆也又长又宽，没法骑马。胡服是上下身的套装，上身稍长袖子窄，下身穿阔腿的裤子（袴）。当然战场上穿的款式与用于礼仪的款式是不一样的。北方天寒，所以有时也在套装外穿宽松的外套。

关于骑射文献上也没有记载，从现存的雕刻和绘画来看，骑士在马上射一种小弓。中国的弓随着时代发展不断变大，人们在远距离用的弓上花了很多心思，但是骑射的弓却好像很轻巧。这当然是需要熟练技巧的。还有刀剑情况也有所不同，从春秋中期开始，南方越地长剑很发达，很多贵人佩戴，而胡人常用的是最多一尺来长的短剑。

改了服饰，练习骑射，做好充分准备的武灵王，终于开始布局对中山和胡地的战略。二十年（公元前306年），武灵王首先取道中山国的宁葭（河北深县〔已改市〕东南），由此向西进入胡地，远征到了榆中（陕西榆林），林胡王进献了马匹。次年，武灵王以公子章为中军将，并亲任总将，率领右军、左军、中军三军攻打中山。《史记》里记载了攻占的地名，但是不清楚现在的位置。中山国的国都据说位于今天河北省正定县和灵寿县之间，赵军兵分两路，一路在曲阳县集结，攻陷了中山国北面的三个要塞；王率领的一路则攻克了地处中山国和赵都邯郸之间的中山国南部四邑。由于中山国把那四个邑献给了赵，所以双方暂时停战了。之后的第三年（公元前303年）赵又攻打中山国。惠文王三年（公元前296年），赵最终灭了中山国。这个时候武灵王已经退位，称主父，但总之算是实现了他的一个夙愿。

赵武灵王二十六年（公元前300年），赵武灵王进攻中山的同时，去了更北的燕、代之地，进而向西远征到黄河以北的云中、九原（都在黄河河曲的东北及北部，秦始皇时设有郡）。总之赵武灵王好像很喜欢骑马奔驰到很远的地方。在这种情况下，他就考虑把烦琐的国政全权交给太子，自己便可以不受拘束，去想去的地方。二十七年（公元前299年），赵武灵王实施了该想法，太子何继位，就是前面提到的美人吴孟姚的儿子，这就是惠文王。卸下负担的武灵王，也就是主父，又计划从云中、九原向南袭击秦，于是便将自己化装成使者混入秦。此时秦已经经历了孝公、惠文王、武王，来到了昭王的时代。昭王开始没有意识到，后来感觉到使者风度不凡，不似人臣，才起疑派人去追，但主父已经逃出关卡了。主父是为了探查秦国地形和秦王的为人才冒此风险的。虽然就像后面提到的，对秦的经略还没实现主父就死了，但他打通了从北方灵寿（今天的河北省灵寿县附近，可能就是曾经的中山国国都所在地）经代向西的道路，长子章（韩公主之子）还被封到了代，号安阳君，其北方经略到此已经算是成功了。

武灵王末日

武灵王的死有些蹊跷。如果说其前妻之子公子章因被废太子怀恨在心而杀了主父的话，还可理解，但事情不是这样的。后妻美人吴孟姚受宠做了皇后，其子何成为太子，最后即位为王。可是主父对太子何的爱在其母死后变得平淡，相反看到公子章对成为新王的弟弟俯首称臣觉得甚是可怜，就想把他也立为王。主父本打算把章立为代王，但没能实现。有一天，主父和赵惠文王去沙丘（在河北省平乡县，邯郸东北约50公里处）游玩，事先企图谋反的公子章掀起叛乱。公子成等从都城带兵赶去讨杀公子章。公子章临死之前逃到主父的宫殿，主父允许他入内。这下为难的是公子成等人，公子章虽然已经死了，但主父可能也震怒了，于是他们干脆包围了主父的宫殿。被围困的主父因没有食物连小麻雀都吃了，三个多月后还是饿死了。对孩子半途而废的爱，是其祸患的根源。惠文王（公元前298—前266年在位）在位期间，因有蔺相如、廉颇等名臣名将，赵勉强能和秦对抗。

第十八章　合纵连横

苏秦的故事

苏秦的发愤

苏秦是东周都城洛阳人，跟随齐的鬼谷先生学习纵横之术。鬼谷先生的经历等无从知晓。现今传有一本叫《鬼谷子》的薄书，一般被认为是后世的纵横家之作。关于鬼谷先生有各种各样的传说，比如《拾遗记》（汇集了从古代到东晋的传说故事，五胡十六国〔四世纪〕时后秦的王嘉所著，共十卷）里有这样的记载：

张仪和苏秦一起学习，因为贫穷，轮流剪头发卖钱为生。两人努力四处抄写书籍，非圣人之言不读。偶尔发现古书，因旅行途中没有抄写材料，两人不得已就用墨抄写在手掌和大腿

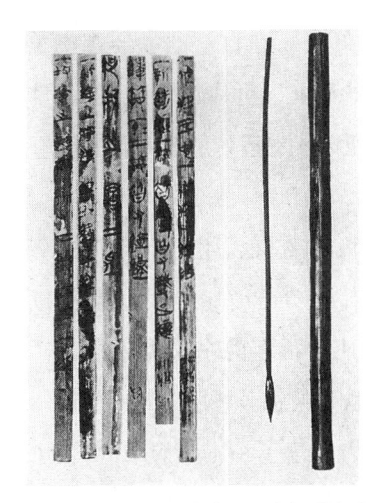

楚国的竹简和笔、笔筒，湖南长沙出土

上，晚上回去后，折竹制简（东汉〔二世纪〕纸被改进以前，在细竹片或木片上写字，用皮革串缀制成的卷轴就是书籍。这种竹片和木片就叫作简）书于其上，待下次露宿野外，再剥树皮缀简最后制成书。两人就是用这样的方法将天下的好书收集起来的。

曾经有一次，两人在大树下休息时睡着了，猛然一睁眼，出现一位先生问两人："你们二人为什么勤苦学习呢？"（二子何勤苦也？）

两人问先生："先生是哪国人呢？"（子何国人？）

"我生在归谷（鬼谷）。"（吾生于归谷。）

于是先生从怀里拿出两卷书，教两人经世之术和雄辩之术，那正是陈述时局要领的书（大概就是《鬼谷子》二卷吧）。

苏秦为了能被任用，多年奔走在诸国间，最后一文不名地回到洛阳。从兄弟姐妹到自己的妻妾都嘲笑他："在周，农、工、商都是正经的职业，可你却抛弃正业（工、商）把耍嘴皮的辩论当工作，所以一文不名是理所当然的。"（周人之俗，治产业，力工商，逐什二以为务，今子释本而事口舌，困，不亦宜乎！）

苏秦听了后大为羞耻，闭门不出。他反复阅读了自己的全部藏书，结果却嘟囔道："为士之人埋头读了这么多书却不能出人头地，即使读再多的书又能怎样呢？"（夫士业已屈首受书，而不能以取尊荣，虽多亦奚以为！）

于是，他努力精读了一本《周书阴符》（西周初年太公望著的一本兵书，没有传下来。可能就是《汉书·艺文志·诸子略》中提到的《太公》237篇〔谋81篇、言71篇、兵85篇〕），用了一年时间研究出说服君王之术。苏秦认为这样保证没问题了，就意欲说服周显王（公元前368—前321年在位），可是显王的左右对苏秦的底细一清二楚，认为他是一个毫无价值之人而不予以信任。没办法苏秦就去了西边的秦国。秦国孝公死了，正逢惠王（公元前337—前311年在位。也叫惠文王，是孝公之后的名君。秦自他开始频繁侵略韩、魏和楚）当世。

"秦之地是天然的府库。以兵法教授士民，可以统一天下。"（秦……此天府也。以秦士民之众，兵法之教，可以吞天下，称帝而治。）

苏秦如此这般说服惠王，却没被采纳。那时秦刚杀了商鞅，众人都憎恨外来的雄辩之人。于是苏秦向东去了赵国。赵国适逢武灵王的上一代肃侯（公元前349—前326年在位）治世，肃侯的弟弟公子成被封为奉阳君，做宰相执掌国政，奉阳君对苏秦的主张不感兴趣。没办法苏秦又从赵转到燕国,花了一年多的时间总算受到燕文公的接见。

苏秦滔滔不绝口若悬河:"燕之地物资丰富,是天然的府库。现今没有像燕这般安逸没有战争的国家。大王您知道其中的原因吗?那是因为南边的赵挡住了强国秦和齐。所以王要和赵结深交,进而如果天下合纵的话,燕国就没有任何担心了。"(燕……此所谓天府者也。夫安乐无事,不见覆军杀将,无过燕者。大王知其所以然乎?夫燕之所以不犯寇被甲兵者,以赵之为蔽其南也。……是故愿大王与赵从亲,天下为一,则燕国必无患矣。)

文公说:"你说得很对。你要是能通过合纵保证燕的安泰的话,我就把国政委托于你。"(子言则可,……子必欲合从以安燕,寡人请以国从。)

文公给了苏秦车马和金钱布帛派他去赵国。因为赵王是非常重要的对象,所以苏秦喋喋不休地拼命讲说。《史记》有很长的记述,其要点是:"秦是强国,而且虎视眈眈地觊觎中原。但是现在如果把秦之外的国土合并的话是秦的五倍,兵卒是秦的十倍,如果六国合力攻打秦国的话,秦必败无疑。六国联合起来对付秦国,这是最好的策略。"(臣窃以天下之地图案之,诸侯之地五倍于秦,料度诸侯之卒十倍于秦,六国为一,并力西乡而攻秦,秦必破矣。)

听了这一席话,赵王也大为赞成。于是为了和诸侯国合纵,为苏秦准备了车百乘、黄金千镒(重量单位,一镒是二十两)、白璧百双、锦绣(上等的绢织品)千纯(绢布的单位，不详）。

正好那时秦攻打魏国获胜并意欲乘势东进。秦如果进攻赵的话，那苏秦的合纵计划就泡汤了，所以无论如何要阻止秦的进军。但是秦不久前刚刚拒绝了苏秦，所以苏秦不好亲自前往，于是就想出一妙计——利用尚未发迹的张仪。如后所述，苏秦演了一出戏，让张仪赴秦成功使秦退兵。障碍消除后，苏秦去了韩。

韩是六国中的弱国，但是苏秦赞美韩的武器整备、士兵勇武，说当时韩能出产"时力""距来"等射程达六百步（一步是六尺）之遥的强力弓箭。总之先奉承是苏秦说服君主的窍门，他的一贯手法是先奉承然后作势恐吓。最后苏秦用谚语"宁为鸡口勿为牛尾"极力主张韩王脱离秦，韩王愤慨激昂地答应了。

在魏，苏秦以国土小而人口多，不应一味臣服秦为由加以说服，并且说服成功。在齐，苏秦强调齐国国土广阔、人口众多，光都城临淄就有壮丁二十一万，秦不可能攻打这么远的齐国，何必对秦示好呢？以此为由加以说服。楚国则是本来就感受到秦的威胁，当然赞成合纵。就这样苏秦达成了六国的合纵，赵王封他为武安君。

七国的领土和军备

苏秦合纵的事是《史记》以《战国策》为史料整理而成的，对各国形势、疆域、面积和军兵的数量都有记载。《战国策》可以说是战国游说之士的教科书，所以苏秦之言估计也有对六国形势加以概说之意。关于疆域的情况太过复杂在此省略，我们试着将各国的领土面积和军备情况做成了一览表，如下面所示。因为从张仪之言也可以知道秦的情况，所以就将二人之言整合在了一起。

带甲就是穿戴铠甲、经过训练的步兵，这是主要战斗力。武士、卒是一样的意思。值得注意的是，只有赵相对于步兵来说拥有很多的骑兵。不管怎样，齐、楚、秦的实力都是属于第一梯队的，这点一目了然。

	领土	兵数	战车	马匹	食粮
燕	方圆千余里	带甲十万	车六百乘	骑六千匹	粟数年
赵	方圆二千余里	带甲十万	车千乘	骑万匹	粟数年
韩	方圆九百余里	带甲十万*，卒三十万，见卒（现役）二十万 生产强弓劲弩（时力、距来）、剑戟*			无二年量#
魏	方圆千里	武士二十万，苍头二十万，奋击二十万，厮徒二十万①*，卒三十万，防人十万#	车六百乘	骑五千匹	
齐	方圆二千余里	带甲十万，卒二十一万（仅临淄）			粟如丘山
楚	方圆五千余里	带甲百万，虎贲百余万	车千乘	骑万匹	粟十年* 粟如丘山#
秦		带甲百余万，虎贲……奋戟无数	车千乘	骑万匹	

* 据苏秦记录
# 据张仪记录
① 此处数据引用有误，据《史记》卷69《苏秦列传第九》，应为"厮徒十万"。

苏秦的为人

苏秦完成了六国合纵之约,亲自任合纵联盟之长。在回去向赵王报告的途中,苏秦过洛阳,很多诸侯都派遣使者,把苏秦当王一样礼遇。周显王也很惶恐,赶紧派人为他清除道路,让使者到郊外去迎接。

这简直就是衣锦还乡。苏秦顺便回了自己家,他的妻子、兄弟、嫂子都侧目不敢直视,低着头一起吃饭。

苏秦笑着打趣他嫂子说:"以前你对我的态度那么飞扬跋扈,现在怎么这么恭顺呢?"(何前倨而后恭也?)

嫂子匍匐在地面道歉说:"因为季子(苏秦的字号)地位显贵,钱财多啊。"(见季子位高金多也。)

于是苏秦叹息说:"同样是我这个人,富贵了,亲戚就敬畏我;贫贱时,就轻视我。何况一般人呢!假使我当初在洛阳近郊有二顷(一顷是百亩,是农夫一人耕作的标准面积)良田,如今我难道能佩带得上六个国家的相印吗?"(此一人之身,富贵则亲戚畏惧之,贫贱则轻易之,况众人乎!且使我有洛阳负郭田二顷,吾岂能佩六国相印乎!)

然后他非常大方地给族人和朋友馈赠了千金。

苏秦第一次去燕国时,向别人借了一百钱作为盘缠(指铜钱。铜钱和黄金的比率不详),成功后以黄金百金奉还。另外他对以前有恩于自己的人也都以厚礼相赠。

有一个随从催促他说:"我还没有得到。"(其从者有一人独未得报,乃前自言。)

"我不是忘记了你。你和我一起去燕国时,在易水岸边,你不是想要离我而去吗?我怨恨你所以把你放在后面。但也给你一份赏赐吧。"(我非忘子。子之与我至燕,再三欲去我易水之上。方是时,我困,故望子深,是以后子。子今亦得矣。)

总之苏秦是一个非常大方、讲排场之人。

燕文公死后,易王(公元前332—前321年在位)即位。乘燕在国丧中,齐攻打燕并夺其十城。

易王对苏秦说:"这样合纵盟约形同虚设,托你的福我成了天下的笑柄。先生能为我收复被侵占的城池吗?"(以先生之故为天下笑,先生能为燕得侵地乎?)

苏秦很惭愧,约定一定收回城池,就出发去齐国了。从这之后情况慢慢开始不妙。苏秦见了齐王说:"燕虽然弱小,但现在的王是秦的女婿。要是和秦合谋来攻打齐怎么办呢?"(今燕虽弱小,即秦王之少婿也。……今使弱燕为雁行而强秦敝其后,以招天下之精兵,是食乌喙之类也。)

苏秦巧妙地恐吓齐王让其归还了十座城池。可是趁其不在之际,有人进谗言说苏秦是把一国卖给他国的卖国贼。苏秦对此很担心就急忙赶回燕国,可是燕王没有给他官复原职。

苏秦努力为此辩解:"我去齐国与齐国交好,有人怀疑我有二心对燕不忠了。但是就像我把老母抛在洛阳外出,本来就不打算为自己树立忠信的名声,而决心帮助别人求得进取。现在,假如有像曾参(孔子的弟子)一样孝顺、像伯夷(孤竹国的王子,和弟弟叔齐互让王位,两人都离开国家去了周。武王伐殷时劝谏武王没被采纳，不食周粟隐居山里饿死）一样廉洁、像尾生（宋人。与女子约定在桥下约会，河水上涨了，女子没来，守约一直等待，最后淹死）一样信实的人，让这样三人去辅佐大王，您认为怎样？"（臣弃老母于东周，固去自为而行进取也。今有孝如曾参，廉如伯夷，信如尾生。得此三人者以事大王，何若？）

"肯定很好。"（足矣。）

"那是不行的。像曾参一样的人是不会抛弃母亲侍奉大王的，像伯夷那样的人是不会特意到齐国去的，像尾生这样的人能光凭嘴从齐要回十座城池吗？我正是以所谓的忠诚信实而获罪的呀。"（孝如曾参，义不离其亲一宿于外，王又安能使之步行千里而事弱燕之危王哉？廉如伯夷，义不为孤竹君之嗣，不肯为武王臣，不受封侯而饿死首阳山下。有廉如此，王又安能使之步行千里而事行进取于齐哉？信如尾生，与女子期于梁下，女子不来，水至不去，抱柱而死。有信如此，王又安能使之步行千里却齐之强兵哉？臣所谓以忠信得罪于上者也。）

"你自己不忠诚不信实罢了，难道还有因为忠诚信实而获罪的吗？"（若不忠信耳，岂有以忠信而得罪者乎？）

"有一个人的妻子在丈夫离家时和别人私通，她的丈夫快要回来时，妻子准备了毒酒等着他。丈夫回来后，妻子让侍妾给他斟酒喝。妾要双方兼顾，于是假装绊倒，把酒洒在地上。丈夫大发雷霆之怒，将她打了五十竹板。妾既救了丈夫又救了妻子，可是自己却免不掉挨竹板子。我的罪过跟侍妾的遭遇相类似啊！"（臣闻客有远为吏而其妻私于人者，其夫将来，其私者忧之，妻曰'勿忧，吾已作药酒待之矣'。居三日，其夫果至，妻使妾举药酒进之。妾欲言酒之有药，则恐其逐主母也；欲勿言乎，则恐其杀主父也。于是乎详僵而弃酒。主父大怒，笞之五十。故妾一僵而覆酒，上存主父，下存主母，然而不免于笞，恶在乎忠信之无罪也夫？臣之过，不幸而类是乎！）

于是燕王恢复了苏秦的官职并越发厚待他。

和燕王夫人私通

燕易王的母亲是文公的夫人，苏秦早先和夫人私通，文公死后二人关系越发亲密。易王看见也装作不知道。苏秦考虑到弄不好会被诛杀，就想先发制人逃亡到齐国。他向王发誓为保燕国而出仕齐国，王同意了，苏秦就装作在燕获罪逃亡齐。齐宣王（公元前319—前301年在位）把他聘为客卿（卿相当于家老。聘任外来人做宰相，给以卿之位）。不久，宣王驾崩，泯王（公元前300—前284年在位）即位。苏秦煽动泯王为父王厚葬，让其修建豪华的宫殿和园林，其实是为了让齐耗费金钱无力进攻燕国。可是齐的大夫有很多和苏秦争宠之人，其中一人派刺客袭击了苏秦。苏秦负致命重伤逃跑，齐王派人搜寻刺客但无所获。

苏秦临死告诉齐王说："我马上要死了，请处我车裂之刑，且在街上示众说'苏秦为了燕在齐谋反'，肯定能抓住凶手。"（臣即死，车裂臣于徇于市，曰'苏秦为燕作乱于齐'，如此则臣之贼必得矣。)

齐王依照苏秦之言去做,果然凶手为了奖赏出来自首,齐王杀了他。

另一方面,在燕国,听到这个事就有人说坏话:"齐为苏秦报仇,做法也太过分了。"(甚矣,齐之为苏生报仇也!)

苏秦死后,他做间谍一事被泄露出来。齐国听闻这些秘密迁怒于燕国,从此燕开始惧怕齐。

苏秦确有其人吗

关于苏秦的故事,《史记》的作者司马迁这样说:"苏秦最后背负反间计的罪名而死,遭到世人的嘲笑,人们讳忌研习他的学说。然而关于苏秦的事迹,社会上流传着不同的版本,凡是不同时期和苏秦相类似的事迹,都附会到苏秦身上了。所以,我整理出他的事迹,按着时间顺序加以陈述,不要让他只蒙受不好的名声。"(苏秦被反间以死,天下共笑之,讳学其术。然世言苏秦多异,异时事有类之者皆附之苏秦。……吾故列其行事,次其时序,毋令独蒙恶声焉。)

笔者也基本上是把《史记》中的《苏秦列传》如实介绍给了读者。《史记》在年代确定方面是很用心的,各国世家(《史记》里正统的帝王都设本纪,除此以外的诸侯都是世家,形成各自的年代记。除了战国七国外,春秋的大诸侯也都以世家著述)中也都适当穿插其他国家的大事年代,留心不失去年代观。然而笔者查阅了一下各国世家中是如何对苏秦的事迹作处理的,发现只有燕世家里有数行记载,非常重要的赵世家里连个苏秦的苏字都没出现,其他的世家里也没有涉及。就连《史记》煞费苦心制作的战国时代年表——《六国年表》里,只在燕文公二十八年(公元前334年)提到了"苏秦说燕"。这样看来,司马迁好像只是把苏秦的事迹当作一个传说来对待的。

《资治通鉴》基本上是根据《史记》内容,把苏秦的故事作为事实来写的,应该在年代方面多少费了一番心思。因为《苏秦列传》也没出现一个年代,《资治通鉴》就将苏秦首次说服燕文公合纵放在公元前333年,将苏秦死亡的年份记为公元前317年。民国初的梁启超(〔1873—1929年〕1898年同康有为推行戊戌变法,失败后作为立宪派同革命派对立。当代首屈一指的记者,晚年成为学者)在其著作《战国载记》里还是把苏秦当作实际存在的人物来处理,但对其评价远不及张仪。最近的学者基本都是把苏秦的事迹当作虚构的情节来对待的,这是因为那个时期的年代非常有问题,缺少年代记载的《苏秦列传》很难与历史契合。虽然有记载说"合纵成功,秦兵十五年都不敢觊觎函谷关以东"(纵约成,秦兵不敢窥函谷关十五年),但是这样和平的十五年在任何地方都找不到。

第二个苏秦不存在的理由就是,秦在公元前330年左右,还没有强大到构成威胁的程度。杨宽在《战国史》中说《苏秦列传》只是一个故事而已,但苏秦却确有其人,只是时代稍晚一些,是张仪死后过了十几年,公元前290年前后的人,和孟尝君(后述)是同时代活跃的人物。这种考证必须重编诸国的年代，不是一朝一夕就能解决的寻常之事，笔者对此也敬而远之，所以就不去打破这个中国史上最飞黄腾达的男子——苏秦的故事之谜了吧。

顺便在此声明一下，战国时代诸王的在位年代和其他一些年代，源自前面提到的杨宽书中附录的《战国大事年表》。

张仪的连横

张仪的发愤

按照旧说，张仪后来漂亮地推翻了苏秦达成的合纵，实现了六国和秦的连横。在张仪的传记里也留有几则和苏秦相关的故事。如果按照杨宽所说，苏秦是更晚时代的人物，那张仪才是最先成功的人。张仪的事迹，《史记》和古今学者大都认为是史实，只是和苏秦之间的故事可以认为是后世的附会，笔者原则上也尽可能地保存其传说部分。另外和张仪同时代活跃的合纵连横之士，还有魏的公孙衍、陈轸（国籍不详）等人，他们也将穿插在张仪的故事里出场。

张仪（？—公元前310年）是魏人，和苏秦一起跟鬼谷先生学习。苏秦老早就对张仪的才能自愧不如。但与苏秦迅速出人头地不同，张仪总是落后一步。

张仪也在诸国游说却不顺利。有一次他和楚国宰相饮酒时，宰相珍贵的玉璧丢失了。

宰相的门客们说："张仪贫穷，品行鄙劣，一定是他偷去

战国时代的玉璧，洛阳金村出土

了玉璧。"（仪贫无行，必此盗相君之璧。）

所以张仪被鞭打了几百下，但他最终也没有承认，最后被释放了。他遭遇过这么大的挫败。

他妻子说："唉！你要是不读书游说，又怎么能受到这样的屈辱呢？"（嘻！子毋读书游说，安得此辱乎？）

张仪张大嘴巴给妻子看："你看我的舌头还在吗？"（视吾舌尚在否？）

"舌头还在呀。"（舌在也。）

"这就够了。"（足矣。）他大喊道。

在这点上，和被妻嫂说成一钱不值而羞愧难当的苏秦有些不太一样。

前面也提到了，就在苏秦说服了赵肃侯，合纵之约基本成功之际，秦攻打魏，合纵濒临崩溃。苏秦认为要想摆脱这个困境只能利用张仪。

于是苏秦派人去对张仪说:"您当初和苏秦感情很好,现在苏秦已经当权,您为什么不去他那儿托他给您找个出路呢?"(子始与苏秦善,今秦已当路,子何不往游,以求通子之愿?)

张仪认为有道理,就前往赵国请求面见苏秦。苏秦没有马上见他,但又嘱咐门客不要让他离开,让他等了几天。最后苏秦总算接见了他,让他坐在堂下,用奴仆侍妾的饭菜招待他。

苏秦还痛骂他说:"以你的才能却生活潦倒如此,真是没有出息。我让你富贵不是什么事儿,只是你这个样子不值得用。"(以子之材能,乃自令困辱至此。吾宁不能言而富贵子,子不足收也。)

就这样苏秦故意拒绝了为他提供机遇的请求并赶走了他。张仪非常气愤,他认为要报此仇,能让赵国吃苦头的只有秦,于是就前往秦国。

张仪再怎么气愤,没有盘缠也无法效力秦国。苏秦就让赵王出钱和车马,命令手下暗中跟随张仪,和他投宿同一家客栈接近他,赠其车马、金钱,但是不告诉他缘由。张仪凭借此得以谒见秦惠王,惠王任用张仪为客卿。

看到他走到这一步,苏秦的手下就来告别打算回去。张仪说:"依靠您鼎力相助,我才得到显贵的地位,正要报答您的恩德,为什么要走呢?"(赖子得显,方且报德,何故去也?)

"实际上赏识你才能的人不是我,是苏君。苏君认为除了您没有谁能掌握秦国的大权，所以激怒先生，派我暗中供您钱财，这都是苏先生谋划的策略。如今先生已被重用，请让我回去复命吧！"（臣非知君，知君乃苏君。苏君忧秦伐赵败从约，以为非君莫能得秦柄，故感怒君，使臣阴奉给君资，尽苏君之计谋。今君已用，请归报。）

被算计了的张仪感叹说："哎呀，我不知不觉间就陷入了苏君的计谋。我比不上苏君高明，怎么能攻打赵国？请代我谢谢苏君，苏君在赵期间我怎么敢说什么，苏君在世期间我又能做什么呢？"（嗟乎，此在吾术中而不悟，吾不及苏君明矣！吾又新用，安能谋赵乎？为吾谢苏君，苏君之时，仪何敢言，且苏君在，仪宁渠能乎！）

这个故事的结局《史记》中没有记载。苏秦在世时张仪没有让秦攻打赵、燕，苏秦的计划姑且算成功。本来张仪首次前往秦国是在惠王初年（张仪首次出任秦国宰相是惠王十年〔公元前328年〕，所以张仪入秦应该是比这早几年），彼时秦正倾尽全力进攻西南的四川、北方的游牧民族、在中原和其接壤的魏韩以及楚，还顾不上赵乃至遥远的齐和燕。苏秦的根据地是燕和赵，即便没有上述的两人关系，秦应该也没有攻赵、燕之意。

张仪为秦相

秦惠王十年（公元前328年），张仪成为秦国的宰相，给曾经鞭打过他的楚国宰相送了封信："当初我陪着你喝酒，并没偷你的玉璧，你却鞭打我。你要好好地守护住你的国家，我反而要偷你的城池了!"(始吾从若饮,我不盗而璧,若笞我。若善守汝国,我顾且盗而城!)

这就是公布了要报仇的檄文。

这一年,秦平定了四川省的蜀(四川省北部的成都,和三国的蜀相同。秦和蜀之间横亘着秦岭山脉,经由包含蜀栈道在内的险峻山道相通),大大地开疆拓土,越发强盛。关于伐蜀一事,张仪和司马错(将军)在回答惠王的问题时展开辩论。张仪主张与其伐戎狄,应该先讨伐中原的韩,而司马错欲先伐蜀,这个时候惠王听从了司马错之言,决定先讨伐蜀。

同年(公元前328年),张仪和秦的公子一起率军围攻魏的城邑蒲阳并拿下了城池。张仪向秦王进言,把蒲阳还给了魏,而且把秦公子放到了魏做人质。然后张仪说服魏王:"秦国对待魏国如此宽厚,魏国不可不以礼相报。"(秦王之遇魏甚厚,魏不可以无礼。)

结果魏向秦献上上郡(陕西榆林)和少梁(陕西韩城)来感谢秦王的厚遇。上郡在陕西省北部,少梁是黄河西岸的要地。张仪担任秦的宰相约七年,在此期间又是掠夺魏地,又是在上郡修筑要塞,还于惠王十五年(公元前323年)和齐、楚宰相进行了会盟(相当于今天的国际会议、会谈。习惯做法是缔结条约向天地神明起誓,并啜饮白马之血)。

成为魏相

公元前322年,张仪成为魏的宰相(《史记》中这一年是魏襄王十三年，此处根据杨宽的《战国大事年表》）。他首先让魏臣仕于秦，而让别的国家效仿魏。此时魏国漫长的惠王时代已接近尾声，魏王不打算听取张仪的连横说。秦很生气，一方面夺去了魏国的曲沃等地，另一方面更加厚待张仪。张仪为自己无功绩而羞愧。在魏待了四年，惠王驾崩，襄王（公元前 318—前 296 年在位）即位。张仪又拼命游说新王，可还是进展不顺。这其中是有原因的，因为魏有一个叫公孙衍的多嘴之人。

公孙衍，号犀首，魏人。说是号，但当时没有雅号之类的，犀首是魏的官名。这个人和张仪关系不好，谋划赶走张仪。他派人去说服邻国的韩公叔：

"张仪已经让秦和魏结成同盟，策划着让魏攻打韩的南阳（河南省西南部的大都市，今天的南阳），秦攻打韩的三川（黄河、洛水、伊水三条河，指河南省中央西部的全部要地，包括宜阳等）。这个时候必须要破坏秦和魏之间的亲密交往。把南阳让给魏，让公孙衍去魏王跟前邀功怎么样？这样一来，魏就会背叛秦，舍弃张仪和韩交好。要是因为这份功劳，公孙衍做了魏国的宰相，对你们韩国不也是极好的吗？"（张仪已合秦魏矣，其言曰'魏攻南阳，秦攻三川'。魏王所以贵张子者，欲得韩地也。且韩之南阳已举矣，子何不少委焉以为衍功，则秦魏之交可错矣。然则魏必图秦而弃仪，收韩而相衍。）

说服奏效了，公叔依照公孙衍之言而行。因为这份功劳，公孙衍成了魏的宰相。

金银错变样菱形兽涡文壶,洛阳金村出土

公孙衍在这之后,合纵了燕、赵、中山、韩、魏,成为五国的宰相,具体细节不详。成为魏相之后,他得到齐、楚、燕、赵、韩五国的支持,实质上一时完成了合纵。但是公元前318年,六国共同攻打秦国未能获胜,合纵瓦解。遭公孙衍排挤的张仪决定以秦的实力压制魏国,于是首先攻打了弱小的韩国,获得斩敌八万的大胜利,诸侯望而生畏。张仪巧妙地抓住这个时机,再次说服魏王连横。其游说的展开方式和苏秦大同小异,在此就不详述了。他在对各国进行说服时,一定是首先列举合纵论者的缺点,然后逐渐把注意力引向和秦的连横。

"合纵论者,想使天下联合为一体,相约为兄弟手足,歃白马血为盟。然而,即使是亲兄弟,还有争夺钱财的,您还打算相信欺诈之徒苏秦的策略吗?那显然必将遭到失败。"(今从者一天下,约为昆弟,刑白马以盟洹水之上,以相坚也。而亲昆弟同父母,尚有争钱财,而欲恃诈伪反覆苏秦之余谋,其不可成亦明矣。)

大概就是这样的论调。总之张仪的说服取得成功，魏王背弃合纵之约，托张仪做中间人与秦修好。这样张仪看到计划生效就从魏撤出，返回秦国为相。

欺骗楚怀王

秦欲伐齐，但是齐和楚是同盟。于是张仪前往楚国，做起了破坏同盟的恶人，这时是楚怀王（公元前328—前299年在位）十六年。这个楚怀王是历史上有名的昏君，被张仪玩弄于股掌之中，与其说可悲不如说痛快。

怀王因为大名鼎鼎的张仪要来，所以特别诚恳地款待了他。

"你大老远地来我们这穷乡僻壤有何见教？"（此僻陋之国，子何以教之？）

"大王如果真要听从我的意见，我请秦王献出商於（曾经是商鞅的封地）一带六百里的土地，让秦国的公主服侍大王左右，秦、楚之间彼此联姻，永远结为兄弟之国。"（大王诚能听臣，闭关绝约于齐，臣请献商於之地六百里，使秦女得为大王箕帚之妾，秦楚娶妇嫁女，长为兄弟之国。)

楚怀王高兴地答应了，群臣们也都表示祝贺。只有一个人说丧气话，这人就是陈轸。

游士陈轸

陈轸也是游说之士，开始时和张仪一起效力于秦惠王，是一个让张仪感到威胁的人物。

张仪就向秦王进谗言说:"让陈轸带丰厚的礼物出使楚国,可如今楚国却没有对秦国更加友好反而对陈轸很是亲善,足见陈轸只为自己打算而不为大王打算啊。而且陈轸最近好像想要离开秦国前往楚国,大王您问一下?"(轸重币轻使秦楚之间,将为国交也。今楚不加善于秦而善轸者,轸自为厚而为王薄也。且轸欲去秦而之楚,王胡不听乎?)

王问陈轸有这样的谣言是不是真的,陈轸回答说是真的。

"果然如张仪所说。"(仪之言果信矣。)

"知道这事的不只是张仪,大家都知道。从前伍子胥忠于他的国君,天下国君都争着要他做臣子;曾参孝敬他的父母,天下的父母都希望他做儿子。所以被出卖的奴仆侍妾不等走出里巷就卖掉了,因为都是好奴仆;被遗弃的妻子还能在本乡本土嫁出去,因为都是好女人。如果我不忠的话,楚也不会接受这种不忠之人吧?忠于君主您的我就要被抛弃,我不去楚国去哪儿呢?"(非独仪知之也,行道之士尽知之矣。昔子胥忠于其君而天下争以为臣,曾参孝于其亲而天下原以为子。故卖仆妾不出闾巷而售者,良仆妾也;出妇嫁于乡曲者,良妇也。今轸不忠其君,楚亦何以轸为忠乎?忠且见弃,轸不之楚何归乎?)

秦王认为他说得不错就厚待他。可是一年后,张仪做了秦的宰相,陈轸投奔楚国。楚没有马上重用他反而派他出使秦国。陈轸途中经过魏都大梁见了公孙衍,几经交谈之后赴秦国。

秦王挖苦他说："你离开我去了楚国，想念我吗？"（子去寡人之楚，亦思寡人不？）

"越人在楚为相，他生病的时候，楚王问他现在还思念越国吗？他回答说一般人生病时会思念故乡，如果思念越国的话，其话语里就会带越的腔调。王派人听其声，果然夹杂有越的腔调。我虽然被抛弃跑去了楚国，难道还会失去秦的腔调吗！"（越人庄舄仕楚执珪，有顷而病。楚王曰，'舄故越之鄙细人也，今仕楚执珪，贵富矣，亦思越不？'中谢对曰，'凡人之思故，在其病也。彼思越则越声，不思越则楚声。'使人往听之，犹尚越声也。今臣虽弃逐之楚，岂能无秦声哉！）

真是非常微妙的言辞。在两个国家都不被真心信任，进良言也不被采纳，他的真心是向秦呢，还是向楚呢？笔者也很难明白这个陈轸。

话说回来，因为陈轸说了不中听的丧气话，楚怀王大怒道："我用不着调兵遣将就得到六百里土地，臣子们都向我祝贺，唯独你为我伤悼，这是为什么？"（寡人不兴师发兵得六百里地，群臣皆贺，子独吊，何也？）

"不是这样，在我看来，商於一带的土地不仅不能得到，而且齐国和秦国可能会联合起来。这两个大国联合起来的话，那么楚的外患一定降临。"（不然，以臣观之，商於之地不可得而齐秦合，齐秦合则患必至矣。）

陈轸谆谆劝说，怀王根本不听。

"希望陈先生闭上嘴，不要再讲话了，看我把土地弄到手。"(愿陈子闭口毋复言,以待寡人得地。)

楚王授予张仪宰相之印并赠送他丰厚的礼物,闭锁关卡和之前的盟国齐国断绝国交。张仪作为使者返回秦国,一位楚国的将军跟随张仪一起前往。一到秦国,张仪假装没抓住绥(上下马车时抓的绳索)从车上摔下来,自称负伤三个月没上朝。楚王听说后,以为张仪不高兴是因为和齐的绝交方式不够彻底,于是就派了勇士去宋借了符进入齐国去辱骂齐王。符就是使者通行的凭证,因为已经和齐绝交,楚发行的符不能过齐的关卡,所以是借的宋的符。齐王当然大为震怒,便屈节投降秦国。秦、齐联合,陈轸言中了。

张仪窃喜,厚颜无耻地对楚使者说:"我有秦王赐给的六里封地,愿把它献给楚王。"(臣有奉邑六里,愿以献大王左右。)

楚的使者说:"我奉楚王的命令,来接收商於之地六百里,不曾听说过六里。"(臣受令于王,以商於之地六百里,不闻六里。)

使者回国报告了楚王,楚王大发雷霆,欲发众兵攻秦。

陈轸又制止说:"我可以张开嘴说话了吗?与其攻打秦国,不如反过来割让土地贿赂秦国,和他合兵攻打齐国。我们把割让给秦国的土地,再从齐国夺回来补偿,这样,大王的国家还可以生存下去。"(轸可发口言乎?攻之不如割地反以赂秦,与之并兵而攻齐。是我出地于秦,取偿于齐也,王国尚可存。)

怀王不是这样有计谋之人,命将军屈氏攻打秦国。秦、齐联合攻楚，屈氏战死，楚兵被斩首八万，连丹阳（湖北枝江附近，比长江中游的要地宜昌稍靠下游一些）和汉中（长江的一大支流汉江上游的要地。是项羽分封给汉高祖的地方）要地也被秦攻占。楚又增兵袭击秦脚下的蓝田（陕西省蓝田县附近，距秦都咸阳东南约57公里），结果大败，割让两座城池和秦国媾和。而丹阳距离楚都郢（湖北省江陵县）西面不过百余里而已。

秦趁机要求拿武关（秦的关口，陕西省东南部）交换楚的黔中之地（湖南省西北部）。怀王答复说不要土地，只要给我张仪，就把黔中之地献上。秦惠王很难对张仪说出口，这时张仪自己提出前往。

惠王为难地说："楚王恼恨先生背弃奉送商於土地的承诺，想拿你泄愤。"（彼楚王怒子之负以商於之地，是且甘心于子。）

张仪自有筹划，说道："假如杀死我而替秦国取得黔中的土地，这也是我的最大愿望。"（假令诛臣而为秦得黔中之地，臣之上愿。）

说完就前往楚国。这就是豁出命来，死地求生，战国游士的面貌已跃然于纸上。

张仪到了楚立刻被抓，差点被杀。他和楚的宠臣靳尚关系很好，靳尚效力于怀王宠爱的夫人郑袖，怀王对郑袖唯命是从。

于是张仪就拜托靳尚对郑袖说："您知道您将被大王鄙弃吗？"（子亦知子之贱于王乎？）

"不知道。到底怎么回事儿？"（何也？）

"秦王特别钟爱张仪,为了救张仪的命,将要用六个县的土地贿赂楚国,把美女送给楚王,并送来宫中擅长歌唱的女人做侍女。楚王看重土地,就会宠爱秦国的美女,这样,夫人也将被鄙弃了。"(秦王甚爱张仪而不欲出之,今将以上庸之地六县赂楚,以美人聘楚,以宫中善歌讴者为媵。楚王重地尊秦,秦女必贵而夫人斥矣。)

这可大事不妙,于是夫人昼夜央求楚王:"秦王派张仪来,就是因为对大王的尊重。大王却要杀张仪,秦王必定大怒出兵攻打楚国。我不想成为秦国的鱼肉,我请求让我们母子都逃到江南去。"(秦使张仪来,至重王。王未有礼而杀张仪,秦必大怒攻楚。妾请子母俱迁江南,毋为秦所鱼肉也。)

怀王觉得夫人说得对,很后悔,就释放了张仪并厚礼相待。

正好其时传来消息说苏秦死了,张仪就明目张胆地着手连横,成功地说服楚王和秦亲密交往。

楚国贵族屈原进谏说:"前次大王被张仪欺骗,张仪来到楚国,我认为大王会用鼎镬煮死他。如今即便是不忍杀死他,也不要听信他的邪妄之言啊。"(前大王见欺于张仪,张仪至,臣以为大王烹之。今纵弗忍杀之,又听其邪说,不可。)

可楚王认为放了张仪,保住黔中之地不给秦是一项胜利,便驳回了屈原进谏。

张仪完成连横

成功说服楚的张仪顺便把韩王也拉进了连横,秦赏给张仪五邑,封其为武信君。

张仪接着说服东面的齐湣王（公元前300—前284年在位。《史记》里此处记载是湣王，但张仪卒于公元前310年〔或为公元前309年〕，而湣王即位是公元前300年，年代上无法契合。这个地方和苏秦一样有传说之疑）也成功了，然后说服西面的赵王也很顺利，最后又去北面的燕国，说服了昭王（公元前311—前279年在位），至此张仪完成了连横。可是要是熟读《史记》的话就会发现在韩王以后，他的游说之辞与苏秦的很相似，王们的回复也是唯唯诺诺，千篇一律。这和苏秦的情况是一样的，游说之士教材作文的气息很浓。

这些暂且不提，张仪最后说服了燕王，准备回秦报告。还没等他抵达都城咸阳，秦惠王就去世了，武王（公元前310—前307年在位）即位。武王做太子时就很讨厌张仪，于是群臣也开始诋毁张仪。诸侯听说张仪与武王不和，也都放弃了连横，转向合纵。待不下去的张仪试图逃往齐国，其逃亡的方式也和苏秦如出一辙，真是兜圈子，笔者也厌于详述。最后张仪在齐国出任宰相没多久后死去。

合纵连横的杰出人物除了以上几位，还有苏秦的弟弟苏代、苏厉，特别是苏代很活跃。二人都是先效力于燕，后效力于齐，都颐养天年。二人要比张仪晚一个时期，总之是致力于合纵，但都进展不顺，诸国之间是时而合纵时而连横的状态。苏代的事迹相当有意思，而且像苏秦、张仪那种传说的成分较少，感觉更贴近史实。不过读者诸君估计对合纵连横也看腻了吧，那我们接下来就重启一章吧。

第十九章　屈原的悲哀

怀王的失政

公元前四世纪末之后的形势

张仪为了秦国愚弄楚怀王（公元前328—前299年在位），严重打击了楚国，此事在前一章已陈述。当然，这里面不单单是外交，也附带着军事行动，比如两国大军展开激战的蓝田之役。张仪在公元前310年死后，秦压制楚的形势也没有改变。秦惠王（公元前337—前311年）的统治结束后，经武王（公元前310—前307年在位）到了昭王（昭襄王，公元前306—前251年在位）时代，其对楚政策发生稍许改变。一言以蔽之，就是呈现出"和"与"战"两种政策相互交织的复杂局面。和的政策，主要与昭王的母亲宣太后来自楚国有关。

到了这个时期，秦的对外政策覆盖范围扩大了一圈，除了眼前的敌人韩、魏、楚，远处的国家齐、燕也成为其外交对象，也就是说秦已经显露出其远交近攻的倾向。只是对于中间的强国赵，就连秦也有些棘手。赵国正处于武灵王之后的惠文王（公元前298—前266年在位）时代，有蔺相如和廉颇这样有才能的忠臣。

本章的主题是忧国诗人屈原的悲哀。屈原的悲哀有一个时代背景，那就是当时的楚国已经日暮西山。其时与秦国名君昭王正相反，楚国怀王昏庸无道，我们接下来对楚国的国情稍作叙述。

怀王被囚

由于张仪的谋略，之前一直保持亲密交往的楚和齐一时断绝了国交。公元前309年，齐湣王（齐威王、宣王、湣王三代是齐国全盛时期，但是《史记》中这三王的时代是疑问最多的地方。杨宽的《战国史》书中是宣王时代）[①] 有野心做合纵之长，加上当时楚依附于秦，对其非常不利，于是齐湣王给楚怀王送了一封信：

"现在秦国惠王死了，张仪逃离了秦，武王（公元前310—前307年在位）即位，宰相也换人了。两个宰相一个和韩交好，一个和魏亲善，也就是说，韩、魏都更与秦亲近了。楚如果侍秦，让秦腾出精力，韩和魏担心被秦攻打，就会借助两位

[①] 《史记·楚世家》中记载了公元前309年，齐湣王"欲为从长"一事，但若依杨宽《战国史》，公元前309年为宣王时代。本书多采纳杨宽之说，作者是在提醒读者注意，此处年代记载与本书他处内容或有冲突。——编者

楚国的形势

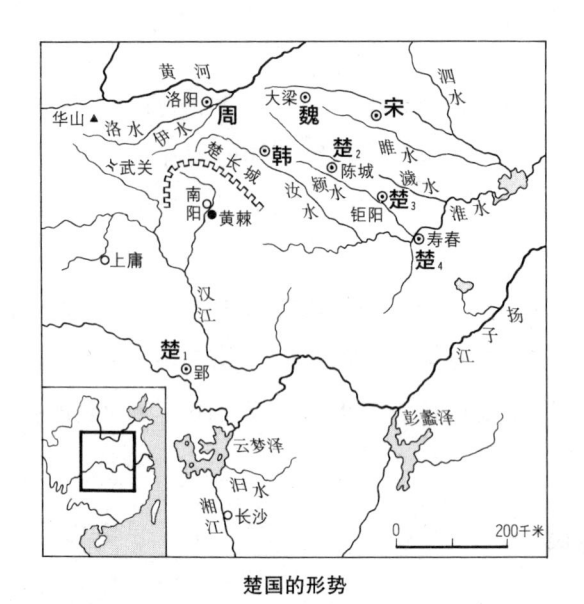

宰相之力与秦联合，那么燕国、赵国也会屈从于秦国。如此一来，楚国就成了秦国的一个郡县了。您不如和我齐心协力拉拢四国合纵，这样不是更好吗？"（今秦惠王死，武王立，张仪走魏，樗里疾、公孙衍用，而楚事秦。夫樗里疾善乎韩，而公孙衍善乎魏。楚必事秦，韩、魏恐，必因二人求合于秦，则燕、赵亦宜事秦。四国争事秦，则楚为郡县矣。王何不与寡人并力收韩、魏、燕、赵，与为从而尊周室，以案兵息民，令于天下？）

怀王在此之前欲和秦交好，收到这封信后半天下不了决心。他召集群臣商议，结果有的人说"和秦"，有的人说"听齐"。昭睢（经历不详。昭、屈、景三氏是楚国最高的贵族，昭睢也是其中一人，这三氏是出令尹〔宰相〕的世家）作出了一番分析，怀王决定听从齐之言，合纵远秦。

秦昭王即位后（公元前306年）又诱惑怀王，据说给楚王送了厚礼和美女。怀王又迷迷糊糊地上钩了，他亲自前往黄棘（河南南阳之南）与秦昭王会盟，接受美女。不仅如此，秦还把武关以南上庸（湖北省西北部的竹山县）之地给予楚国。楚王大喜，可是齐国大怒，和韩、魏以讨伐背约之名攻打楚国，所以楚把太子送到秦做人质以求秦的救援（公元前303年）。但楚太子却因和秦大夫吵架逃回国（公元前302年）。秦大怒，选择了和齐、韩、魏一起攻打楚国。第二年，秦再次攻打楚国，楚军战死两万，将军景缺战死。这回楚又把太子送到齐做人质，请求齐从中斡旋和解（公元前300年），狼狈之极。

公元前299年，秦又攻占楚八座城池，而且给楚王送去一封信："听说您让太子到齐国做人质求得和解。我国和楚国本来就联姻，互相亲善友好很长时间了。当今秦楚关系不睦，这合您的意吗？我希望和您在武关相会并盟约。"（今闻君王乃令太子质于齐以求平。寡人与楚接境壤界，故为婚姻，所从相亲久矣。而今秦楚不欢，则无以令诸侯。寡人愿与君王会武关，而相约，结盟而去，寡人之愿也。）

就连怀王也明白秦的手段。如果去就可能被囚禁，如果不去又会惹怒秦。

昭雎阻止说："秦国是虎狼，不可相信。不如出兵防守。"（王毋行，而发兵自守耳。秦虎狼，不可信，有并诸侯之心。）

怀王的小儿子子兰觉得不能惹怒秦国，劝怀王前往。

怀王到了武关，并没有见到昭王，只有一个自称秦王的将军在那里等待。怀王一到将军就封锁了武关，把怀王带到了咸阳。秦王在宫殿之上，就像对待附属国的王一般接待他，怀王想起昭雎的话后悔莫及。秦国以楚王为人质要挟楚国割让巫、黔中（湖北省南部和湖南省北部）之地，怀王大为光火，坚决拒绝。楚国的大臣们很担心便一起商议，楚王在秦而太子在齐，齐、秦联手之日楚国就完蛋了，他们甚至谈到让国内的王子先即位。昭雎阻止说："不宜。"齐王也效仿秦国，以太子为筹码要挟楚割让淮北之地，但被齐国宰相出面制止了。结果太子被齐国释放归国了，即位为王，这就是顷襄王（公元前298—前263年在位）。

秦国因楚国不肯割让土地大怒，就从武关派大军进攻楚国，斩五万楚军，连下十五座城池。

楚的木俑（右图是侧面），湖南长沙出土

那怀王又是怎样的结局呢？他成功逃脱，抄小道跑到赵国去了。赵国的主父（武灵王）在北方的代（山西省北部），其子惠文王（公元前298—前266年在位）执掌国政，因惧怕秦国不敢收留怀王。怀王又跑到魏国，可是被秦的追兵抓获，带回了秦国。他在秦病倒，最终落得个客死他乡的悲惨结局。据说楚人哀怜楚王，都像失去亲人一般悲痛。在秦国，由于昭王即位之初尚且年少，穰侯为相执掌国政。穰侯魏冉是昭王母亲宣太后的弟弟。宣太后出生在楚国，最初自己摄政，以弟弟穰侯为宰相；但是后来穰侯逐渐掌权，最后甚至能与王分庭抗衡。大概是由于宣太后的楚国出身，穰侯没怎么对楚制造事端，在穰侯掌权的三十五年间，楚国得到暂时的安稳。待到后来秦国出现了名相范雎和名将白起，开始切实地推行远交近攻之策，楚国就完全处于秦的逼迫之下了。

屈原

> 恭承嘉惠兮，俟罪长沙；
> 侧闻屈原兮，自沉汨罗。
> 造托湘流兮，敬吊先生；
> 遭世罔极兮，乃殒厥身。
> 呜呼哀哉！逢时不祥。

这是汉初的贾谊被贬谪做长沙王太傅（负责教育）时，过湘江（湖南省的大河，注入洞庭湖。其支流潇水、洞庭湖

屈原

等风景名胜被称为潇湘八景，日本的近江八景就是模仿的这个），为凭吊屈原在此地投江而创作的赋的开头。长沙湿地多，有地方病，贾谊认定到了这个地方便寿命无多。投汨罗江（在今天的湖南省东北部，注入洞庭湖的汨水）之前的屈原，也是面色憔悴、形容枯槁，所以当时湖南省的荒野一定是一个湿润并且不干净的地方。

《史记》中对于屈原的事迹没有太多陈述，主要是赞美其为人，慨叹世风污浊。想来屈原是符合司马迁喜好的义士吧。这样一位文采飞扬又遭际不佳的悲怆志士，即便不是中国人也必然会被其打动。

屈原的事迹

楚自古以来世族很多，而且没有发生其他国家那样的以下犯上的动乱或激烈的政治改革，所以世族们的势力强大，保留有相当大的话语权。楚的令尹相当于宰相，这是一个只存在于楚国的官职，在其他各国都通过人才录用的方式任命宰相的时代里，楚的令尹还保留着春秋以来的旧制，一定是世族出身。世族中门第最高的有三家，就是屈氏、昭氏、景氏。纵观楚国的历史，令尹和大将军多出自这三家。

屈原是屈氏，和楚王室同姓，名平，是怀王的左徒（只存在于楚的官名，《史记》的注释为"左右拾遗一类"，具体不详）。他学识渊博，擅长文辞，明治乱之理，所以时常同王议事，还作为外交家接待外宾，负责起草外交文书。怀王曾命令他起草法令，可是上官大夫靳尚（和张仪关系很好，取悦于王的夫人郑袖）老早就和屈原争王宠，屈原起草法令还没完成，他就求屈原拿给他看，遭到了屈原的拒绝。于是靳尚向王进谗言说："屈原按王的旨意制定法令这是众人皆知的事。可是每出一道法令他就夸耀自己的功劳，认为'除了我无人能做此事'。"（王使屈平为令，众莫不知。每一令出，平伐其功，曰以为'非我莫能为'也。）

怀王很生气，疏远了屈原。屈原愤慨于怀王不能明辨是非，惑于小人的阿谀奉承和谗言，致使公正之人不为所容，于是创作了《离骚》。《离骚》收录于楚国诗集《楚辞》的开篇部分，从楚国的建国说起，讲述了古代圣王的故事，是一篇督促王反省、忧愁楚国现状的长篇叙事诗。

张仪用向楚献地六百里欺骗了楚王，又恬不知耻地来到楚国时，屈原曾忠告楚王"何不杀张仪"，这件事在"合纵连横"一章中已经讲过了。其后,秦昭王提出和楚王联姻、前往武关会盟时,屈原劝谏说:"秦是虎狼之国,不可相信,请不要去。"(秦,虎狼之国,不可信,不如毋行。)没被楚王听进去。

怀王的小儿子子兰这样劝怀王:"不可惹怒秦国。"(奈何绝秦欢。)为此王被囚禁,最后客死他乡。所以国人怨恨子兰,屈原也怨恨子兰。

怀王被秦囚禁,顷襄王即位后提拔弟弟子兰做令尹。屈原不得志,出外漂泊,但好像并没有被罢免官职。他在漂泊途中思念祖国,衷心祈祷怀王醒悟归正,但他所期望的事情一件件都落空了。子兰听说屈原怨恨自己,大为恼怒,就唆使靳尚向王进谗言,王一怒之下贬谪了屈原。

屈原在大河边彷徨,披头散发高声吟诗,颜色憔悴,形容枯槁。

一个渔夫看到他说:"你不是三闾(官名,据说是管理王族屈、昭、景三氏的官职)大夫吗?为什么来到这儿?"(子非三闾大夫欤?何故而至此?)

"整个世界都是混浊的,只有我一人清白,众人都沉醉,只有我一人清醒,因此被放逐。"(举世皆浊而我独清,众人皆醉而我独醒,是以见放。)

"聪明贤哲的人,不受外界事物的束缚,而能够随着世俗变化推移。整个世界都混浊,为什么不随大流而且推波助澜呢?众人都沉醉,为什么不吃点酒糟,喝点薄酒?为什么要怀抱美玉一般的品质,却使自己被放逐呢?"(夫圣人者,不凝滞于物,而能与世推移。举世皆浊，何不随其流而扬其波？众人皆醉，何不哺其糟而啜其醨？何故怀瑾握瑜，而自令见放为？）

"我听说刚沐浴过的清洁之人一定要弹掉帽子上的灰尘才戴，一定要抖净衣服才穿。与其在浊流里撑篙，随波逐流，不如投身常流（与长流同音，长流指长江）葬身江鱼之腹。"（吾闻之，新沐者必弹冠，新浴者必振衣。人又谁能以身之察察，受物之汶汶者乎？宁赴常流而葬乎江鱼腹中耳。）

屈原这样说完又继续漂泊并创作《怀沙》赋。《怀沙》收录于《楚辞》第九章中，也可以说是屈原辞世之作，其中有一节是这样写的——

> 惟党人之鄙固兮，羌不知余之所臧。
> 任重载盛兮，陷滞而不济。
> 怀瑾握瑜兮，穷不知所示。
> ……
> 世浑浊莫吾知，人心不可谓兮。
> 知死不可让，愿勿爱兮。

屈原在郁愤不平中，最后怀抱石头，投汨罗江而终。

端午节

据写于南北朝梁代的《荆楚岁时记》（荆是长江中游楚的根据地，楚之后迁都到淮河流域，所以把原来的楚叫荆楚。《岁时记》是记载岁时节令风物的书）记载，当地人悼念屈原之死，于五月五日（屈原的忌辰）竞渡河（赛船）、采草药。农历的五月正好是梅雨季节，气候反常，常常有人丧生，大概是因此人们就把这个年俗和屈原之死联系上了吧。竞渡也就是赛艇的风俗，以赛龙舟的形式留传至今。这个风俗也传到了日本，《日本书记》的《推古纪》里记载说五月五日采药。这天吃粽子的习惯也是为了悼念屈原，是由把米包在粽叶中扔到河里演变而来的。粽子辟邪大概也和采草药相关，还有菖蒲也是被当作草药来使用的。这个节日在日本被称为"端午节句"，而演变为尚武的民间节日、祈愿男孩出人头地的节日是在镰仓时代之后的事了，装饰武士人偶更是到了后世江户时代。①

屈原的生卒年份不详。据桥本时雄的考证（桥本时雄《楚辞》，1943年版第70页），屈原出生在公元前343年，卒于顷襄王九年，即公元前290年，享年五十三岁，他在死前的九年里一直到处漂泊。

楚的文化

楚辞

中国的诗歌自春秋时代之前的总集《诗经》之后就断绝了，实际上不是没有了诗歌，而是没有流传下来。因此继

---

① 日本的端午节由中国传入，后世逐渐发展出了自己的特色。由于日语里"菖蒲"同"尚武"同音，端午节在日本逐渐演变为男子的节日。除了传统的吃粽子和将菖蒲插在檐下辟邪外，一般会在屋里装饰武士人偶，庭前悬挂鲤鱼旗，以庆祝男孩成长。——编者

《诗经》之后就只有《楚辞》。《诗经》和《万叶集》[①]一样既收录了民谣,也收录了宫廷诗人的艺术作品,而《楚辞》收录的全都是专业诗人的作品。屈原是最早的大诗人,《楚辞》中收录的多半都是他的作品,只是其中有多少的确为屈原本人所作还是个问题。屈原之后还有宋玉等诗人。楚的诗采用赋(从楚到汉非常盛行的一种有韵文体,无须像诗那样严格押韵,内容也是直抒胸臆,以叙事状物为主)的形式,是以六字句或七字句为主的组合,当然也是要配调歌唱的。楚受儒家思想影响较浅,敬事鬼神,因此祭神时唱的祭祀歌很多。把其形式和内容提高到艺术层次的是屈原之后的诗人们,他们是已经谙熟中原文化的文人,所以传唱大量中国固有的典故,而且辞句高雅。但不管怎么说楚本来是"蛮夷"之国,有人认为其文学是一种与传统文学相对的"蛮夷"文学。楚赋到了汉代后越来越流行,汉代的文人都热衷于留下不朽名赋,也就是说楚赋成了汉代以后新时代的文学主流。除了赋之外,楚歌——有"四面楚歌"这个故事——是更短小的民谣式的歌曲。

新出土的楚文物

人的精神意识很难改变,可是物质文明却能传播得很快,这可能是古今中外共通的铁一般的法则。《楚辞》是最上层知识分子的作品,给人的感觉是以楚的传统文化为基调,也交织

[①] 《万叶集》是日本现存最古老的诗歌总集,收有自公元四世纪到公元八世纪中叶的长短和歌等各体古诗约4500首。——编者

着中原文化的色彩。屈原等人虽然也热烈歌颂圣人君子，但考虑到其处在战国后半期的那个时代，要说起来还是思想上的保守派。可是，物质文明——为方便起见称之为"文物"，在这个时代，楚国的发达程度和中原不相上下。

近些年，中国进行了大量的考古发掘，古代史呈现出面目一新的景象。光楚的出土文物就相当多，在此仅介绍一下有代表性的两处大量出土文物的概况。

其中之一是1932年夏，在安徽省寿县发掘的楚国古墓。这个发掘可以算是战前中国五大发掘（以1923年河南省新郑发掘为首的五次发掘，都是汉以前的古墓。但是，世纪大发掘殷墟却没算在其中）之一。寿县出土了各种文物，其中最具代表性的是八百多件铜器。青铜容器在战国时代各国都有，但一个地方出土了这么多件还是第一次。楚受秦的压迫多次向东北方的淮河流域迁都，寿县是最后落脚的都城寿春的所在地。虽说军事实力不如秦，但可以看出贵族们的经济实力确实相当了得。

铜器的器型和花纹基本上是战国通行样式，和中原文化没有太大差别。只是所刻的铭文字体，在战国时代有很大的地域差异，楚也是其中一种类型。南方人好像更喜欢细长的文字，而且已明确其字体分为铸铭（一开始就在铸模上浇铸的文字）的装饰字体和刻铭的实用字体两种。另外，还明确了装饰字体也分为两种，实用字体是铸工刻上去的。

其二是二战后湖南省长沙发掘的百余座古墓。长沙是今天湖南省的省会，但战国时代可能是楚文化能波及的最南端。

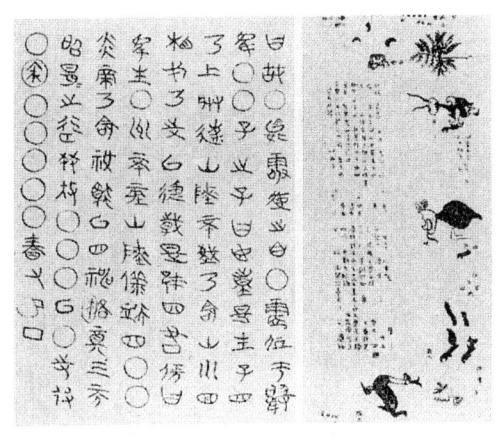

帛书的文字（左）和从楚墓出土的帛书（右）

就像日本的奥羽①也有中尊寺②这样精湛的文物一样，长沙可能也有楚的世族待过吧，这里也出土了各种文物，其中最为引人注目的是木简、帛书还有漆器等工艺品。

甘肃北部曾出土过数以万计的汉代木简，轰动一时，但汉代以前的木简则以长沙这次出土的年代最为古老，所以引起了学界的极大关注。木简上的内容是陪葬品目录之类的清单，有很多难解的字。帛书也是陪葬品，写着咒语似的内容，也很难解。有意思的是周围的图画，这些怪物和草木可能正是楚人信仰的鬼神的"本来面目"。木简和帛书的字体是实用字体，帛被叠放在一个编制精巧的小竹篮里。

---

① 位于日本本州东北部，日本旧时的陆奥国和出羽国，现在的青森、岩手、宫城、秋田、山形、福岛六县的总称。——编者
② 位于日本岩手县西磐井郡平泉町的天台宗寺院，有东日本第一的平安佛教美术宝库之称。——编者

楚国的漆器,湖南长沙出土

我们是在朝鲜平壤郊外的古墓——汉代乐浪郡的古迹里出土的物品中首次看到汉代的漆器,当时万分震惊于古人的技术。可这次是出土了比那还早二三百年的古代楚国漆器,另外还出土了竹制品、木制品、纺织品等。之所以这种本应该已经腐烂的东西却保存了下来是因为长时间浸泡在了水里。日本奈良平城宫遗址的水沟里也发现了木简,此外还有铜制品——铜镜、铜矛(戈)、马具等。其中引人注目的是两个铜铎,因为它们有可能是日本铜铎的原型。另外还有玉器、陶器、铁锄头,任何一样东西和中原地区的相比都毫不逊色。

第二十章　秦赵、燕齐的攻防

公元前三世纪前半期的形势

　　笔者认为要是把战国时代大体划分为三个时期的话，前期止于公元前340年，就是魏国迁都大梁的那一年，这段时期正好是秦孝公任用商鞅，完成变法的时期。这之后，秦明显国力增强，历史的车轮驶入了六国与秦对峙的时代，也就是战国中期。此间的八十年是最具战国风采的时期，正如战国其名一般，各国都马不停蹄地忙于战争和外交。在中期阶段，除了秦以外还有其他强国，强国肯定拥有名将和名相。公元前260年长平大战，秦大破赵，坑（活埋）赵兵四十万。以此为分界线，之后就是秦独展风采。中期的前半段已经陈述过了，在本章和下面一章中笔者想去探寻一下活跃在中期后半段，也就是公元前三世纪前半期的名将和名相的事迹。只是天下形势过于复杂，徒然让读者诸君陷入混乱并不是笔者的本意，所以笔者接下来将以有名的轶事、有名的人士为主展开陈述。

前期　公元前 482 年—公元前 340 年（魏迁都大梁）
中期　公元前 340 年—公元前 260 年（长平之战）
后期　公元前 260 年—公元前 221 年（秦始皇统一）

时期划分并不是单单以国家的兴亡来决定的，这样的时期划分也只是笔者的私见。

完璧的使者

和氏璧

公元前四世纪后半期，自武灵王这位旷世奇才的英明君主出现后，赵国就步入了强国行列。到了公元前三世纪前半期惠文王（公元前 298—前 266 年在位）的时代，赵国还基本维持着强国的地位，这多仰仗名将廉颇，加上蔺相如的骨气和贤明。另外，负责外交的平原君也添了一份力。

蔺相如是赵国人，最初是宦官长的舍人（家臣）。惠文王从楚国得到一块名玉和氏璧，秦昭王听说后就给赵送去信，说愿意以十五座城池交换名玉。王同廉颇将军及诸位大臣商议此事，大伤脑筋。

即便是把玉石给了秦国，秦国恐怕也不会放手城池，那赵国就白白被骗了。但要是不给宝玉，秦一气之下又会进攻赵国。

他们迟迟拿不定主意，又找不到一个可以出使秦国的人打破僵局。这时宦官长说："我的门客蔺相如可以胜任这个出使任务。"（臣舍人蔺相如可使。）

王问道："你怎么知道？"（何以知之？）

宦官答道："我曾经犯下罪行，打算要逃到燕国去。因为我曾跟随大王与燕王会谈，那时，燕王私下握着我的手说'愿意交个朋友'。和蔺相如商议这个事，他对我说'因为赵国强燕国弱，您受到强大的赵王的宠幸，所以燕王才想跟您结交。如果弃赵投燕，您就没有什么魅力了。所以还请放弃这个念头吧，您还是向王低头请罪为好'。我认为他有勇气有智谋。"（臣尝有罪，窃计欲亡走燕。……臣尝从大王与燕王会境上，燕王私握臣手曰'愿结友'。相如谓臣曰'夫赵强而燕弱，而君幸于赵王，故燕王欲结于君。今君乃亡赵走燕，燕畏赵，其势必不敢留君，而束君归赵矣。君不如肉袒伏斧质请罪，则幸得脱矣'。……臣窃以为其人勇士，有智谋，宜可使。）

于是王召见相如，听取其意见。相如说："秦国强大，不能不给他和氏璧。"（秦强而赵弱，不可不许。）

"秦国拿了我的璧却不给我城该怎么办？"（取吾璧，不予我城，奈何？）

"如果拒绝给和氏璧，理亏在赵国；如果拿了和氏璧不给城池，理亏在秦国。这两种对策，我认为还是让秦国理亏比较好。"（秦以城求璧而赵不许，曲在赵；赵予璧而秦不予赵城，曲在秦。均之二策，宁许以负秦曲。）

"可以派谁去呢？"（谁可使者？）

"如果找不到人去，我愿意去。如果十五座城给了赵国，就把和氏璧留在秦国；城池如果不到手，和氏璧我保证完好带回。"（王必无人，臣愿奉璧往使。城入赵而璧留秦；城不入，臣请完璧归赵。）

怒发冲冠

秦王会见蔺相如，相如捧璧走到秦王前。秦王大喜，把和氏璧给妃嫔及左右侍从人员传看，大家都高呼万岁祝贺。秦王看起来完全忘了城池之事。

相如突然走向前说："璧上有点瑕疵，请让我指给大王看。"（璧有瑕，请指示王。）

秦王把和氏璧交给蔺相如，相如于是捧着璧退后几步背靠着柱子站住，怒发竖立，像要把帽子顶起来。举座瞬间鸦雀无声。

相如怒视秦王说："在赵国人们都认为秦王是贪婪之人，将和氏璧拿走也不会给赵国城池的。但我认为平民之间的交往尚且不相互欺骗，何况是大国之间的交往呢？而且不应该因为一块璧而冒犯秦国。于是赵王斋戒了五天，谨慎地派我捧着和氏璧出使，是为了表示对大王的敬意。然而现在这种情况是怎么回事呢？我看大王没有补偿城池的意思，所以才把璧取回的。如果大王一定要逼迫我从我身上取走璧的话，我的头现在就和璧一同撞碎在柱子上。"（赵王悉召群臣议，皆曰秦贪，负其强，以空言求璧，偿城恐不可得。议不欲予秦璧。臣以为布衣之交尚不可欺，况大国乎？且以一璧之故逆强秦之欢，不可。于是赵王乃斋戒五日，使臣奉璧，拜送书于庭。何者？严大国之威以修敬也。……臣观大王无意偿赵王城邑，故臣复取璧。大王必欲急臣，臣头今与璧俱碎于柱矣。)

相如边说边斜视着柱子，就要用璧去撞柱子的样子。秦王舍不得和氏璧，就婉言道歉请求留下玉璧，并让官吏拿出地图指点着说要把这里到那里的十五座城给赵国。即便如此，相如也没有中计。

"和氏璧是天下公认的宝贝。赵王斋戒了五天，现在大王也应斋戒五天，以隆重的礼仪受璧。这样我才敢献上和氏璧。"(和氏璧，天下所共传宝也。……赵王送璧时斋戒五日，今大王亦宜斋戒五日，设九宾于庭，臣乃敢上璧。)

秦王没办法就答应斋戒五日，送相如回舍馆。相如还是不相信秦王，就让随从带着和氏璧从小道返回赵国。五日斋戒结束后，秦王以最高礼仪召见相如。

相如说："秦国自秦穆公以来，一直是个不守信的国家，所以我已经派人把和氏璧送回去了。如果秦先给赵十五座城池，赵就把和氏璧送来。我知道欺君之罪当死，请让我受汤镬之刑。请大王和你的臣子们仔细商议这件事。"(秦自缪公以来二十余君，未尝有坚明约束者也。臣诚恐见欺于王而负赵，故令人持璧归，间至赵矣。……今以秦之强而先割十五都予赵，赵岂敢留璧而得罪于大王乎？臣知欺大王之罪当诛，臣请就汤镬。唯大王与群臣孰计议之。)

秦王和群臣气得面面相觑，最后商议说："现在就是杀了蔺相如也得不到和氏璧，只能是断绝了秦、赵的友好往来，不如厚待他放他回去。"（今杀相如，终不能得璧也，而绝秦赵之欢，不如因而厚遇之，使归赵。）

于是秦厚待相如让其归国。赵王任命蔺相如做上大夫（官位名称。一般丞相、相国最高，下面是上卿、客卿等卿，再下面是上大夫、中大夫、五大夫。国家不同官名多少有些差异）。璧和城的交换虽然没有实现，但凭借相如的智慧和勇气，赵国得以保存颜面。

这个故事的年代不详，但从前后关系来看，一般认为是发生在公元前283年或公元前282年，也就是赵惠文王十六年或十七年。

秦王击缶

正好这个时期列国都热衷于欺负齐国。公元前284年，包括秦在内的六国合纵攻打齐国。弱国燕拥有名将乐毅，趁机攻下齐国国都临淄，他攻占齐国七十余城也是在这一年。秦和赵自武灵王以来基本没交战过，可是蔺相如完璧归赵后，秦开始攻打赵。秦国表面上以赵不和秦一起攻打齐国为理由，实际上一定也有因蔺相如而产生的怨恨情绪。公元前281年，秦攻打赵，夺取石城。石城距离邯郸西南200华里（约114公里），已经深入赵腹地，位于分割山西和河北平原的太行山脉东侧。顺便说一下，太行山脉的西侧盆地今天叫潞安地区，是山西省的沃土，当时叫上党，是通往河南平原的要冲地带，所以韩、魏、赵的领土在此交错，各国都拼命争夺对此地的掌控权。特别对魏来说，上党是连接山西旧领地和大梁之间通道的

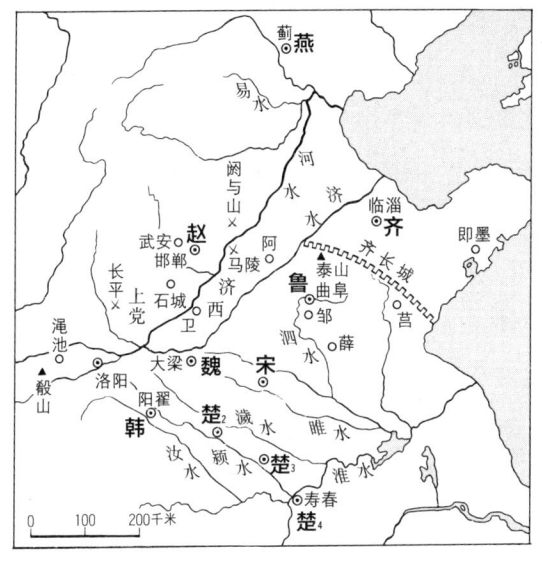

秦赵、燕齐的攻防

要地。这先暂且不提，秦经过上党，翻越太行山脉，一直攻打到石城，杀赵兵两万，赵有些猝不及防。战事结束后，秦王派使者告诉赵王，打算在渑池与赵王相会和好。渑池以前是韩的城邑，位于黄河南岸，大致在函谷关和洛阳的中间。惠文王恐有不测，不想前往。

廉颇和蔺相如商量之后劝王说："王您要是不去，就显得赵国既软弱又怯懦。"（王不行，示赵弱且怯也。）

最终王决定去，相如随行。廉颇悲壮地送行，在与王分别之际说："您去吧。算路程到会谈结束归国要花三十天。如果过了三十天还没有归来，就请您允许我们立太子为王，防止秦以王为人质给我们出难题。"（王行，度道里会遇之礼毕，还，不过三十日。三十日不还，则请立太子为王，以绝秦望。）

对赵王来说这是很困难的抉择，但他还是答应了。赵王到了渑池和秦王会谈，酒宴方酣之际，秦王说："我听说赵王很擅长音律，请奏瑟（大的古琴）。"（寡人窃闻赵王好音，请奏瑟。）

赵王演奏了瑟。可是秦御史（秦、赵等国的官名，掌管法令的制定和记录）立刻上前，用墨书写并宣读道："某年某月某日，秦王和赵王会饮，命令赵王鼓瑟。"（某年月日，秦王与赵王会饮，令赵王鼓瑟。）

相如以间不容发之势，走上前对秦王说："赵王听说秦王擅长秦声（秦国的歌），想请秦王击缶娱乐。"（赵王窃闻秦王善为秦声，请奉盆缶秦王，以相娱乐。）

缶是土制的类似水杯的乐器，八个为一套，根据里面盛水的多少发出音调不同的声音，和在杯子里放水敲击是同一个道理。用一个牙制的拨片敲击，据说缶能发出相当悦耳的声音。

秦王很生气不答应，相如就拿着缶跪地上前去恳求，秦王根本不愿意敲。

"大王和我之间的距离不过五步而已，可以以我的颈血溅在大王身上。"（五步之内，相如请得以颈血溅大王矣。）

这又是一种恐吓的暗示。家臣们欲用剑斩相如，相如瞪着眼睛斥退他们。没办法秦王只好不情愿地敲了一下缶。

相如回头让赵国史官写道："某年某月某日，秦王为赵王击缶。"（某年月日，秦王为赵王击缶。）

秦的群臣们豁出去了，说道："请用赵的十五座城池为秦王祝寿。"（请以十五城为秦王寿。）

"请用秦的都城咸阳为赵王贺寿。"（请以秦之咸阳为赵王寿。）相如回击道。

宴会就以这种状态结束了，秦国也没能占到赵国的便宜。赵国为了防止报复，在其后方陈兵以待，所以秦也没敢轻举妄动。相如因此功晋升为上卿。

刎颈之交

廉颇和蔺相如

蔺相如升为上卿，位在老将廉颇之上，廉颇当然非常不服气。

"我作为赵国大将屡建战功，而蔺相如仅以口舌之能就位列我之上。那家伙本身就是身份低贱之人，我怎能甘居其下。如果我见了他，必大大羞辱他。"（我为赵将，有攻城野战之大功，而蔺相如徒以口舌为劳，而位居我上。且相如素贱人，吾羞，不忍为之下。我见相如，必辱之。）

相如听了这个传言就尽量不见廉颇，在朝廷上则称病避免和廉颇同席，路上见了廉颇，也远远地就让车子避开。相如的手下们看不下去了。

"我们是仰慕您的高义才跟随您的，可是您却对廉颇将军一味地投降退让。我们告假请辞算了。"（臣所以去亲戚而事君者，徒慕君之高义也。今君与廉颇同列，廉君宣恶言，而君畏匿之，恐惧殊甚。且庸人尚羞之，况于将相乎！臣等不肖，请辞去。）

相如坚决制止说："你们觉得秦王和廉将军谁更厉害？"（公之视廉将军孰与秦王？）

"当然是秦王。"（不若也。）

"我蔺相如连秦王都敢叱责，怎么就会怕廉颇将军了？你们好好想想。强秦之所以不敢进犯赵国就是因为有我们两个人在。两虎相斗必两败俱伤。比起个人私怨，我是以国家大局为重。"（夫以秦王之威而相如廷叱之，辱其群臣，相如虽驽，独畏廉将军哉？顾吾念之，强秦之所以不敢加兵于赵者，徒以吾两人在也。今两虎共斗，其势不俱生。吾所以为此者，以先国家之急而后私仇也。）

这话传到廉颇的耳朵里，他非常羞愧，肉袒负荆（肉袒就是脱去上衣袒露出肩膀，表明让对方抽打的心迹。荆是惩罚人时用来打人的棍子，自己带上荆请人抽打就是负荆）来到相如家门前，通过他人引介向相如深深谢罪。之后廉颇蔺相如结为刎颈之交（生死之交）。

阏与之战

廉颇在赵惠文王十六年（公元前283年）成为将军，位列上卿，作为赵军的重量级人物处在其位二十多年没变。其间他屡次攻打齐国获胜，很好地抵挡住了秦的进攻，但是却没什么显眼的战功和轶事。秦国非常害怕他，这点在后面讲到的他被赵括替换的经过里可以明显地看出。前面也提到了，赵很好地防守住了秦，可是由于撤换了名将廉颇，提拔年轻的赵括，其结果就是长平之战（公元前260年）大败，而长平之战决定了秦、赵的气数。这个赵括的父亲赵奢是位相当了不起的勇将，曾经大破秦军。赵奢也是一个慷慨大方的人，笔者很想详细叙述一下他的故事，可是由于篇幅有限只能从简介绍。

赵奢原本是一个收税的小官，因公子平原君家不交税，赵奢严格执行法律，杀了平原君的家臣九人。平原君大为恼怒欲杀赵奢，赵奢义正辞严地进行了抗辩："作为贵公子的你要是犯法，赵国就会削弱，结果你的财富也不保。相反要是你这样的贵公子遵守法律的话，就会上下太平，国家也会富强，你也会受到世人的尊敬。"（君于赵为贵公子，今纵君家而不奉公则法削，法削则国弱，国弱则诸侯加兵，诸侯加兵是无赵也，君安得有此富乎？以君之贵，奉公如法则上下平，上下平则国强，国强则赵固，而君为贵戚，岂轻于天下邪？）

平原君佩服他的言辞，就向赵王推荐他管理府库，府库由此充实。

秦欲攻打韩，进军阏与山（根据杨守敬的《战国疆域图》，阏与地处山西省和顺县的西面，在邯郸西北约200华里，是太行山脉里的一座小山，位于太原到邯郸的通道上）。就是否出兵救韩的问题，廉颇回答说："道路远，又艰险狭隘，难以解救。"（道远险狭，难救。）

赵奢的回答不一样："对两军来说，都是道路远又艰险狭隘。就犹如两只老鼠在洞中争斗，双方条件彼此彼此，勇猛的将领会获得胜利。"（其道远险狭，譬之犹两鼠斗于穴中，将勇者胜。）

于是赵王决定任赵奢为将军带兵出发。出发三十里地，赵奢发出军令说："以军事谏言的人处以死罪。"（有以军事谏者死。）

因秦的军队攻占了武安（邯郸西面约100华里），所以赵的侦察兵请求极速援救武安。军令非儿戏，他立刻被处死。

赵奢自有想法，他修高营垒，二十八天一步也不向前进发。秦军间谍潜入赵军营地，赵奢好好款待一番后放他回去。听了这个情况的秦将，心想赵奢离开国都三十里就增修营垒不再进军，阏与不会为赵国所有了。

另一方面，赵奢让士兵脱下铠甲轻装上阵，两天一夜就赶到距离阏与五十里地处安营扎寨。秦军穿着铠甲赶来了。赵军一个叫许历的人冒死进言军事谋略，说秦军没有想到赵军会来，先夺取阏与山占住地盘的一方会获胜。这就和秀吉、光秀争夺天王山是一样的。[①] 赵奢决断说好，立刻派了一万人攻占山头，一举击溃后赶到的秦军，秦军只好退却。

赵王封赵奢为马服君，封许历为国尉（不详，可能是次于大夫的官位，尉是武官的位阶），赵奢一跃与廉颇、蔺相如比肩。

[①] 1582年，丰臣秀吉和明智光秀在山崎遭遇展开激战，天王山的得失成了胜负的关键。最后丰臣秀吉一举击溃明智光秀，凭此战役奠定了之后统一日本的基础。——编者

赵括之母

惠文王死后,孝成王(公元前265—前245年在位)即位。孝成王六年(公元前260年),秦在长平和赵决一死战。长平是位于上党北方的要地。这个时候赵奢已经去世,蔺相如也重病在身。廉颇拖着老迈的身躯进行防守,但是屡次被秦军打败。赵军于是高筑营垒避而不出,无论秦军如何挑衅,廉颇都不出击。秦的大军远离国家作战,赵军就等其疲惫后再出击。秦吃不消,就派间谍去赵国放话说,秦最害怕的是赵奢之子——年轻的赵括成为将领。

赵王果然轻易中计,相信了间谍之言,欲撤廉颇以赵括为将。

蔺相如进谏说:"赵括只听过其父关于兵法的讲解,没有应变能力。"(括徒能读其父书传,不知合变也。)但赵王不听。

赵括自幼学习兵法,爱好谈论兵法,很自负地认为在兵法方面天下无人能敌。有一次和父亲赵奢谈论兵法,父亲没能驳倒赵括但也没称赞他。赵括母亲问其原因。

赵奢回答说:"打仗,关乎生死存亡,赵括太轻率地讨论它。如果以赵括为将军,赵必败无疑。"(兵,死地也,而括易言之。使赵不将括即已,若必将之,破赵军者必括也。)

赵括马上就要出发之际,他母亲给赵王上书。

"请不要任命赵括为将。"(括不可使将。)

"为什么呢?"(何以?)

"我侍奉他父亲（奢）时，他父亲供养的食客以十计，结交的朋友以百计，大王的赏赐统统分给部下。现在赵括做了大将，就面向东接受朝见，军吏没有一个人敢抬头看他的，王赏赐的东西都收藏在家，还买便宜的田宅。父亲和儿子是如此不同，恳请您还是不要派赵括出征了吧。"（始妾事其父，时为将，身所奉饭饮而进食者以十数，所友者以百数，大王及宗室所赏赐者尽以予军吏士大夫，受命之日，不问家事。今括一旦为将，东向而朝，军吏无敢仰视之者，王所赐金帛，归藏于家，而日视便利田宅可买者买之。王以为何如其父？父子异心，愿王勿遣。）

赵王已经下了决心，没有听进去。

秦军的将领是名将白起。赵括一到长平，就改变了廉颇定好的策略，改变了兵力配置。白起暗喜，佯装败走，派出奇袭兵把追来的赵军截为两段，切断粮道。赵兵饥饿无心作战，困守四十天，最终赵括率领精锐部队杀出，但是被等待着的秦军射杀。赵军全线溃败，数十万大军全部投降，秦军把他们全部坑埋（活埋）。这场战役赵国损失四十五万士兵。第二年，秦军就围攻邯郸，邯郸被困有一年多，在楚、魏的救援下才总算解脱。

廉颇在此之后又被任用，攻打燕国获胜，但是名将只有在名君手下才能发挥其才干，赵孝成王并不是能驾驭廉颇的名君。到了之后的悼襄王（公元前244—前236年在位）时代，廉颇最终出走魏国，在此也建立若干功绩，但没被真心信任。赵苦于秦的压迫想召回廉颇，就派人去看上了年纪的他还能否胜任。廉颇在使者面前饱食饭和肉,穿起铠甲骑马给使者看。可是使者回去报告赵王说:"将军虽然上了年纪,但还很能吃,很健康,可是和我对坐期间三次起身小解。"(廉颇将军虽老,尚善饭,然与臣坐,顷之三遗矢矣。)

赵王放弃了廉颇。廉颇被楚招揽,但没建立什么功绩,最后落寞地死在楚都寿春。

乐毅的活跃

即墨大夫

齐国威王(公元前356—前320年在位)、宣王(公元前319—前301年在位)、湣王(公元前300—前284年在位)三代英君继出,前后历时约百年,展现着东方大国的气派。齐国繁荣富裕的理由之一是沿海产大量的盐,还有鱼类。

齐国从威王开始变得尤其强大,有下面这样一个小插曲:

威王即位后九年间,把国政托付给卿大夫,自己只一味地观察。三晋(韩、魏、赵)趁齐国在丧仪中攻打过来,鲁国也趁机进攻,就连小国卫都掠夺齐的领土,齐国国内的治理更是陷入混乱,最后终于到了必须着手改革国政的时候了。

威王首先召来即墨大夫。即墨位于山东半岛的中央,但在齐国领土的东端。大夫既有治理邑的当地贵族,也有从中央派遣的地方官,这次宣来的应该是后者。齐国灭了东方夷国后,在当地基本都是设县。县是齐王直辖的城市,和邑的意义不同，即墨也是其中的一个县。

威王说："你在即墨任职期间，传到我耳朵里的净是你的坏话。但是派人去即墨察看，却是田野开阔，百姓丰足，政令不拖延，东方之地很安泰。这是因为你对我很忠实，不求虚名！"（自子之居即墨也，毁言日至。然吾使人视即墨，田野辟，人民给，官无事，东方以宁。是子不事吾左右以求誉也！）

于是威王赐予即墨大夫一万户俸禄。接着他又叫来阿（位于齐水和黄河之间，齐国西边的城市）的大夫。

"自你到阿地赴任以来，净是关于你的好话传来。但是我派人察看阿地，田野荒芜，百姓贫苦。当初赵攻打过来时，你不援救；卫掠夺土地时，你不知道。这是你贿赂我的巡视官员求取虚名之故！"（自子守阿，誉言日至。吾使人视阿，田野不辟，人民品馁。昔日赵攻鄄，子不救；卫取薛陵，子不知。是子厚币事吾左右以求誉也！）

说罢，当天就把阿地大夫和虚报实情的一伙都处以汤镬之刑。

威王整顿纲纪后，攻打赵、卫、魏，夺回失地，国威大扬。

下一任宣王是著名的学术和艺术的捍卫者，他在位时出现了所谓稷下之学的兴盛，邹衍（受孟子的影响提倡五行说，阴阳家之一）、淳于髡（博学多识，能说会道，特别善于用隐语、寓言说服王。这种人被称为滑稽者）以及其他著名学者、贤人灿若繁星汇聚。

合纵伐齐

　　湣王是一位野心家，甚至有伺机夺取天下之心。他任用苏秦的弟弟苏代不断地策划此事，曾经还有一段时间自诩为东帝，秦王则为西帝。公元前286年，齐国和楚、魏一起灭了宋国，三分其地。

　　宋和鲁一样，是为数不多的存续到战国时代的小国之一，但是国内常年内讧不断。最后的偃君真是"荣耀一时"，蛮横夺取了一些近邻的领地。他沉溺于酒色，有很多殷纣王一般的荒淫之举，人们都叫他桀宋（类似夏桀王的宋王）。

　　齐、楚、魏三国以淫乱为由灭了宋国。其后湣王的野心越演越烈，最后发展到被秦带头的合纵六国讨伐的地步，那是在公元前284年。

先从隗始

　　燕国在今天的北京设立都城蓟，据说它的疆域发展到了东边的辽东甚至朝鲜。燕国的西南面和赵国、南面和齐国等强国接壤，总之是个弱国。不过昭王（公元前311—前279年在位）是位名君，他曾任用名将乐毅使燕国显盛一时。

　　昭王一即位，就致力于用厚礼重金招纳贤者。昭王的上一任王哙（只有这个王没有谥号，称为王哙或燕哙。公元前320—前312年在位）的时代就有一位贤者叫郭隗先生。王哙中年之后就把国政全权委托给宰相子之，由于子之极其独裁专横跋扈，所以郭隗先生没有用武之地。

　　昭王和郭隗商量说："真心想得到贤士共谋国事，以雪先王之耻,这是我的心愿。先生看可有合适的人选,我一定躬身侍奉他。"(然诚得贤士以共国,以雪先王之耻,孤之愿也。先生视可者,得身事之。)

郭隗徐徐说道:"大王要真想得到贤士,那就从我郭隗开始吧。至于那些比我更贤能的人,还会以千里为远而不来吗?"(王必欲致士,先从隗始。况贤于隗者,岂远千里哉!)

于是王就为郭隗修建宫殿,以他为师,君臣共谋做出渴求贤者的姿态。于是从魏来了乐毅,从齐来了邹衍,从赵来了剧辛,贤士们以这种势头争相汇聚到燕国。王勤勉国政,和国人苦乐与共,所以国家富裕,士卒安逸鄙视战争。王感到这样下去可不行,就任乐毅为上将,和秦、楚、三晋等五国合谋攻打齐国。对齐湣王的残暴感到不快的五国立刻达成一致,赵惠文王授予乐毅相国(宰相之位)之印。

乐毅降齐七十城

乐毅作为五国军队的总指挥官攻打齐国。齐在济西(济水以西,济水和黄河之间)大败,湣王逃到莒(山东省莒县,位于山东半岛的南部、青岛的西南方。这里自周以来是东夷之国,后来成了齐的县)。四国军队都撤回了,只有乐毅占领了齐国都城临淄,把临淄的财宝和祭器通通带回,献给了燕王。王大喜前往济水接受,并封乐毅为昌国君。乐毅继续留在齐国,五年间夺取齐国七十余座城,并把这些城都设为燕的郡县(直辖地),只有即墨和莒怎么也攻不下来。这期间燕昭王死,惠王(公元前278—前272年在位)即位。惠王做太子时就和

田单的火牛计（出自明版《两周列国志》）

乐毅关系不好，齐国的田单巧妙地利用了这一点，派间谍到燕国散布说：

"齐的两城攻不下是因为乐毅和燕王关系不睦，也是因为乐毅待着不动想做齐王。齐国唯一的担心是派其他将领前来。"（齐王已死，城之不拔者二耳。乐毅畏诛而不敢归；以伐齐为名，实欲连兵南面而王齐。……齐人所惧唯恐他将之来，即墨残矣。）

本来就对乐毅有疑心的惠王听信了间谍之言，召回乐毅，派骑劫为指挥取代他。乐毅害怕被杀就逃到了赵国，赵封他为望诸君厚待他。

另一方面，田单的计谋得逞，就率军在即墨打败骑劫，又转战各处，眨眼间就收回了齐被占领的城。湣王逃到卫，受到款待，但由于他太逞威风被赶出；又辗转逃到邹（山东邹城，春秋以来的小国，作为孟子的出生地很有名）和鲁，也由于骄横而不被接纳；最终逃到莒，被楚国的援军将领所杀。其子法章更名改姓在别人家做仆人躲藏起来，还和那家的姑娘私通。楚军走后，法章很犹豫，最后下决心报上姓名说："我是湣王之子。"（吾乃湣王之子。）于是他就成了襄王。田单从莒迎襄王回临淄，就这样燕的野心化为泡影。

燕惠王担心乐毅去了赵国，赵国会任用他攻打燕国。惠王还怨恨乐毅的背叛，于是给乐毅写信表达了怨恨之情。对此乐毅回了一封很长的信，最终也没回燕国。但是他和燕国一直保持联系，燕国把他当作客卿。最后乐毅死于赵国。

乐毅的儿子叫乐间。惠王封他为昌国君，他效力燕国三十年。但是燕国和赵国交战时，由于燕王没有用他的计谋，被赵的廉颇打败，乐间也逃亡到了赵国。

第二十一章　游侠横行

四君子时代

上一章讲述了公元前三世纪前半期列国的攻防,特别是截止到公元前260年长平之役时名将和名相们的大展身手。也恰好是这个时期,以著名的孟尝君为首的所谓四君子登上了历史舞台。四君子还包括赵的平原君、魏的信陵君、楚的春申君,从公元前300年前后开始,到春申君死为止的六十年间也被称为四君子时代。四君子中除了孟尝君,其他三人都是诸侯的公子。四个人都做了宰相掌握着权力,但是孟尝君和信陵君是做过别国的相,从这一点上来看他们和游士同类,不单单只是宰相。而且最为特殊的一点是,四君子都养了食客三千——所谓的三千人只是在言其多。总之他们被称为"君"(指的是诸侯之下的封君〔拥有封地的贵族〕,比如公孙鞅被封到商就成为商君),他们这样的人物既是首脑还是宰相。四君子的食客中不乏品行恶劣之人，尤其孟尝君是癖好奇特之人，甚至召集来自别国的逃亡之人和罪犯。

鸡鸣狗盗之辈

孟尝君做秦的宰相倒没什么可说的，但有一个故事是他受人谗言，差点被杀之际，被曾经做小偷的手下解救了。面临杀身之祸的孟尝君求秦昭王的爱妾为自己在王面前洗清嫌疑，可是那个爱妾开出条件说："我想要你的那件白色狐皮裘。"（妾愿得君狐白裘。）

这件狐皮裘价值千金，是天下唯此一件的珍品，孟尝君来秦时已经献给昭王了，再没有第二件了。孟尝君和食客们商量也没有好办法。

这时坐在末席的一位狗盗（模仿狗的偷盗之人）之徒说："我去给您偷来。"（臣能得狐白裘。）

于是他半夜装成狗潜入宫殿宝库，利落地偷出了那件白狐裘。孟尝君把它献给了王的爱妾，爱妾在王面前美言，孟尝君成功地获得王的原谅。孟尝君一行趁着事情还没暴露慌忙外逃，到函谷关时正好是半夜。

就像清少纳言诗中写道的那样："夜深鸡鸣学孟尝，逢坂关锁拒见君。"关卡的门规定第一声鸡鸣后才能开启。后悔原谅了孟尝君一行的昭王派出了追兵，孟尝君非常清楚这一点，所以不敢磨磨蹭蹭。这时也是一个擅长模仿鸡叫的下等食客救他于危急之中。总之他的方针是，聘用任何掌握一技之长的人。鉴于这种状况，所以食客中有品行不好的也在所难免。

孟尝君逃出函谷关（出自明版《两周列国志》）

食客根性

《史记》的四君子列传中，记载了很多四君子如何用心厚待食客一伙，食客们又是如何报答所受恩惠的美谈。但是反过来看的话，就是稍微受到不好的待遇，食客们就会马上离去，转向待遇好的地方，这就是食客们普遍的习气。

孟尝君曾和食客们一起吃夜宵。一位食客刚好在灯烛的背光处，他以为只有自己被分配了恶劣的饮食，所以才被故意挡住光亮以遮掩过去，生气地放下碗筷就要辞别而去。孟尝君站起来走到他旁边，把自己的饭食拿给他看，当然是一模一样的饭菜。所以那个食客无地自容，当场刎颈自杀。听说了这个事后，越来越多的游士聚集到孟尝君的门下。

平原君的侍妾从高楼眺望民宅,看见一个人一瘸一拐地走着担水。看到那人的形象很可笑,侍妾就捧腹大笑。

于是那个一瘸一拐之人来到平原君家抗议说:"我为了效劳于您,不远千里来到此地。不幸的是我患有佝偻病(另一说为跛足——编者),您后宫的妇人看到我竟嘲笑我。我希望得到耻笑我的那个人的头。"(臣闻君之喜士,士不远千里而至者,以君能贵士而贱妾也。臣不幸有罢癃之病,而君之后宫临而笑臣,臣愿得笑臣者头。)

平原君回答说:"好的好的。"(诺。)之后笑着说:"这家伙,也太狂妄了吧。"(观此竖子,乃欲以一笑之故杀吾美人,不亦甚乎!)终究没有杀侍妾。可是,一年时间里食客跑了一半以上。

其中一个门人回答说:"因为你不杀耻笑佝偻病者的美人,都认为你重美色而轻贱士。"(以君之不杀笑躄者,以君为爱色而贱士,士即去耳。)

所以平原君就斩了美人头,亲自提着去佝偻病食客的家里道歉,这样食客们就又聚集回来。

《史记》的作者司马迁去孟尝君的领地薛(从鲁的曲阜向南约150华里)旅行时,注意到那个地方有很多具有豪侠气概的年轻男子,和附近的城市相比风气截然不同。向当地人询问原因,据说是孟尝君召集天下侠客和无赖之徒,达六万家之多,所以形成这种风气。从中可窥侠客们在薛地横行一时之大概。

孟尝君的成长经历

孟尝君的父亲是齐威王（公元前356—前320年在位）的小儿子田婴，号靖郭君，被分封在薛，宣王（公元前319—前301年在位）时为宰相。孟尝君的名字叫文，是靖郭君四十多个孩子之一，母亲是身份卑微的妾。因孟尝君生在五月五日，被认为不吉利不能养，所以他母亲偷偷把他养大。长大后他母亲让他面见父亲，父亲训斥他母亲为什么要这样做。

于是文就对父亲说："不许养育五月生的孩子是什么原因呢？"（君所以不举五月子者，何故？）

"五月生的孩子，身长和大门一样高，会对父母不利。"（五月子者，长与户齐，将不利于其父母。）

"那么只要加高门户就好了。"（则可高其户耳。）

文之后又说服父亲，建议父亲不要只是中饱私囊，要优待家臣属下，所以被委任去接待宾客和处理家事。很多优秀的宾客汇聚而来，靖郭君的名声在诸侯间远扬。在宾客们的强烈推荐下，最终文成了后继者，在父亲死后号为孟尝君。

孟尝君的态度

秦昭王听闻孟尝君的名声，想见见他。因为去了秦不知道会遭遇什么，所以宾客们（门下）都不随行，也阻止他前去，可是孟尝君不听。后来是苏代（苏秦的弟弟）从中调停劝谏，才算打消了他的念头。齐湣王（公元前300—前284年在位）时，孟尝君作为使者前往秦国。秦昭王让他担任秦相，但他遭遇谗言，张皇失措地逃出秦国，来到赵国成为平原君的宾客。

赵人看到车上的孟尝君笑着说:"原以为薛公(孟尝君)是个魁梧的大丈夫,原来竟是个瘦小的男人。"(始以薛公为魁然也,今视之,乃渺小丈夫耳。)

孟尝君勃然大怒,家臣们都下了车,砍杀了数百赵人,夷平了一个县而去。这种做法有些过分,不过这也是在说,当时作为王侯宰相的资格,身体容貌的漂亮也是重要条件之一。齐湣王看孟尝君去了国外,也好像感到有些可惜,于是他一回国就让他做了宰相。

但是湣王和孟尝君之间好像合不来,可能是因为孟尝君态度暧昧,湣王又是一个个性很强的人。湣王灭宋后越发傲慢,所以孟尝君就去了魏国,魏昭王(公元前295—前277年在位)提拔他为宰相。其时,对齐湣王的残暴感到愤慨的五国合纵攻打齐国(如前所述,公元前284年),孟尝君作为魏的宰相,一起攻打自己的祖国齐国。这次战役之后,乐毅攻占齐国七十余城,几年后田单又收复了齐国。但是孟尝君对齐襄王(公元前283—前265年在位)断了念头,采取中立的立场,自立为侯。不过襄王惧怕孟尝君的势力和他还保持交往。

孟尝君勒索秦、齐

孟尝君的封地薛虽然是从春秋以来就有的国家,但也只不过是一个小邑而已,其地租收入根本不能满足他奢侈的花销,于是孟尝君就向薛地百姓放贷筹措。这个事情在前面曾经讲过。这在他当宰相时尚可维持,失势时则会陷入困境。孟尝君被迫辞去齐国宰相职位时,就发生了这样的情况,食客陆续离去，于是冯骥献上一计：

"请借我一辆车，我去秦国办点事来。"（借臣车一乘，可以入秦者，必令君重于国而奉邑益广，可乎？）

冯骥对秦王说："齐之所以被天下重视就是因为有孟尝君。刚好不久前孟尝君被迫辞去齐相之职，正在怨恨齐王。请把孟尝君迎到秦国来，就可尽悉齐国的国情和人事。"（使齐重于天下者，孟尝君也。今齐王以毁废之，其心怨，必背齐；背齐入秦，则齐国之情，人事之诚，尽委之秦。）

秦王非常高兴，就赠车十乘黄金百镒去迎孟尝君。

冯骥又去说服齐王说："我窃闻秦以重金迎孟尝君前去，他要去了秦国就完了。最好是恢复孟尝君的职位，增加千户土地优待他。"（今臣窃闻秦遣使车十乘黄金百镒以迎孟尝君。孟尝君不西则已，西入相秦则天下归之……临淄、即墨危矣。王何不先秦使之未到，复孟尝君，而益与之邑以谢之？）

齐王答应了，派人去国境边探查，果然秦的使者来了。齐王急忙恢复孟尝君的相位，秦的使者只好放弃返回，食客们又陆续归来。

信陵君

平原君

平原君是赵国的公子，名叫赵胜，曾三次任宰相，极尽富贵。在四君子之中，平原君无论是为人还是智谋都略逊一筹。长平之役后，赵国的邯郸被秦国包围，就是在他任宰相之时，招致如此事态可以说算不上名相。不过，邯郸被围之际，从楚求得救兵退秦，不得不说也是他的功劳。

邯郸危难之际，平原君决定出使楚国求救，拟从食客中挑选文武双全的勇士二十人同行。已经定下了十九人，还差一人，这时一个叫毛遂的人主动出来，自荐请求同去。到了楚国，平原君在楚王面前阐述合纵之利，从早上说到中午还是没能说服楚王，于是毛遂登上殿堂。

楚王问："那是什么人？"（客何为者也？）

平原君回答说："是我的手下。"（是胜之舍人也。）

楚王叱责毛遂说："无礼之徒，快下堂去。我在和你主人谈话，与你何干！"（胡不下！吾乃与而君言，汝何为者也！）

毛遂摸着剑走向前去，恐吓说："王和我之间的距离只有十步，王无法依赖楚之众人，王的性命在我手里攥着。"（今十步之内，王不得恃楚国之众也，王之命县于遂手。）

这可是比蔺相如的做法还高妙的恐吓外交。接着毛遂慢慢地晓之以合纵之利，楚王听从，邯郸于是得救。

《史记》对其评论是："平原君是浊世的佳公子，但没有观览全局的视野。"（平原君，翩翩浊世之佳公子也，然未睹大体。）

这个评论可谓切中要害。平原君没有出任过别国的宰相，与其这样说，倒不如说他不是一个很受欢迎的人物，这样可能更为准确些。

赵王田猎耳

信陵君是魏国公子，名叫无忌。他是昭王的儿子，昭王之后的安釐王（公元前276—前243年在位）的异母弟，安釐王即位后被封为信陵君。王去世的那一年他也死了，所以他的活跃时期就是长平之役前后的二十五年。最初的十多年他在魏国，养食客三千人，魏国有他在的期间得以平静一时；之后的十年左右他在赵国；最后的四年他遭受谗言而隐退，沉溺于酒色，因酗酒而病死。信陵君为人有谋略有侠气，是四君子中最容易让人产生好感的人物。孟尝君隐退后，他益发受到天下人的称赞。汉高祖则以他为贤人，对其祭祀不断。

有一次，信陵君和魏王在玩博弈（围棋、双六等赌博游戏）之时，从北边国境的烽火台传来赵军入侵的信号，魏王停止玩乐想马上召集大臣。

信陵君制止了王说："赵王只不过在打猎而已。"（赵王田猎耳。）

说完继续进行博弈。魏王坐立不安，过了一会，传来报告说只不过是赵王在狩猎。

王很吃惊问道："公子你是怎么知道的？"（公子何以知之？）

"我让我的一个食客深入探察赵王，赵王有什么行动，他会立即报告我，我因此知道这件事。"（臣之客有能深得赵王阴事者，赵王所为，客辄以报臣，臣以此知之。）

魏王畏惧其贤能，不敢任用信陵君处理国政。

盗虎符

盗虎符发生在长平之役后，是秦包围邯郸时的事。赵的平原君频繁向魏求救，平原君的夫人是信陵君的姐姐。魏王派将军晋鄙率十万大军出发，但是由于惧怕秦军，让晋鄙的军队观望形势，不前进。平原君急切地催促信陵君：

"邯郸的命运危在旦夕，你打算见死不救吗？你也不可怜你姐姐吗？"（今邯郸旦暮降秦而魏救不至，安在公子能急人之困也！且公子纵轻胜，弃之降秦，独不怜公子姊邪？）

信陵君屡次恳求魏王，可是王不听。最后信陵君率领自己的食客们，驾车骑百余乘赶赴赵国，决定与赵同命运。途中路过一个叫侯生的老隐士之处，信陵君曾赠过这位老者礼物，但他无论如何也不收。侯生举荐了叫朱亥的食客，给信陵君面授机宜：

"听说将军晋鄙的兵符（相当于将军的任命书，为虎形的铜器，也叫虎符。是子母信物的一种，'符合'这个词就是两半兵符完全吻合的意思）在王的寝宫里，你让王的爱妾如姬把它偷出来。你曾帮如姬报杀父之仇，她一定会为你效力的。虎符（兵符）到手后马上拿去夺下晋鄙的军队救赵。如果事情进展不顺的话，那就只能杀了晋鄙，朱亥可做这事。"（嬴闻晋鄙之兵符常在王卧内，而如姬最幸，出入王卧内，力能窃之。嬴闻如姬父为人所杀，如姬资之三年，自王以下欲求报其父仇，莫能得。如姬为公子泣，公子使客斩其仇头，敬进如姬。如姬之欲为公子死，无所辞，顾未有路耳。公子诚一开口请如姬，如姬必许诺，则得虎符夺晋鄙军，北救赵而西却秦，此五霸之伐也。……臣客屠者朱亥可与俱，此人力士，晋鄙听，大善；不听，可使击之。）

信陵君哭了，估计是得必须杀了晋鄙吧，这么优秀的将军晋鄙啊！但是侯生鼓励他："我老了，不能与您同行。我将计算您到晋鄙军的日子，在那一日面向北方自刎，为您送行。"（臣宜从，老不能。请数公子行日，以至晋鄙军之日，北乡自刭，以送公子。）

晋鄙果然对信陵君突然到访起疑，不肯将军队交与他。无奈之下，朱亥以袖藏四十斤铁锤咣地锤杀了他。然后信陵君精选了八万步兵解救了赵国。侯生按约定自尽。

另一方面，魏王当然勃然大怒。信陵君也觉得有错，就没有返回魏国留在了赵国。信陵君的名气在赵国也不断高涨，据说平原君的门客有一半之多都转投信陵君的门下。

春申君

楚的春申君名叫黄歇，曾四处拜师游学，博学多识。他的宾客也以学者居多。曾有一时，他的封地吴（今天的苏州）甚至呈现出文化中心景象。他曾效力于楚的顷襄王（公元前298—前263年在位），在之后的考烈王（公元前262—前238年在位）时期任宰相，号春申君，受封淮河北边十二县。但是这个地方距离齐国近，太危险，春申君就申请换到了以前的吴地，在那里修筑起自己的城池。

春申君于考烈王在位期间一直任宰相，前后历经二十四年时间。他在晚年以楚为中心合纵伐秦败北，因而被楚王疏远，但一时仍拥有很大的权力，甚至世人都传言春申君才是楚王。秦围攻邯郸之时他曾任援军司令，其后灭了北方的鲁国（公元前256年），为楚国大大尽了力。楚在顷襄王时，被秦国名将白起攻占了国都郢（这个字是梵语都城的意思，在此指湖北省江陵县的楚都），遂把都城迁到淮河以北。但是另一方面，楚也掠夺了弱国鲁的领地。楚被秦追赶迁移到东北部，在淮北开始扩张地盘，春申君时楚的领地得到拓展，楚还称得上强大。但是随着春申君的失势，楚国国威急速衰落，过了二十六年左右被秦所灭。

在《史记》中，春申君被评价为老年昏聩，因为他被一个叫李园的人所害。

楚的考烈王没有儿子。赵国人李园想让自己的妹妹服侍楚王生个孩子，因为没有好的门路，就巴结春申君。春申君一看到李园的妹妹就被迷住了，对其宠爱有加让其怀了孕。李园就和妹妹合谋，他妹妹说服春申君把自己献给楚王做妾，说是生下的孩子也是春申君的孩子，这样不是很好吗？春申君彻底上钩，把她献给了楚王。王很宠爱她，不久生下个男孩，李园怕阴谋暴露就欲杀了春申君。有人就这事对春申君提出过忠告，但春申君没有听进去，最终在考烈王死后被李园杀了，落得个举家灭门的悲惨结局。正好是同一年（公元前237年），在秦国，吕不韦因做了相同的事而被免去了宰相之职。

第二十二章　统一的临近

远交近攻

范雎为秦相

魏人范雎是个游士，想效力于魏王，因没有资金就先投靠了魏大夫须贾。有一次范雎和主人一起出使齐国，齐襄王赏识范雎的辩才，赐予他金子和酒。虽然范雎辞而未受，但主人须贾还是大怒，回国后便在魏相魏齐面前搬弄是非。魏齐也大怒，命人鞭打范雎，范雎的肋骨折了，牙齿也掉了，绝望之下只好装死。他的"尸体"被人用席子卷起扔到了厕所里，还被醉汉们淋了小便。范雎求看门人，向其许诺一定重礼相谢，这才逃了出去。魏人郑安平保护范雎把他藏了起来，让他改名张禄。

那时秦的使者王稽来到齐，询问郑安平可有贤者，郑安平就推荐了张禄。王稽和范雎稍作闲聊就看出他是个人物，于是把他带回秦国。当时的秦国是昭王的时代，但昭王的舅舅穰侯掌握着实权。秦国不久前还是商鞅、张仪等人当权，他们只衷心效力于王，不把宗室和贵族当回事，而这样的状况才刚刚扭转。所以秦国当时严禁宾客，穰侯则特别警惕不让宾客入境。王稽带范雎回国时，也是把范雎藏在车里，才勉强入境的。过了一年多，范雎总算得到一个见秦王的机会，据说是王读了范雎诚恳的上书后便说想见他。

约定好在离宫面见王，范雎故意装作搞错地方的样子进入内宫，宦官们说王到了，要驱赶范雎。范雎装糊涂说："秦哪有什么王？秦只有宣太后（昭王的母亲，穰侯的姐姐）和穰侯罢了。"（秦安得王？秦独有太后、穰侯耳。）

昭王早就对穰侯等人的专横感到不快，很快就和范雎意气相投，开怀畅谈。范雎用远交近攻之策说服王：攻打近处的强国楚、魏，和远处的强国齐交好的话，韩、赵自然而然就会

范雎（右）向魏的使者须贾（左）复仇（汉代画像石）

成为秦的囊中之物。几年后,昭王驱逐了穰侯及其一派,范雎成了宰相,远交近攻之策得以切实地执行,秦再次强盛起来。

张禄先生的复仇

魏国还不知道秦相张禄就是以前的范雎,以为范雎已经死在厕所里了。魏的须贾出使秦国,范雎改装成一副肮脏的打扮前去见面,须贾大惊。

"你如今在此干些什么事呢?"(今叔何事?)

"我被别人雇佣当差。"(臣为人庸赁。)

须贾给了范雎一件粗丝袍。须贾说想见张禄,范雎说我给你带路,就亲自驾车来到秦的衙门。范雎说:"我替你先进去向宰相通报一声。"(我为君先入通于相君。)就进到里面去再没出来。

须贾被带了进去,没想到列坐于群臣上位的张禄就是范雎。须贾只好听天由命认罪说:"我的死活全凭您了!"(唯君死生之!)

张禄列举了须贾的罪状,却说看在刚才那件粗丝袍的情谊上放须贾一条生路。然后宴席开始了,须贾被安排到堂下和犯人同席而坐,吃马的饲料。

张禄说:"给我转告魏王,赶快把魏齐的头奉上!不然的话,我就要屠平大梁。"(为我告魏王,急持魏齐头来!不然者,我且屠大梁。)

魏齐到处逃躲,首级最终还是被送到了秦国。

范雎晚年昏聩,因和名将白起起争执而杀了他,使得秦失去有才干的将军而陷入困境。这时燕人蔡泽出现了,他说服范雎隐退,并接替其位。到秦始皇为止,蔡泽共效力了四代王，使秦实现了统一。《史记》花了很长篇幅详细记述了蔡泽说服范雎的对话，让人不由地感慨，说客到了战国末期也有了些许进步啊。

结语

旧秩序的变革

僭越的风气是从春秋时代开始的，进入战国时代以制度变革的形式表现出来。战国初，卿（相当于日本的家老）之家升格为诸侯的有韩、魏、赵三家和齐的田氏。到了中期，大国的诸侯都自称王，同时，本来是王的周失去王号，降格为西周君、东周君。卫等国也从侯降为君。另外，尽管只是一时的，齐王曾号称东帝，秦王号称西帝，也就是说一个比王更高一个档次的称谓——帝（帝或者上帝，是西周之后"天""天帝"的神之名）被创造出来了。诸国的卿、大夫（贵族）制度也从纯粹的世袭身份制度，变为可能同时需要王来任命的官位制度。

不过因国家不同，其转变程度也不同，比如秦的这种倾向最强，而楚最弱。唯才任用之世，从士的身份被任命为卿、大夫的司空见惯。老百姓中也有机灵的人成了舍人、侠客，效力于王侯、大夫。侠客中则有很多人成了村落头目。

汉民族的对外发展

秦征服了以蜀为首的西南夷，把今四川省纳入汉民族政权的版图。秦也向北方扩展，但基本没怎么向西拓展，那是因为秦一直志在中原。楚早在春秋时代就统治了长江流域（除四川省），特别是长江北岸一带，战国时期又灭了越国，将统治扩展到长江下游地区。淮河流域的小国也大多归附了楚国。楚国如后所述进入了中原文化圈，所以南蛮就只剩下生活在华南山岳地带的族群。齐在春秋时代征服了山东半岛的东夷，战国时期没有可发展的土地，但是因沿海产盐等，所以经济非常繁荣，还从海上和江南的吴地来往。赵国主要是向北方发展，灭了中山国等胡国，领土扩张到今天的长城沿线。燕虽是个弱国，但东边拥有无限未开拓之地，燕人就像美国的西部开拓民一样向东发展，据说直到朝鲜的大同江（临平壤）一带都讲燕语。朝鲜认为燕之南是韩，再南面是倭。《山海经》中写着倭属于燕。

日本最古老的中国文物铜铎等也一定是经由朝鲜首先进入九州的。因为物质文明的传播比较快，所以迅速地传遍了日本本土富强的地区。

不过中国的铜铎和日本的大相径庭，中国的是乐器，日本的不是实用性的乐器而是被作为珍宝收藏的；两者样式和花纹也非常不同。所以笔者认为铜铎流入日本后经历了本土化。但总之，战国时代，公元前三世纪的中国文物已经影响到日本。

文化中心的转移

战国初期，魏文侯和之后的惠王是学术和艺术的保护人，所以魏成为文化中心。文侯时魏都在山西省的安邑，惠王时在河南省的大梁（今天的开封）。之后出现了齐威王、宣王时期所谓稷下之学的繁荣。战国末期取代稷下，能让学者们汇聚一处的是楚的春申君，其封地吴（今苏州）成为文化中心。最后是秦的吕不韦聚集学者编纂了综合百家的《吕氏春秋》一书。由于秦始皇镇压儒者，所以秦作为文化中心的时期很短暂，但却为汉代的长安打下了基础。就像这样，战国时代，既是领土扩张的时代，同时也是更发达的文化从所谓的中原（以河南省为中心）向周边扩展的时代。这一点就和德意志诸侯国各自文化繁荣，日本江户后期各藩产生儒者有些类似。

战国时代的变革最大的问题是君权的扩大和郡县制度（中央集权制）的形成。由于篇幅所限，所以在此省略不谈。众多的概说类书里都或多或少地触及这个问题，但老实说关于郡县制的真实情况，还不是十分清楚。

后记

本书的史料以《史记》为主，年代方面主要依据杨宽的《战国史》，没怎么参考《战国策》，因为《战国策》中没有记录年代。首次在治乱兴亡史外，将制度史加入中国历史中的是明治中期那珂通世的《中国通史》，其后文化史、经济史也进入中国历史的范围，现今则是社会经济史全盛期的末期吧。笔者的先父内藤湖南博士是"文化史"时代的学者，他把文化史称作软部史学，这是借用了医学用语。历史学逐渐忘掉了硬部（骨架），但笔者认为历史还是应该从硬部，也就是治乱兴亡史出发，所以本着这种想法写就本稿。只是战国时代是个人才活跃的时代，所以对个人的描写才占据了较多的篇幅。

关系年表

公元前 770 年　　周王室，东迁
公元前 750 年　　秦文公，击败西戎取岐西之地
公元前 745 年　　晋昭侯，封弟成师到曲沃
公元前 722 年　　鲁隐公元年，《春秋》叙事的起始年
公元前 704 年　　楚，与南方诸侯会盟于沈鹿
公元前 690 年　　楚武王，讨伐随，死于阵中
公元前 685 年　　齐桓公即位
公元前 684 年　　齐、鲁战于长勺
公元前 680 年　　齐、陈、曹和周单伯一起伐宋
公元前 679 年　　齐、宋、陈、卫、郑会盟于鄄，齐桓公首次成为霸主
公元前 678 年　　曲沃武公，杀晋侯缗成为晋侯
公元前 667 年　　齐桓公，受命于周王成为侯伯
公元前 661 年　　狄，伐邢；齐，救邢。晋，灭耿、霍、魏；封赵夙于耿，毕万于魏

公元前 660 年	狄，伐卫。卫，迁到楚丘
公元前 656 年	齐桓公，和诸侯伐楚，与楚会盟于召陵
公元前 655 年	晋侯，杀太子申生。公子重耳、夷吾逃亡
公元前 651 年	齐桓公与诸侯葵丘会盟。齐桓公完成霸业
公元前 645 年	晋，制定州兵、爰田制
公元前 643 年	齐桓公死。齐国发生内乱
公元前 638 年	宋、楚战于泓，宋襄公败（宋襄之仁）
公元前 636 年	重耳成为晋侯（文公）
公元前 632 年	晋文公，和齐、宋、秦之军于城濮打败楚 诸侯践土会盟，文公称霸
公元前 628 年	晋文公死
公元前 623 年	楚，灭江。秦穆公，灭戎十二国，受王命成为西方的霸主
公元前 620 年	晋赵盾，和齐、宋、卫、郑、陈、许、曹会盟于扈
公元前 613 年	晋赵盾，和鲁、陈、卫、郑、许、曹的诸侯于新城会盟
公元前 608 年	晋赵盾，联合宋、陈、卫、曹与楚、郑战于北林
公元前 607 年	郑在大棘大破宋，抓获宋的华元 晋赵盾，杀灵公，立成公
公元前 606 年	楚庄王，讨伐陆浑戎，向周的王孙满问九鼎的大小轻重
公元前 601 年	楚，灭舒蓼，和吴、越盟誓
公元前 597 年	晋荀林父，和楚战于邲，晋军大败
公元前 594 年	晋，灭赤狄潞氏。鲁，实行税亩
公元前 593 年	晋，灭赤狄的甲氏、留吁、铎辰
公元前 590 年	鲁，制定丘甲制
公元前 589 年	晋，和鲁、卫、曹于鞌打败齐。楚，和秦、宋、陈、卫、郑、齐、曹等国的大夫会盟于蜀
公元前 588 年	晋、卫，灭赤狄的廧咎如

公元前 586 年	晋侯，和鲁、齐、宋、卫、郑、曹等的诸侯会盟于虫牢
公元前 579 年	宋华元，促成晋、楚讲和成功（第一次宋之会）
公元前 578 年	晋，和鲁、齐、宋、卫、郑等于麻隧打败秦
公元前 575 年	晋、楚，战于鄢陵，楚大败
公元前 570 年	晋，和宋、鲁、郑等国的诸侯会盟于鸡泽
公元前 565 年	晋，和郑、鲁、齐、宋、卫、邾会盟于邢丘
公元前 563 年	晋，和诸侯伐郑。郑发生内乱
公元前 562 年	鲁，创立三军
公元前 559 年	晋、齐、宋等诸侯和吴会盟于向
公元前 551 年	孔子诞生（—公元前 479 年）
公元前 549 年	齐大夫乌余，夺取卫的羊角、鲁的高鲁之地
公元前 548 年	齐崔杼，杀庄公
公元前 546 年	宋向戌，与晋、楚、鲁、蔡、卫、陈、郑等国的大夫会于宋，约定和平（第二次宋之会）
公元前 539 年	齐的晏婴使晋
公元前 538 年	楚，和蔡、陈、郑等的诸侯会于申 郑，制定丘赋。
公元前 537 年	鲁，改三军为二军
公元前 536 年	郑子产，把成文法铸于铜鼎
公元前 531 年	楚灵王，杀蔡灵公，灭蔡
公元前 530 年	楚灵王，伐徐。楚发生薳氏之乱
公元前 529 年	楚灵王死，立弃疾（平王）。复兴蔡
公元前 525 年	晋，灭陆浑戎。吴于长岸打败楚
公元前 524 年	中原大风，宋、卫、郑大火
公元前 522 年	楚平王的太子建逃亡，伍子胥赴吴
公元前 517 年	鲁昭公，进攻三桓氏，失败后逃亡齐国。孔子，赴齐
公元前 515 年	吴公子光，杀王僚，自立为王（阖闾）

公元前 514 年	晋发生内乱,祁氏、羊舌氏灭亡
公元前 513 年	晋铸刑法于铁鼎
公元前 506 年	吴,和蔡、唐打败楚,进入楚都郢
公元前 505 年	越,伐吴。楚、秦,打败吴,楚收复国都。鲁,季氏的家老阳虎独裁国政
公元前 502 年	三桓氏攻打阳虎,阳虎逃到齐
公元前 497 年	孔子,削弱三桓氏失败,失势后开始漂泊之旅。晋发生内乱,范氏、荀氏灭亡
公元前 496 年	吴、越,战于樵李。吴败,阖闾死
公元前 494 年	吴王夫差,于夫椒打败越王勾践
公元前 483 年	孔子,回到鲁(六十九岁)
公元前 482 年	吴王夫差,和晋、鲁等国诸侯会于黄池。越,伐吴,吴太子友战死
公元前 481 年	鲁哀公西狩获麟。《春秋》叙事到此结束
公元前 480 年	墨子诞生于这个时期(—公元前 390 年左右)
公元前 479 年	孔子死(七十三岁)
公元前 478 年	越,伐吴,于笠泽大破吴
公元前 473 年	越,打败吴。吴王夫差自杀,吴灭亡
公元前 468 年	鲁哀公逃亡到越,回国后死去。《左传》叙事到此结束
公元前 453 年	韩、赵、魏灭智伯,三分其地
公元前 445 年	魏文侯即位
公元前 406 年	魏,灭中山
公元前 403 年	韩、赵、魏成为诸侯
公元前 386 年	齐大夫田和成为诸侯(田齐的开始) 赵,从晋阳迁都邯郸
公元前 381 年	楚悼王死,吴起被车裂死
公元前 370 年	孟子在这个时期诞生(—公元前 305 年左右)
公元前 365 年	庄子在这个时期诞生(—公元前 290 年左右)

公元前 361 年	魏，从安邑迁都大梁。秦孝公即位
	卫的公孙鞅（商鞅）在这个时期到秦，说服孝公变法
公元前 357 年	鲁、宋、卫、郑的诸侯来魏。魏的国力达到鼎盛
公元前 356 年	公孙鞅实施变法（第一次）
公元前 354 年	魏，包围赵都邯郸
公元前 353 年	齐田忌大破魏军（桂陵之役）
公元前 350 年	秦，从栎阳迁都咸阳。秦，在河西之地设县。商鞅第二次变法
公元前 341 年	齐田忌，用孙膑之计于马陵打败庞涓军队
公元前 340 年	秦商鞅，大破魏军
公元前 338 年	秦孝公死。商鞅被车裂死
公元前 335 年	孟子在齐都临淄与稷下学士来往
公元前 334 年	楚，灭越
公元前 333 年	苏秦的合纵成（传说）
公元前 328 年	张仪成为秦惠王的相。秦，平定蜀
公元前 325 年	赵武灵王即位。秦，称王，之后列国效仿
公元前 322 年	张仪，成为魏相，为秦谋划
	楚怀王，和齐断交，伐秦未胜
公元前 318 年	魏公孙衍（犀首）五国合纵伐秦未胜
公元前 313 年	张仪，成为楚怀王的相，为秦谋划
公元前 310 年	张仪，连横成功。秦惠王死，张仪逃亡齐
公元前 307 年	孟子受到滕文公的邀请成为政治顾问
公元前 306 年	赵武灵王，开始北方经略，亲征到达榆中
	赵武灵王这个时期采用胡服骑射
公元前 301 年	齐相孟尝君，和韩、魏于垂沙打败楚
公元前 300 年	赵武灵王，远征云中、九原，平定林胡、楼烦胡
公元前 299 年	赵武灵王，让位，号主父，专注北方经略。楚怀王，与秦会盟，被俘，客死于秦。屈原这个时候进谏阻止没被听取

公元前 296 年	赵的主父,灭中山国,完成北方经略,欲讨伐秦
公元前 295 年	赵的主父,因内讧被杀
公元前 286 年	齐泯王,灭宋
公元前 284 年	五国合纵伐齐。燕将乐毅,攻占齐都临淄,五年攻取齐七十余城
公元前 282 年	蔺相如,为赵王完璧归赵。因蔺相如和将军廉颇,赵得以与秦相抗衡
公元前 279 年	燕王,从齐召回乐毅,为此齐的田单得以收复齐的失地
公元前 278 年	秦将白起,拔楚都郢。屈原同一时期投汨罗江
公元前 270 年	赵将赵奢大败秦军(阏与之战)
公元前 260 年	秦大败赵,活埋赵兵四十万(长平之役)
公元前 259 年	秦,包围邯郸
公元前 257 年	魏的信陵君,和楚一起救赵
公元前 256 年	楚,灭鲁
公元前 249 年	吕不韦,成为秦相
公元前 247 年	信陵君联合五国击破秦军
公元前 241 年	楚,迁都寿春
公元前 237 年	楚的春申君被暗杀。楚自此衰亡 吕不韦,被罢免秦相

解　　说

松井嘉德

　　以春秋战国时代为题材，接连不断地发表了多部历史小说的宫城谷昌，在其《重耳》（1993年，讲谈社刊）的后记中是这样写的："知道重耳的故事是十三年前的事了。我最初读到他是在海音寺潮五郎的书里，随后从司马迁的《史记》里知晓其人。后来，我又依次读了《春秋左氏传》和《国语》。总之，可以说是重耳的流亡和他的事迹，引起了我对中国故事的无限兴趣。那时的自己没有积极性，既迷茫于不知该写什么，对读书也没有热情。但是，重耳让我的心燃起了干劲儿——太有意思了，这是发自我内心深处的感想。"

　　过去提到中国历史上"有意思"的时代，数得上的大体就是项羽和刘邦的对抗，遥远的流沙深处的楼兰、敦煌时代，曹操、刘备、孙权、诸葛孔明、关羽、张飞等人活跃的《三国志》的时代，还有苍狼成吉思汗的时代吧。现如今春秋战国时代也成为其中之一，重耳、晏子、乐毅、孟尝君等新的英雄接连面世。在春秋战国时代的乱世生存所需的各种权谋之术，孔子、孟子、荀子、孙子或老庄等诸子百家的思想，从很早以前就无比令人着迷。与此略有不同，现代社会的人们可能在高涨的情绪驱动下，更容易对春秋战国时代挣扎生存的人们感同身受吧。如果说英雄是映射出那个时代氛围的一面镜子的话，那从重耳、晏子、乐毅、孟尝君等人的人生中感受到共鸣的现代日本社会，可能在某些方面和春秋战国社会有类似之处。

本书被人物往来社作为《东洋的历史》第二卷出版，要追溯到距今三十多年前的1966年。从"已然非战后"又过了十年，1964年东海道新干线开通，东京举办了奥运会，到1966这年，日本总人口突破了一个亿。而在中国，是"文化大革命"的激荡十年拉开序幕的一年。这是一个井上靖的《楼兰》（1958年）、《苍狼》（1959—1960年）已经问世，不久后，司马辽太郎的《项羽和刘邦》（原名《汉之风·楚之雨》，1977—1979年）将要大受欢迎的时代。而且当时的中国史研究，就像内藤戊申在本书最后一章"统一的临近"的"后记"中所评述的"现今是社会经济史全盛期的末期"那样，正处在一个名副其实的"全盛期"。

战前往往认为中国社会是停滞的，战后中国史的研究是从克服这种停滞史观出发的。受到马克思主义史学和马克斯·韦伯等影响的研究者们不断努力，试图从中国史中找到世界史的普遍法则，比如围绕着古代、中世、近世、近代这种时代划分怎么适用于中国的问题，研究者们一边展开着诸多争论，一边在各自的研究领域不断发表惊人的研究成果。在春秋战国的研究中，相关研究者已经把叫作"邑"的城邦都市和希腊、罗马的都市国家进行对比，提出以这种"邑"为核心的都市国家群，不久后经过春秋战国对抗时期，重组为领土国家，进而发展到秦汉帝国的推测。今天的中国史研究基础，基本上是在那个时代确立起来的，真是非常符合"社会经济史的全盛期"这种说法。本书的执笔者也都是"全盛期"顶梁柱的研究者，其行文风格之所以充满朝气，同时还包含着众多雄心勃勃的尝试，就是因为他们亲身经历了"全盛期"之故吧。距离1966年已经过去了三十多年了，现如今早就过了内藤氏所说的"全盛期的末期"，各个领域的研究确实非常精细化，也产生了众多的成果，不过反过来想，正是在笼罩着中国史学界的那股热情消散的时候，再次刊行传递出"全盛期"热情的本书，其意义才分外重大。

但是，虽然这么说，毕竟三十多年的岁月还是很长的。其间接连不断发表出来的考古学成果，特别是出土文字史料的增加，确实拓宽了有关春秋战国时代的知识，其知识的增长促进了研究的发展也是理所当然的。本书多次提及的杨宽的代表作《战国史》，初版（上海人民出版社刊）问世是在1955年，之后这本书为了应对新知识的增加，于1980年第一次增订（上海人民出版社刊），1997年第二次增订（台湾商务印书馆刊），改版发行至今。其间，虽说继承了基本的体例，但由初版的二十多万字到第一次增订版的四十二万字，字数基本翻了一倍，第二次增订版又进行了更多的增补和改订，《战国史》成长为一部总页数740页的大型著作。《战国史》的成长清楚地反映了其间中国古代史研究的发展历程。和本书问世的六十年代相比，我们掌握了远远更多的知识，所以有必要以这些知识为基础补充本书的记述。下面我会介绍与春秋战国相关的出土文字史料、考古学方面的发现等，以尽我承担的"解说"之责。另外，《战国史》的著者杨宽的自传《历史激流杨宽自传——一个历史学者的轨迹》（西岛定生监译，高木智见译，1995年，东京大学出版会刊）已翻译出版，在此附带说明。《战国史》的成长过程同时也是杨宽个人的苦闷史与成长史，这一点我们可以从其激荡的人生记录中读出。

出土文字史料

　　与春秋战国时代相关的文字史料，除了刻写在青铜器和石头上的金石文以外，还有书写在竹片、木片上的木简（正确的说法是竹片叫竹简，木片叫木牍，但日本一般统称为木简），书写在丝绸上的帛书。本书出版以前，一些史料已经为人所了解，本书也有过介绍，比如战前从湖南省长沙市子弹库的战国楚墓里出土的帛书，1953年同样是从湖南省长沙市仰天湖的战国楚墓里出土的木简，还有1957年在安徽省寿县发现的战国楚国通行证鄂君启节等。但是，其后考古学的发展真是令人瞠目，现在我们掌握了当时无法比拟的大量重要出土文字史料。在此介绍一些与本书记述关系密切的出土史料。

　　正值本书即将出版的1965年到1966年，在山西省侯马市东郊发掘了四百多个竖坑，从中发现约五十件写在石板、玉板上的盟书。发现盟书的侯马是春秋中期以后晋都的所在地，盟书中可见的中行寅（中行文子、荀寅）就是本书"卧薪尝胆"之"大夫争权"一节中介绍的晋内乱（公元前497—前490年）的中心人物之一。侯马盟书一般被认为就是这次内乱时所使用的盟书。春秋时代是一个由霸主等频繁举办会盟的时代。关于其仪式的进程，本书也介绍说"割下祭品牛的左耳，用其血写盟书（也叫'载书'，'载'就是盟誓的语言，将此语言写在竹简上叫'盟'，杀祭品取其血，把祭品放到坑里，上放载书埋之，对神发誓），也就是条约。然后作为主持者的盟主歃血，之后参加的诸侯依次歃血，朗读盟书，向神发誓遵守约定"，但实际上侯马盟书并不是用血写就的血书，而是朱书（一部分是墨书）。而且从盟书的内容来看，会盟的参加人员比我们以往认为的数量要多得多，盟书的字体也多种多样，可以想见有众多的书写人（和会盟者是不同的人）等，如此便获得了很多从文献资料中不得而知的信息。作为首次现世的盟书实物资料，其学术上的价值是不可估量的。另外在1979年到1982年期间，河南省温县又发现了和侯马盟书同一时期的盟书，盟书的实物资料进一步增加。

其次，1972年在山东省临沂县（已改为临沂市）银雀山的汉代墓（银雀山一号墓）发现了大量的竹简。根据对出土货币等物的推测，这个墓的年代被认为是公元前140年到公元前118年左右，也就是西汉武帝时期，和《史记》的作者司马迁基本是同一个时代。从这个银雀山一号墓出土了竹简4942枚，包括记录了《尉缭子》《六韬》等兵书和《晏子》《管子》

等的竹简，其中最为引人瞩目的是出土了和我们过去知道的《孙子》不同的另一版本的《孙子》。就像本书也多次提及的那样，据传兵法家孙子有春秋末年效力于吴王阖闾的孙武，还有其子孙——战国时代前半期效力于齐威王的孙膑两个人。在汉代的图书目录《汉书·艺文志》里，也确实记载了《吴孙子兵法·八十二篇·图九卷》《齐孙子兵法·八十九篇·图四卷》两部书籍，可是后来由于《齐孙子兵法》的失传，围绕着两个孙子和一部《孙子》的关系产生了形形色色的解释。本书所介绍的"孙武是否实有其人相当可疑""以往被认为是孙武所著的兵书《孙子》其实是战国时代前半期齐国的孙膑所著"等学说也是其解释之一。但是，从银雀山新发现的一万一千多字的《孙子》里记载了孙子和齐威王、田忌的问答，证明这个孙子就是战国效力于齐的孙膑，这部《孙子》正是失传的《齐孙子兵法》，这已成为无可争议的事实。反过来说，也就是以往为人所知的《孙子》不是孙膑所著，而是《汉书·艺文志》里提到的《吴孙子兵法》，这一点因银雀山一号墓的发掘得以确定。只是有一点需要注意的是，现行的《孙子》是《吴孙子兵法》，和春秋时代末期孙武这个人物是否确实存在过是不同的问题。"孙武是否实有其人相当可疑"，之所以这样怀疑孙武的存在，一个是因为春秋史的基本史料《春秋左氏传》里，其名字一次也没有出现过；还有就是本书"时代转动"的开头介绍的关于孙武的唯一记录，也就是《史记·孙子列传》中记载的对宫女进行的军事训练，那个故事是以后世步兵密集队形为前提的。但即便是银雀山发现了两部《孙子》，也并没有解决这个疑问。我们目前所能确认的事实只是在西汉时代就被认为是孙武、孙膑所著的两部兵书确实存在，这是个无可非议的判断。另外，对宫女进行军事训练的逸闻从银雀山一号墓出土的竹简中也能看到，被命名为《见吴王》。《史记·孙子列传》和《见吴王》的内容相比较来看，《见吴王》更为详细，《史记》是对其简略的概述。估计是司马迁采用了以《见吴王》那种形式流传下来的孙武逸闻，将其写进了《史记》里。我们从银雀山《孙子》的发现中可以窥见《史记》写作时的史料状况。

银雀山汉墓的发掘是在1972年到1974年之间。这个时期，湖南省长沙市马王堆正在进行着世纪性的发掘。从1972年发掘的马王堆一号墓里，发现了皮肤还保持着弹力的女性遗体，引起了全世界的瞩目。估计有很多人从照片等资料中目睹过这位女性的"湿尸"吧。紧接着第二年，二号墓、三号墓被发掘，从二号墓发现了刻有"利苍"文字的印章，从三号墓发现了写有"十二年二月乙巳朔戊辰"日期的木牍。从这些史料可以判定马王堆墓葬的主人是西汉时代长沙国宰相利苍及其一族，二号墓是死于吕后二年（公元前186年）的利苍的墓葬，三号墓是埋葬于文帝十二年（公元前168年）的利苍之子的墓葬，一号墓是死于文帝十二年数年后的利苍之妻的墓葬。二号墓因为已经遭遇盗墓，所以没有什么像样的出土文物，但从一号墓中出土了描绘利苍之妻升天的著名帛画，从三号墓出土了记录随葬品清单的遣策（竹简402枚，木牍6枚）等，除此以外还出土了28种帛书。这些帛书中包括《长沙国南郡图》

《驻军图》等地图,《五十二病法》《养生图》《导引图》等和医学、方术相关的书籍,还有《五星占》《相马经》等和占术有关的书籍,不过对于春秋战国时代非常重要的则是甲本、乙本两个不同版本的《老子》以及名为《春秋事语》《战国纵横家书》的帛书。

关于老子其人,详见本书的"旁观者的哲学——老子和庄子"一章,被认为是其著作的《老子》(也叫《道德经》)不是一个时期由一人之手完成的。从马王堆发现的两种《老子》帛书中,甲本《老子》没有避讳汉高祖刘邦的"邦"字,被认为是西汉初期的抄本;乙本避讳了高祖刘邦的"邦"字,但没有避讳三代皇帝文帝的"恒"字,所以被认为是比甲本稍晚一些时代的抄本。《老子》之所以被叫作《道德经》,是因为现行的《老子》八十一章分为上篇《道经》和下篇《德经》。而甲本的《老子》中,《道经》和《德经》的前后顺序是颠倒的,也没有做八十一章的分章;乙本的《老子》同样是按《德经》《道经》的顺序排列的,也没做分章处理,这点和甲本是一致的,但行文存在相当大的不同,被认为是不同于甲本的另一个体系的抄本。战国时代到秦汉之间写就的《吕氏春秋》《韩非子》中引用的老子语录和现行《老子》中的语句有所不同,人们一直以来都认为现行《老子》的成书可下溯至西汉时代,马王堆出土的《老子》帛书甲本、乙本向今天传递了正处于形成过程中的《老子》一书之样貌。马王堆发掘之后,《老子》的发现还在继续。1993年,湖北省荆门市郭店的公元前300年左右的战国楚墓里新发现了写在竹简上的三种

《老子》，这个郭店《老子》的文章布局和现行的《老子》、马王堆的《老子》都大相径庭，其中甚至连《道经》《德经》的篇目都没有分。由于发现了上溯到战国时代的《老子》抄本，《老子》的研究与以往截然不同，不断向新的维度展开。

另一方面，名为《春秋事语》《战国纵横家书》的帛书，分别收集了春秋时代和战国时代的故事。《春秋事语》书写在一张纵长约23厘米（相当于汉代的一尺）、横长约74厘米的绢布上，共九十七行，约三千字，整体由十六章构成。举个例子，第十三章中，记录了本书"尊王攘夷的旗帜"里提到的"宋襄之仁"的故事，这表明此书和《春秋左氏传》《国语》是属于同一类的，但是它也包含了在以往的书籍里见不到的珍贵内容。《战国纵横家书》书写在一张纵长约23厘米、横长约192厘米的绢布上，共三百二十五行，约一万一千字。文章整体分为二十七章，其内容的一部分和《战国策》或《史记》重叠，但第十六章由以往从未被记录过的故事构成，特别是战国时代游说家苏秦的书信和谈话，被大量地保存于其中。就像本书在"合纵连横"一章中也记述到的那样，《史记·苏秦列传》中关于苏秦的记录和其一族苏代、苏厉的内容混为一谈，情况相当混乱。但是，由于《战国纵横家书》的发现，研究认为苏秦的活动时期比《苏秦列传》的记述要晚，他大约是在张仪死后约二十五年，燕将军乐毅攻打齐国时，以向齐叛变的罪名被处死的。（杨宽，1997年《战国史》增订版）这些出土文字史料的发现确实使人们增加了从《春秋左氏传》《战国策》《史记》等古文献中无法获知的知识，特别是激起了学界对于"古代史"被汇总、最终编纂成《史记》的这一过程的争论。《史记》中大量年代矛盾要如何解释？《史记》给予我们的对春秋战国时代的"常识"是如何形成的？针对这类问题的讨论今后会愈发热烈吧。

春秋战国时代相关的珍贵文字史料还有很多，包括1975至1976年从湖北省云梦县睡虎地秦墓里发现的含有秦法律的云梦秦简、从战国楚的领地发现的大量的楚简等。但是我们就此打住，抛开出土文字史料，把目光转向与春秋战国相关的考古学发现吧。

与都城相关的考古学发现

春秋战国时代，特别是战国时代，是一个出现巨大都市的时代。就像本书"商业城市的诞生"一章中所陈述的那样，在齐的临淄（山东省淄博市）、燕的下都（河北省易县）、鲁的曲阜等各个地方，都形成了巨大都市，它们被一道长达数公里的城墙围起来，如同《战国策》里记载的临淄那样，拥有众多的人口，商业也很繁荣。本书出版的二十世纪六十年代，对这些巨大都城的遗址调查和发掘总算正式动工，都城的整体布局正逐渐明朗，但其内部的实际状况还没有被准确了解。之后随着考古学调查的进展，都城内部宫殿，道路，还有铸铜、冶铁、制陶、制骨等作坊遗址和居民的居住区，甚至还有墓葬区都清晰了起来，它们被宽达数十米的坚固城墙环绕在内，向我们展示出这个巨大空间的实际状态。虽然我们确实不能忽视其商业发达这个侧面，但是仅凭这一点，不足以解释甚至将墓葬区都包括在内的空间之巨大，也不足以解释连护城坡都有的坚固城郭的存在。我们还是要考虑到一些军事方面的因素，战国时代军事紧张，也就是战争由战车战向步兵战转变，包括攻城战在内的总决战变得常态化，进而还必须考虑到统率这些的强大权力的存在。为了固守城池，有了围住所有必需物品的坚固城墙和围绕城墙敌我双方的攻防。在这样的状况之下，本书"劳作者的哲学——墨子和许行"一章中介绍的墨子的"防御部队""筑城技术专家集团"才得以出现，其"非战"的主张也因具有实践性的意义而得以被坚持。

和齐的临淄、燕的下都、鲁的曲阜、赵的邯郸（河北省邯郸市）、楚的纪南城（湖北省江陵县）等这些都城一起，西方秦的都城的实际状况也逐渐变得清楚起来。秦于春秋时代的德公元年（公元前677年）在雍（陕西省凤翔县）筑城，战国时代的献公二年（公元前383年）迁都栎阳（陕西省富平县〔今西安阎良区〕），孝公十二年（公元前350年）迁都咸阳（陕西省咸阳市东北）。雍城的发掘是从1959年左右开始的，已经被证实的有东西3.3公里、南北3.2公里的城墙和城内的宗庙、冰窖等遗迹。雍城南侧一带，还发现了以秦公一号大墓为中心的春秋时代的秦王墓葬区。秦公一号墓地下挖有东西长60米、南北宽39米、深24米的墓室，加上东西延伸的坡面墓道，是一个全长达300米的巨大陵墓，也是现在所知先秦时代最大的陵墓。据说春秋五霸之一的穆公（也写作缪公，公元前659—前621年在位）死时，有一百七十七个家臣殉葬，这个被认为是景公（公元前577—前537年在位，穆公的玄孙）之墓的秦公一号墓里也发现了一百八十多具殉葬者尸体，向今天的人们展现着其骇人的权力。下一个都城栎阳在咸阳的东面，坐落在隔黄河与魏对峙的最前沿阵地上。把都城迁到此地的公元前四世纪前半期正是秦和魏的全面对峙时期，迁都栎阳就是在这种军事紧张的情况下发生的事情。栎阳近年也进行了发掘，其东西长1.8公里、南北宽2.2公里的城墙已被确认。咸阳是秦最后的都城，其渭水北岸的台地上也发现了几处迁都当时修筑的宫殿基址，特别是被命名为一号宫殿遗址的版筑基址，达到了东西长60米、南北宽45米、现存高度6米的规模。咸阳曾经有没有城墙还不清楚，但渭水北岸台地上排列的巨大宫殿群，充分显示了君主权力的巨大。

如果说都城和宫殿彰显了现世权力，那陵墓就可以说是昭示了死后权力。刚才介绍的秦公一号墓的墓主把一百八十余人带到了黄泉，是期待在死后世界得到侍奉吧。本书在"进入战国、领土国家时代"一章的开头部分介绍的从河南辉县固围村大墓（据推定是战国时代后期魏国的王墓）出土的华丽随葬品，也是供墓主在死后的世界享乐的吧。二十世纪七十年代，从湖北省随县发现的公元前五世纪的曾侯乙墓中，出土了总重量达2.5吨、包括六十五个青铜编钟在内的总数超过一万五千件的随葬品；在河北省平山县发现的公元前四世纪末的中山王墓里，其堆成三层台状、南北长110米、东西长92米、高15米的封土之上，被认为曾建有回廊环绕的三层建筑。曾侯乙墓的曾国在文献史料里没有记录；中山国虽然在公元前四世纪拥有和周边强国对抗的实力，但也不过是一个小国而已，且受到以"胡服骑射"而著称的赵武灵王的进攻而衰落，于公元前三世纪初灭亡。这等小国竟然都能陪葬这么多的随葬品，修建巨大的陵墓。尽管历经周折但还是迈向中央集权化道路的当权者们，就是通过其都城、宫殿或陵墓来炫耀自己的权力的。

春秋战国时代，当权者们的荣华好像有点儿过于夺目。的确，宫殿或陵墓的巨大、豪华更博眼球，但并不是只有当权者才是历史的主角。1995年在山西省高平市近郊发现了多个埋葬众多战死者的竖坑。发掘出来的一号尸骨坑埋葬的全都是男性，三十岁左右，平均身高170厘米，很多人骨上都有刀伤和剑伤。这些人是战死后被埋葬到坑里的，可能是公元前260年长平之战中被秦杀死的赵国士兵们。他们也是推进历史进程的主人公。春秋战国时代的历史多被讲述为走向秦始皇统一的历史，但是对这些战死的士兵来说，这已经超出了他们的认知范围。将走向秦始皇统一描绘成一种必然历程，这是知道结果的我们这些后世之人的所为，包括被杀被埋士兵在内的当事者们，只是在不断地追求着各种活下来的可能性吧。秦始皇的统一、皇帝专制统治的开始，这种结果只不过是春秋战国时代蕴含的多种可能性中的一种而已。这样来考虑的话，春秋战国时代似乎可以看作是一个找不到出口的时代，虽然人们尝试着各种可能性，但谁也不知道自己的未来。我认为这其中某些部分就像现在的日本，这个猜测是不是有点儿过了呢？

（松井嘉德　岛根大学教授）

出版后记

本书是由日本享誉盛名的中国古代史专家贝塚茂树组织编写的，旨在面向一般读者普及中国春秋战国时期历史知识的偏通俗类书籍。作者以《左传》《史记》等古典文献为材料，抽取了其中大量的人物故事，用凝练通俗的语言，向读者生动地展示了春秋战国时期的一幅幅历史画卷。

本书是由京都学派的一些学者执笔，采取了实证主义的研究方法，所以虽然是偏通俗类的读物，但亦不失其严谨性，具有内容丰富有趣、语言流畅自然、考究细致认真的特点。关于春秋战国在中国古代史上的定位，本书认为这一时期对整个中华文明的发展起了导向作用，所以春秋战国时期绝不是一个衰退的时代，而是一个中华民族及其文化发轫的时代，应该从新的角度更积极地对这段历史进行解读。这一点，贝塚茂树在开篇中已然说明，且全书整体也是围绕着这一主线进行阐述的。我们认为，这本书不仅可以让读者获取春秋战国时期丰富有趣的历史知识，亦可以令读者从不同的角度对春秋战国时期有更深一层的理解。

由于本书中采用了大量古典文献，加之内容丰富多样，因此在本书的出版过程中，译者和编者都遇到了不同程度的挑战，尤其是古典文献的回译问题。由于日文原书中只有日语的译文，并没有古典文献原文，甚至没有标出出自哪本文献资料，因此回译时就只能凭借语句意思以及相关模糊信息，查找到文献出处，还原文献内容，同时还要进行依据权威版本核对文献字句、核对日文内容的正确性、使引用文献出处保持一致性等大量相关工作。在此过程中，我们付出了巨大的努力，也希望我们的工作能够给读者带来有益的收获。

不过，由于编者水平有限，本书难免有各种疏漏，敬请广大读者批评指正。

服务热线：133-6631-2326 188-1142-1266
读者信息：reader@hinabook.com

后浪出版公司
2019 年 6 月

图书在版编目（CIP）数据

春秋战国 /（日）贝塚茂树编著；张蠡译 . -- 成都：
四川人民出版社，2019.6（2022.11 重印）
ISBN 978-7-220-11349-9

Ⅰ. ①春… Ⅱ. ①贝… ②张… Ⅲ. ①中国历史—研
究—春秋战国时代 Ⅳ. ① K225.07

中国版本图书馆 CIP 数据核字（2019）第 068623 号

四川省版权局
著作权合同登记号
图字：21-2019-108

CHUGOKU BUNMEI NO REKISHI (2) SHUNJUSENGOKU
BY Shigeki KAIZUKA
Copyright © 2000 CHUOKORON-SHINSHA, INC./Akiko IIDA
Original Japanese edition published by CHUOKORON-SHINSHA, INC.
ALL rights reserved
Chinese (in Simplified character only) translation copyright © 2019 by Ginkgo (Beijing)
Book Co., Ltd.
Chinese (in Simplified character only) translation rights arranged with
CHUOKORON-SHINSHA, INC. through Bardon-Chinese Media Agency, Taipei.
本书中文简体版权归属于银杏树下（北京）图书有限责任公司。

CHUNQIU ZHANGUO
春秋战国

编　　著	［日］贝塚茂树
译　　者	张　蠡
选题策划	后浪出版公司
出版统筹	吴兴元
编辑统筹	张　鹏
特约编辑	段　然
责任编辑	王卓熙　段瑞清
装帧制造	墨白空间·张萌
营销推广	ONEBOOK
出版发行	四川人民出版社（成都三色路 238 号）
网　　址	http://www.scpph.com
E - mail	scrmcbs@sina.com
印　　刷	天津雅图印刷有限公司
成品尺寸	143mm×210mm
印　　张	11.5
字　　数	238 千
版　　次	2019 年 6 月第 1 版
印　　次	2022 年 11 月第 3 次
书　　号	978-7-220-11349-9
审图号	GS（2019）1493 号
定　　价	46.00 元

后浪出版咨询（北京）有限责任公司　版权所有，侵权必究
投诉信箱：copyright@hinabook.com　　fawu@hinabook.com
未经许可，不得以任何方式复制或者抄袭本书部分或全部内容
本书若有印、装质量问题，请与本公司联系调换，电话 010-64072833